本书为东莞理工学院学术著作出版基金资助

Migrant Workers:
Living Conditions, Public Policies and Citizenization
A collection of research papers on migrant workers in the past ten years

农民工：生存条件、公共政策与市民化

——十年来农民工研究论文集

刘小年◎著

中国政法大学出版社

2018·北京

图书在版编目（ＣＩＰ）数据

农民工：生存条件、公共政策与市民化/刘小年著.—北京：中国政法大学出版社，2018.8

ISBN 978-7-5620-8511-9

Ⅰ.①农…　Ⅱ.①刘…　Ⅲ.①民工－城市化－研究－中国

Ⅳ.①D422.64

中国版本图书馆CIP数据核字(2018)第203785号

出 版 者　中国政法大学出版社

地　　址　北京市海淀区西土城路 25 号

邮寄地址　北京 100088 信箱 8034 分箱　邮编 100088

网　　址　http://www.cuplpress.com（网络实名：中国政法大学出版社）

电　　话　010-58908289（编辑部）58908334（邮购部）

承　　印　固安华明印业有限公司

开　　本　880mm×1230mm　1/32

印　　张　10.5

字　　数　250 千字

版　　次　2018 年 8 月第 1 版

印　　次　2018 年 8 月第 1 次印刷

定　　价　45.00 元

自 序
Preface

改革开放以来，在国家现代化进程中，伴随着工业化与城市化，农民不断由农村进入城市就业与生活，形成蔚为壮观的农民工现象。这种壮观的社会现象，吸引了一批又一批学者的眼球，形成了持续的农民工研究热潮。一开始主要是经济学、社会学、人口学学者们的研究，后来政治学、城市学、管理学等各学科的学者纷纷介入，调查报告、学术论文、专著、政策建议等各种成果不断涌现。农民工研究，已然成为当代中国时间长、成果多的热门显学之一。

本人从 2003 年底论证博士论文选题时确定研究农民工行为，开始正式研究农民工现象，至今已有 15 年。在农民工的研究上，本人从马克思的现实的个人人性思想出发，将农民工看成在一定社会条件下，运用政策并追求自我发展的群体。在国内较早形成了农民工研究的主体视角，对学术界常见的从世界潮流、国外移民理论等由一般到个别的研究方式，以及基于学者观察的调查研究等旁观或客观的视角，形成了补充。

由于长年关注农民工问题，故而也取得了较丰硕的成果。

除公开出版的两部农民工政策研究专著及一篇农民工行为研究的博士学位论文，从 2004 年至今，共发表核心期刊论文 24 篇，除去 2005 年找工作及 2013 年生病的时间，平均每年约有 2 篇学术论文公开发表。这些论文在内容上可以划分为三个领域：第一个领域是关于农民工的涵义与生存状况的，有 6 篇论文。在涵义的研究上，2 篇论文分别厘正了农民工认识上的几种误区，指出了农民工跨城乡生存与发展的特点；对生存状况的研究则涉及农民工所处的社会环境结构、农民工的组织状况、社会分层及代际发展等方面。这些论文大多在十年前写就，但在今天仍具有一定的意义。如其中一篇论文提到农民工是农民与工人的混合体即矛盾体，这是一种客观事实，因此，称呼进城务工的农民为农民工，不是歧视他们，而是坚持一种学术的求真精神；至于农民工身上遭受的各种不平等待遇，并不是农民工这个称谓加给他们的，而是改革开放前形成并在现实中继续发挥作用的城乡二元结构，特别是其中一系列制度安排的产物。这样，就可以帮助人们从热衷于给农民工改称谓中解放出来，以有更多精力去改变不平等的城乡二元结构，扎扎实实地去为农民工的平等发展办实事。又如其中一篇论文指出第一代农民工发展是一个重大问题，对于纠正人们过于重视新生代、忽视亿万第一代农民工发展的认识与行为偏差，追求社会公平正义与和谐，有着重要价值。

论文聚焦的第二个领域，是农民工政策及农民工的相关实践，共有 7 篇论文。其中 4 篇论文是关于农民工政策的，分别探讨了改革开放以来农民工管理政策的具体分期、变迁机制、发展规划、政策内容等方面；另外 3 篇则讨论农民工的政策实践，分析了这种实践的模型、特点及具体的政策表达行为。这类论文，一方面厘清了改革开放以来的农民工政策发展的具体阶段，并探索了未来发展的方向，有助于人们把握农民工政策演变的历史；另一方面建构的农民工政策实践模型与分析的农民工政策变迁机制，对学术界以中国实践为例，跟踪国际政策科学前沿，进一步研究政策模型与政策过程理论有启发与借鉴的价值。

论文关注的第三个领域，是农民工的发展即其市民化，包括11篇论文。其中，有5篇论文分别探索了农民工市民化的影响因素、历时性发展阶段划分、共时性实践模式及路径等理论层面，其余6篇论文则分别分析了农民工市民化存在的落户、社区分红、社区参与等现实问题以及相关地方政策创新（如积分制）与政策执行（如户口迁移）等方面存在的问题。这些论文，力图在理论上发现中国特色的农民工市民化过程机制，并具有针对性地提出解决实践中问题的思路，具有较重要的理论与实践意义。

本人来自农村，兄弟姐妹多为农民工，对农民工的需求与面临的发展问题感同身受，这是本人长期坚持农民工研究的一个基本动力。虽然这些年探讨了一些问题，反映了农民工的一些要求，但同农民工的发展及国家现代化的要求相比，可以说是微不足道。目前，农民工的发展面临代际变化之下，第一代农民工发展的进退机制建构、新生代农民工的城市融入及农民工发展在社会环境上的城乡统筹等重大问题。结集出版这些年写就的论文，固然有自我总结的意味，但更主要的是想与学术界火热的研究相结合、倡导社会进一步关注农民工的发展、呼吁政府进一步加大在农民工发展问题上的支持力度，与农民工一起努力一起发展，以共同谱写人民更加幸福、城乡更加和谐、国家更加富强、未来更加美好的现代化新篇章。

是为序。

刘小年
2018 年 5 月
于湖南岳阳

目 录

Contents

第一部分

农民工的涵义与生存状态

　　本部分包括 6 篇论文，其中前 2 篇论文辩证了农民工的涵义，指出农民工是农民与工人的混合体，具有城乡双重资源与发展前景。后 4 篇论文分别探讨农民工所处的社会环境及自身的组织、阶层与代际等情况。

第一篇　重新认识农民工
——兼论农民工认识上的四大误区[*]

　　21 世纪以来，农民工问题在政府政策的引导下再次受到各方面的重视。特别是 2005 年一些局部地区"民工潮"演变成"民工荒"，又成为一种突出的社会问题。在这样的过程中，农民工的权益保护被提上政府议事日程，其生存条件在一系列方面得到实质改善。这些都是有目共睹的进步。但是，在这样的进展中，除有一些难点热点问题需要继续攻坚外，仍然有一些

　　*　本篇原载《安徽农业科学》2006 年第 15 期。

基本的问题需要重新提出来，并得到更多的重视。在这些基本的问题中，一个理论上的初始问题就是对农民工的认识问题。客观地说，对于这个问题，社会各方面对它的理解经过风风雨雨十几年，已有长足的进步。其中一个突出的方面是对农民工的社会历史定位问题，已由过去的"盲流"发展到当今的社会进步力量。但在这个问题上也有比较多的误区，需要重新探讨。笔者拟从以下三个层面，对农民工进行重新认识，对其误区进行揭示：一是农民工的认识问题的意义；二是农民工的对象界定；三是农民工的特征。

一、认识农民工仍然是一个基本问题

首先，认识农民工作为一个基本的理论与实践问题，在于人的行为的一个共性，这个共性表现在无论是人的理论活动还是实践活动，都需要先对自己行为指向的对象进行界定。就此而论，农民工认识问题的基本价值的获得，在于当前在这个问题上的一大误区，即在对农民工名称的使用上是多种词语混用。这种局面，对人们的社会实践造成了麻烦：如对政府管理来讲，"外来务工人员"这个称呼就可以包括外来的民工、外来的城市人口、外来的大学生，因而在政府管理中会混淆具有不同管理层次的对象。又如，在学术研究上，"城市移民"与"民工"同等应用，则抹杀了那些迁移了户口的外来务工者与未迁移户口的外来务工者的地位差别。再如，在社会交往上，"暂住人口"既用来指"洗脚上田"的农民，又可指旅游或出差的干部等，模糊了人们的不同身份。

当前，在农民工的称呼上，除前述几种混用外，尚有以下几种在实际生活中经常同时使用：流动人口、打工者与打工妹、农民工、进城农民、兼业人口等。同一个对象，上十种称呼共同使用，既暴露出有关认识的混乱，也反映了有关认识有待进一步的整合与统一。

其次，认识农民工作为一个基本问题，在于这个问题与农民工问题的关系，而后者是一个对中国现代化具有根本意义的历史课题。现代化作为一种历史进程，具有工业化、城市化等特点。[1]这两个特点都与农民工相关：工业化需要大量的新的由农业转移而来的廉价劳动力，也就是农民工。城市化，则本身在很大程度上就是一个农民由农村到城市的过程。由于这样的共性，现代化也可以说是农民由农业转入工业，由农村来到城市的过程，这个过程也就是农民工产生与发展的历史过程。因而，农民工问题是事关现代化成败的一个基础性方面，对于中国现代化自然也是这样。这是问题的一个方面，另一个方面是要解决好农民问题，一个必要条件是必须对农民工本身有一个比较全面与正确的科学认识。这样，由于在当代农民工认识上存在误区，农民工认识问题就获得了基本的意义。这种意义，就中国现代化实践来说，在于下述战略的推进，都需要加深对农民工的认识，这些战略是：农民增收的战略，农民非农化与城市化战略，可持续发展战略，科教兴国战略，和谐社会建设的战略，等等。

最后，认识农民工作为一个基本问题，在于这个问题对农民工政策实施的影响，当前以人为本的农民工政策需要加深对农民工的认识。认识农民工作为农民工问题这个现代化课题的一个子课题具有历史性，这是前面指出的农民工认识的价值的一个重要方面。另一个重要方面是，农民工认识问题不光具有

---

〔1〕［美］西里尔·E. 布莱克编：《比较现代化》，杨豫、陈祖洲译，上海译文出版社1996年版，第5页。

历史价值，它还具有现实意义。这种现实意义突出表现在它作为以人为本政策的重要方面——农民工政策的认识基础，具有现实性与紧迫性。

当前中国政府倡导以人为本，对农民工合法权益开展大规模的保护行动。如在有关农民工生存与发展权利与利益的下述方面进行政策努力：农民工就业条件，农民工社会保障，农民工教育培训，农民工户口迁移，农民工安全保护，农民工家庭发展，农民工政治参与，等等。由于"人是天生的政治动物"[1]，农民工必然要参与到与自己利益相关的农民工政策的实施中来；同时，农民工作为农民工政策的管理对象，政府也必须对农民工进行科学、合理、有效的管理。这样，农民工与其政策互动问题就是农民工政策必须理解的前提条件，这自然包括对农民工的认识，特别是在对农民工这一特定群体的称呼都是一片混乱的时候。

二、农民工是谁？

前面已经指出，认识农民工是一个在当前具有基本意义的问题。那么，与这个问题相关的第二个层面就是，认识农民工的对象界定问题。

在这里，同样存在误区，表现在以下方面：对农民工外延的认识上，不是宽了就是窄了，总之学术界与人们日常生活用语都存在一定的误差与不合理性。换句话说，人们对农民工的认识还不能完全清楚地将农民工与其他社会群体区别开来。比如，在农民工群体上应用最广的词语"民工"，它本身的含义指

---

〔1〕[古希腊] 亚里士多德:《政治学》，吴寿彭译，商务印书馆 1997 年版，第 7 页。

的是在政府动员下参与一些基础工程的农民，而改革开放后大规模的农民工却是具有很大自发性、从农村流动到城市的农民。又如，被广泛使用的"打工者""打工妹"与"外来务工人员"等，也与农民工的外延有明显的出入，主要是上述三类人员在使用上都可以包括城市间流动人口，即具有城市户口、在城市间流动就业的人口，而典型的农民工却是由农村走向城市的农民。再如，"流动人口""暂住人口"，这两个概念在管理对象上也主要针对的是农民工，但又与农民工的外延有一定的差别：一个基本事实是，这两个概念都可以指区域间流动的非务工人口，如观光人员、公务人员、探亲人员等。此外，像"城市移民""进城农民"等类似概念，都在外延上与农民工有一定的区别，其核心是这两类概念所指向的对象都可以指已取得城市户口的人，而农民工在现实上大多数都没有进行户口迁移。至于在经济学上常用的"兼业人口"，也存在对农民工与城市户口的兼业者之间在社会地位与经济收入、政治参与等方面的角色距离。

　　人们对农民工认识在外延上的误区，折射出对农民工认识上的另一个问题，即对农民工内涵把握不准的问题。自20世纪80年代末"民工潮"爆发以来，人们对农民工内涵的认识经历了两个基本阶段：一是"民工潮"爆发初期，人们对农民工的流动性的认识，甚至错误地将农民工称之为一时的"盲流"；二是此后人们慢慢发现了农民工身上的另一个有价值的特点——大量外来的廉价劳动力。因此，就形成了对农民工定位的特定传统，即一种具有片面性的基于农民工流动务工特征的概括。这种认识归纳，对于农民工身上的身份变迁与社会地位的流动没有给予应有的注意，如对农民工由农民向工人的发展问题，在21世纪之前，由于人们对农民工的历史性认识不够，一方面认为农民工的异地流动只是暂时性的，另一方面认为农民工的正当归属主要在乡镇。这样，对农民工向城市进军的前景就做出了错误的估计，也在实际中产生了对农民工权益的不正当侵犯现象：如，一方面要农民工在城里做工，另一方面又不愿意承担农民工入城的社会保障等方面的成本。

全面把握准确地理解农民工的内涵与外延，可以从农民工的语义学分析与对农民工的现实考察来结合进行。从语义学分析，农民工就是"农民"与"工人"的组合，具有三重矛盾：一是职业上，农民工作为工人与农民的结合体的矛盾，农民主要采取一种遵循作物自然规律的生产节奏，时间性不强，常有单干的特点；工人则在流水线上作业，较严格，常为有组织的生产。二是身份上，农民工法律上的乡下人与生活中的城里人之间的矛盾，这种矛盾突出表现在农民工的农村户口与城市工人职能的冲突上，这种冲突反映了深刻的城乡差别，以及现实生活中社会阶层差别。现实的表现集中为农民工干着和城里工人一样的活，却拿不到和城里人一样的工资，不能享受和城里人一样的社会福利。三是管理上，农民工体现的计划与市场的矛盾，新中国的农民是一种计划经济的产物，现在的农民工则是改革以后农民遵循市场配置资源进行社会流动的结果。作为这种矛盾的另一层面，是城市以户口进行社会福利资源配置的计划制度与以市场进行经济要素整合的经济制度的不协调。通过语义学的分析可知，农民工是一种将农民的社会身份与工人的职业身份矛盾结合的弱势群体。从现实来观察，农民工是在中国当代新的现代化进程中产生的，具有从农村向城市流动特征的，其主体在身份上具有农民与工人的二重性的那一类人。把语义学分析与现实观察结合起来，笔者主张，农民工就是在当代中国现代化的进程中，由于计划经济让位于市场经济，经由农村流向城市的、那一群在职业与身份上的农民与工人的奇妙结合体。

作为对农民工内涵的误解的另一种现实的表现，就是流行的人们对"农民工"这一术语的错误评价，认为这一术语对农民工有歧视性[1]。其实"农民工"反映的是该群体的真实情况，而没有任何在用语上"泼污水"的意思。现实生活中农民工地位低下，合法权益得不到保障，并不是由一个反映其真实地位的用词造成的；而是相关的利益方面导致的，如农村与城市，农民工与城里人，农民工与资方，农民工与政府，农民工与城市社区，等等，存在利益的矛盾，以及这种矛盾支配之下农民工与其他利益相关方在利益分配方面的不平等。

三、农民工的特征是什么？

当前在农民工的认识上，除前面讲的名称滥用、内涵模糊、外延冲突之外，尚存在另一个严重的误区。这个误区就是对农民工特征的认识。其表现同前述其他误区具有类似性，也是多种观点互相对立。这种对立主要表现在三个领域：一是关于农民工的社会资本上，存在差序格局[2]与网络社会[3]两种观点的竞争；二是关于农民工的社会身份上，存在产业工人与农民的竞争；三是关于农民工的社会意识上，存在农民工究竟是理性的还是非理性的竞争。本来，观点的竞争对于认识的深化是一个正常的必经阶段，但在农民工认识上的这种观点竞争，却

---

[1] 董前程："应当淡化'农民工'的称谓：社会歧视与社会公正"，载《调研世界》2005 年第 6 期，第 34~35 页。

[2] 费孝通：《乡土中国 生育制度》，北京大学出版社 1998 年版，第 27 页。

[3] 李培林：《农民工：中国进城农民工的经济社会分析》，社会科学文献出版社 2003 年版。

还反映出了一定的学术壁垒与学术片面性。

对于农民工特征的认识，笔者主张从以下三个方面进行讨论：一是农民工拥有的社会资源，二是农民工本身的权力或地位，三是农民工的行为能力。这种特征分析也是由前面对农民工的本质或其内涵与外延的理解出发的，或者说，农民工是什么样的人，就会拥有什么样的社会资源，并相应地具有多少社会权力，能够采取什么样的社会行动。

首先，前面已经指明，农民工是在特定历史时期产生与存在的社会弱势群体。这样农民工拥有的社会资源在质与量上都是有限的。因而农民工的生活与城里人相比，一般来说具有以下特征：要的不多、拥有的少与过日子。正是因为过日子，农民工身上凝结了血缘与业缘等双重关系，因而，不仅具有传统的以差序格局为标志的亲属关系，也具有市场经济要求的平等的工作关系。因此，其社会资本就是差序格局与网络社会的复杂的有机统一。

其次，农民工尽管是一种弱势群体，但它是一种特殊的弱势群体，它的优势在于它是一种有特定历史前途的社会群体。换句话说，农民工在中国现代化的过程中，其社会地位或社会权力具有过渡性。这种过渡性，使它在现实中成为一种两不像的社会阶层，它既不像改革以前的国有企业的工人，手中握有商品粮的粮票；也不像改革前的农民，只能面朝黄土背朝天。而是一种将农民与工人的特性进行融合的事物：既在家里有一块责任田，又在城里找事做；既具有农民身份，又是城市产业工人；既是大部分时间在城里工作，又不断地在城乡之间流动；既有产业工人职业之实，又无完全产业工人之利；等等。可见，从社会历史变迁的眼光来考察，关于农民工究竟是产业工人还是农民的定位之争是毫无意义的。农民工既不是产业工人，也不是农民，而是二者的综合，或者说是一种新的产业工人，是一种向城市发展的新式农民。

最后，关于农民工究竟是理性的还是非理性的问题上，由于农民工拥有资源的有限性与其历史定位的过渡性，因而设想其为全知全能全视的理性人是靠不住的。在现实生活中，农民工的过激维权行为也证明了理性人假设的不合理性。但是，就因为农民工不是完全的理性人，就彻底否定其理性，认为农民工只是一种非理性的现象，也是不可取的。因为，如果农民工是一种彻底的非理性现象，则其不会由"盲流"发展成为当前各地在"民工荒"中竞相争取与取悦的对象，不会成为中国改革开放中一个明显的对外经济竞争力的优势因素。因此，农民工在其行为能力上，既不可能是完全理性的，也不可能是完全非理性的，而是有限理性，[1]即，认识的有限性、资源的有限性、目标的有限性、组织的有限性与行为的有限性。

总之，笔者通过对农民工的重新解读，对流行的认识误区进行了分析，发现农民工只是在特定的现代化进程中产生与存在的一种、基于农民与工人相结合的社会阶层，具有弱势群体、双重身份与有限理性等特征。

---

〔1〕〔美〕西蒙:《管理行为：管理组织决策过程的研究》，杨砾等译，北京经济学院出版社 1988 年版，第 78 ~ 82 页。

第二篇　界线上生存及其政策意义：
关于农民工定位的新探索*

进入 21 世纪以来，农民工成为活跃在社会话语体系中的一个关键词。一方面，农民工的正当权益屡受侵犯，生存处境令人忧虑；另一方面，局部地区闹"民工荒"，企业用工告急。为此，许多学者从农民工作为城市"边缘人"的理论出发，开出了一系列药方。不过，就实际效果来看，并不理想：一方面，"边缘人"还是"边缘人"；另一方面，"民工荒"也未走出困境。这就引出一个问题：是不是流行的关于农民工城市"边缘人"定位出了错？基于这样的考虑，本文对农民工的定位进行反思与重新探索，指出"边缘人"概念的理论误区，并提出了一种新的有关农民工的认识定位，这就是农民工在"界线上生存"的概念。

一、流行的农民工定位及其误区

认识一种事物，一般包括两个方面：一是把握事物的本质，将它与其他事物区分开来；二是对事物的处境进行定位，并在此基础上判断该事物的行为。当前对于农民工的认识，在两个方面都存在问题：一方面对农民工本质的揭示不准确，存在对农民工同一对象的多种纠缠不清的称呼，如打工者、外来务工人员、城市移民、流动人口、暂住人口、农村兼业人口、民工

---

* 本篇原载《探索与争鸣》2007 年第 4 期。

等；另一方面在农民工的定位上存在偏差，将其视为"边缘人"。由于人的定位与人的行动息息相关，错误的定位在实践上具有更大的消极影响。因此，本文将重点对流行的农民工定位进行分析。

（一）流行的农民工定位

农民工现象在当代中国现代化进程中已存在了近二十年，学术界对其进行了比较持续、系统的研究。其中在对农民工的定位上，流行的观点将其视为"边缘人"，[1]即一种处于城市生活边缘的人群。[2]其表现是：在就业上，农民工处于跟其所在城市人口不平等的竞争位置上，农民工的就业机会、就业种类、就业报酬与就业条件都明显低于与他们在同一地区生活的本地城市户口持有者；在社会福利上，农民工同样居于不利地位，他们一般无法享受城市人的医疗、工伤、失业、教育、住房等福利待遇；在社区自治上，农民工基本被户籍制度排斥在所在城市社区自治活动的大门之外，合法的政治参与渠道严重堵塞，难以参与社区分红，也难以融入所在城市社区中去。对于这种现象产生的原因，学者们普遍认为：一方面，这是过去长期以户口配置资源所形成的二元经济社会的一种体现；另一方面，也是旧的政策延续与新的政策创建中的一种矛盾折射，或者说

---

〔1〕 Li Qiang, "Special Issue: Peasant Workers' Migration to China's City", *Social Science in China*, 2003, pp. 80 – 93.

〔2〕 唐斌提出了"双重边缘人"的概念，他认识到农民工不光在城市生活中是边缘人，在农村生活中也是边缘人，可以说对"边缘人"概念进行了某种补救；但其对农民工的农村生活的写照仍然是片面的，即主要看到了农民工参与农村生活的意愿下降的一面，而没有看到农民工作为农村家庭的重要经济支柱，以及农村劳动力中较有生机与活力的部分即作为农村精英阶层的社会价值与影响力。唐斌的观点，详见唐斌："'双重边缘人'：城市农民工自我认同的形成及社会影响"，载《中南民族学院学报》（人文社会科学版）2002 年第 S1 期。

由于新的基于市场的平等的资源配置政策尚未完全成形并发挥效应，因而呈现出一种社会转轨期特有的社会不平等现象。基于这样的理论假设，对于农民工的城市"边缘人"处境，学界开出的药方就是：一方面加快社会主义市场经济体制改革，从制度上保障农民工在城里的平等就业与社会生活权利，如改革户籍制度、逐步取消就业限制、扩大农民工就业范围等；另一方面加强政府对农民工正当权益的保护，开展用工与社会保障政策的督查，保护农民工的合法权益不受侵犯。

（二）流行的农民工定位的误区

一分为二地说，流行的农民工定位确有其正确与客观的一面，即它对农民工在城市的生活进行了比较全面与公正的描绘，对于这种处境的形成原因进行了比较科学的揭示，在政策上也提出了改进农民工生存处境的做法。但是，这种定位的缺陷也是不言而喻的。流行的关于农民工认识的误区，主要表现为一种认识的片面性，即"边缘人"定位反映的是农民工在城市的生活、工作情况，完全忽视了农民工在农村的生存状况。如，对农民工在农村社会生活中的地位、农民工对农村社会发展的影响、农民工在农村的未来等方面，"边缘人"定位难以企及。

（三）流行的农民工定位的负面影响

由于流行的农民工定位的失误，加上作为一种主流观念所产生的影响力，其可能或已经在人们的认识与政策实践上形成了一定的负面影响。一方面表现在认识上，将农民工视为城市生活的边缘群体，因而有可能使人们对农民工的发展做出错误估计，对农民工的前途丧失信心。如，曾经有相当一部分人认为，农民工的归属在农村，务工只是农民的副业，只是一种临时现象。又如，有人认为农民工只是一种临时的外来人口，对于社区管理来说，主要是一个治安秩序问题。再如，不少人看不到农民工向城市转移的历史性，不愿意为农民工在城市的发展买单。另外，学术界曾热烈谈论农民工概念的去留问题，相当多的人认为这个名称有歧视性，应该用类似新市民的称呼取而代之，要求尽快实现国民待遇、完成制度变革等。另一方面表现在政策实践上，可能作出一些片面的与短视的选择。如，政策操作上就事论事，提到农民工正当权益受侵犯，就讲"国民待遇"；看到"民工荒"，就要在市场调节上努力。还有政策规划上的短视，看不到农民工问题的长期性与历史性，不能就农民工的长远发展作出政策规划。其反映在政策选择上过于片面，将"三农"问题的出路主要定位在农村工业化与农村城市化，而没有注意到农民通过流动向城市进军的意义，同时长期以来城市对接纳农民在政策上既没有积极性也没有什么实在的准备，农民工虽在城市打工其政府管理却长期以农村为主。这种种情况就在政策设计上延长了农民现代化的过程。

二、界线上生存：一种农民工的新定位

（一）重新定位的依据

从概念的科学性来说，对农民工进行重新定位，希望对农民工的生存境遇有比较完整深刻的揭示。首先，可以指出农民工生存的现实内涵：农民与工人的身份混合；在农村与城市之间流动生存；农业与工业的职业兼顾。其次，可以限定农民工这类社会群体的外延，从而与同属外来务工人员的城市流动人口、实现了户口身份转换的城市移民相区分。

从概念的历史性来说，对农民工进行重新定位，希望对农民工的历史地位作出有依据的判断。通过对农民工在中国当代现代化背景中因社会流动而产生、存在与发展的现实的描述，揭示农民工现象的过渡性、条件性与未来性。

从概念的功能来说，对农民工进行重新定位，希望具有必要的概念功能。上述概念的科学性与历史性层面，实际上都可以看成是这个概念的描述功能，即努力客观再现农民工的生存现状与历史地位。在这种描述的基础上，笔者也希望对农民工现象进行一定的解释，如农民工为什么要到城市务工的问题。同时，还希望对农民工行为进行一定的预测，如根据其城乡流动的特征，指出农民工个人在现实生活中可以有向后退的选择，不打工了、回家务工；也可以向前看，发达后变成一名名副其实的城市人，解决户口、住房、子女教育、参与社区自治等问题；还可以在一定时期内在城乡之间继续流动，保持现状。

（二）界线上生存的具体定位

基于如上的思考，笔者将农民工定位为"界线上的生存者"。其基本含义包括三个方面：一是农民工的生存空间游走在城市与农村的边界上，农民工过着候鸟式的流动生活；二是农民工在身份上既是农民（拥有农村户口）又是产业工人的重要组成部分，因而在权利上两者都有一点，但又不能完全实现；三是农民工在职业上大都具有兼业性质，在老家有一份责任田，在城市有一份工作。

（三）界线上生存的特点

在对农民工进行重新定位后，对农民工特点的认识相应地得以扩展和丰富。具体表现在：

第一，脆弱性。主要体现在三个方面：一是生存的高风险——农民工的生存安全往往受到比城市工人更多的威胁，社会地位不稳定，容易成为各种不合理管制的对象；二是收益的高成本——农民工做工的时间通常比其他工人和城里人长、劳动强度大、获得的收入却比较低；三是维权的高难度——如农民工讨工资，常常遭遇怠慢，其过激的维权行为又会使其受到法律制裁或者自暴自弃。

第二，伸缩性。主要体现在两个方面：一是农民工的流动。这种流动包括职业流动——由从事农业到兼业，即同时兼顾家里的责任田与工厂的工作；身份流动——由于职业流动，农民工在身份上获得二重性，即户口本上的农民与工厂上班的产业工人；地域流动——因为职业流动，农民工漂泊到异乡。[1]二是农民工的发展。农民工在流动中获得发展，首先，最大的发展是农民工获得了比单一务农更多的收益；其次，农民工获得了更大的生存空间，开辟了多种市场、社区与政府的资源渠道、发展机会；最后，在农民工身上展现了多样化的发展前景，向城市进军的道路也开阔起来。[2]

第三，非正式性。主要体现在农民工的无组织性与社会越轨上。农民工在农村没有自己的组织，如农会或类似机构，到城里做工后又长期游离在工会组织的大门之外；同时又要在一个遭到社会排斥的城市里生存下来，因此在行为上常常会表现为一种社会越轨。这种越轨一方面是一种对城市秩序的冲击，如"民工潮"爆发时，各个城市都会出现一定程度的混乱，车站的拥挤、环境的脏乱、治安的威胁、就业的压力，等等。另一方面又是一种具有巨大创造性的社会越轨，其对于打破城乡壁垒，建立开放统一的市场经济，实现社会协调与可持续发展等，都有极大的推动与创新价值。

---

〔1〕 江苏哲学社会科学规划办公室："城市化进程中农民问题研究"，载《江苏社会科学》2006 年第 2 期。

〔2〕 郑杭生："农民市民化：当代中国社会学的重要研究主题"，载《甘肃社会科学》2005 年第 4 期。

三、界线上生存的政策意义

在对农民工进行重新定位之初，笔者就希望新的定位能够直接服务于理论研讨和政策实践。在具体解释了"界线上生存"的概念后，笔者将试析其政策意义。

（一）政策实践的意义

政策实践的意义主要表现在三个层面：一是政策认识上的意义。任何实际的政策活动，都是从政策对象，如政策问题的认识开始的。而"界线上生存"的定位，对于国家制定农民工政策是有现实价值的。具体来讲，它有助于有关政府机关科学认识农民工现象产生、存在与变化的逻辑，有利于对现实社会生活中的农民工问题的科学判断，从而对相关的政策问题得出既现实又具有历史眼光的结论。二是政策规划上的意义。有了好的认识后，下一环节就是进行政策规划或设计了。"界线上生存"的定位，可以让政府在认识农民工现象时得到更准确的情报，从而提高其政策设计的水平。而这种提高，既可以是针对某一具体农民工政策问题的，也可以是从长远趋势上对农民工问题的整体把握，有利于克服在现实中有关农民工政策上的短期性、情绪性与被动性等问题。三是政策控制上的意义。在政策实践中，"界线上生存"的定位可以帮助对农民工政策进行整体性和历时性扫描分析，据此对农民工政策进行长远和有变化的控制，从而提升相关政策的效率。

举例来说，对前面提出的"民工荒"问题，"边缘人"开出的药方主要是拼待遇，属于一种应急的措施。然而，一方面拼待遇有一个限度，盲目提升容易影响其他利益主体的利润，存在成本界限；另一方面，物质待遇容易满足与实施，但精神方面则难以操作与兑现。因而总体上拼待遇的"国民待遇"方案的政策效果往往不是很明显。但如果从农民工"界线上生存"的定位出发，则可以得到一些新的政策建议：一是基于农民工"界线上生存"的历史性，对农民工问题的解决采取分阶段应对的原则。针对"民工荒"，可以在各地进行农民工调查，先弄清楚农民工当前的基本需要到底是什么，然后有针对性地提出改进措施。根据笔者现有的一些调查，农民工除了对工资待遇有较强的要求外，还对培训与保险等有迫切的期待，而后面这些要求恰恰是有关应对政策的薄弱之处，需要加强。二是根据农民工"界线上生存"的定位，从城乡统筹的角度分析与采取解决"民工荒"问题的对策。如，"边缘人"理论仅重视工业化中农民向城市流动的特点，但实际上农民工也可能向农村回流，因此在应对"民工荒"时，此点也应该注意。三是依据农民工"界线上生存"的地位，可以将"民工荒"界定为农民工与城市的不和谐，从管理上突出营造农民工与城市的和谐，进而在实质上增强城市对农民工的吸引力。如，通过加强农民工的组织建设，让农民工参与所在城市社区的管理等，降低传统管制方式带来的成本，同时增加农民工在第二故乡的主人翁感。

（二）政策理论的意义

对农民工进行重新定位，还引出了一个值得认真研究的政策科学新课题——"界线上生存者"的政策行为。由于农民工是一种具体的也是特殊的"界线上生存者"，因此，如果从过渡性、跨界线性、选择性等方面在理论上充分界定人的"界线上生存"的属性，则可以从人的组织形态上将这种政策研究推广开来。诸如对人的生命历程转变发展阶段的行为研究，对人的组织形式转变阶段的行为研究，对社会转型阶段的行为或政策过程的研究，等等。

这个课题，对于政策科学的发展也是有意义的：一方面，政策科学主要研究正式组织或其下的政策行为主体的活动，如投票活动等，但对于"界线上生存者"这种主体的政策活动极少有人注意；因此，开展这方面的研究有望扩大传统政策科学的视界。另一方面，对于国内政策学的发展来说，在多年引进西方理论体系后，需要建构自己原创性的理论，而农民工"界线上生存"的本土化政策行为，正是一个具有鲜明中国特色的政策现象。

第三篇　农民工社会系统的结构研究*

农民工作为一种社会现象，长期以来受到人们的关注，仅至 2000 年就有 1000 多种研究成果问世，孕育了一种长盛不衰的学术景观。但其中以农民工为主体的研究只是近几年的事，对于农民工行为的系统状况研究尤其少见。因此，笔者拟对由农民工、相关利益方社区与企业、作为管理方的政府以及作为背景与环境的社会等构成的农民工社会系统进行初步研究，力图揭示其结构特点。

一、农民工社会系统的静态结构

（一）多头结构

多头结构是指农民工在面临社会问题时，要与多种社会力量打交道，形成农民工同时面对当地与家乡政府、社会与市场的局面。这种局面形成的直接原因有三个方面：一是我国当代

---

* 本篇原载《安徽农业科学》2008 年第 19 期。

社会的现代化。现代化要求社会转型与发展，要求在全社会配置资源，要求改变城乡分割的状态，于是在客观上呼唤农民的流动，对社会中数量最多的人力资源进行优化配置。同时由于这种现代化是在一种有中国特色的城乡分割的二元经济社会体制下展开的，利益的差距与现代化中的社会动员激发了农民进行社会流动的主观欲望。二是农民工的流动选择。因为流动，农民工的生存空间得以扩展，由农村流入城市，由农业转向工业，由此突破了农民—农业—农村的格局，形成农民工—兼业（以工业为主兼事农业）—农村城市的新格局。在未流动前，农民只要应付当地社会、政府与市场；流动后，农民工同时要在家乡与城市两地生活。三是渐进的社会政策过程。[1]我国当代进行的是一场渐进式改革，这种改革道路有利于社会稳定发展，但也容易造成一些关键问题的累积，增加社会发展后期的成本。就农民工而论，渐进式改革走对外开放与建设市场经济的路子，使农民成为农民工，来到了城市，进了工厂。但由于户籍等一系列制度的刚性，农民工在社会流动中只走完了一半的路程，在社会身份上仍然是农民。农民工社会系统的多头结构，给农民工行为带来了双重影响：一方面，农民工行为受到多头管理，农民工常常要与工厂、社区、政府打交道，而且这种管理又牵涉到老家与工作地两个方面。比如，农民工在执行计划生育社会政策上，由于国家奉行以流入地为主、流入地政府与流出地政府相互合作的机制，农民工（育龄妇女）一般要向家乡定期寄孕检证明，在外地要到当地社区参加检查，要接受两地政府的监督，同时工厂也要督促本厂使用的农民工遵守计划生育管

---

〔1〕〔美〕查尔斯·林德布洛姆：《决策过程》，竺乾威、胡君芳译，五南图书出版有限公司1991年版。

理制度。另一方面，农民工行为具有了多个空间。如在就业上，农民工可以在城市与乡村两个市场进行选择，利用两个市场的机会，拥有两种资源，形成多种发展。

（二）多重结构

多重结构是指农民工的行为涉及社会政策的多种层次：①立宪层次，确立社会政策的总原则与目标、程序，也就是通常讲的宏观层次；②社会政策的集体选择层次，界定与制约具体行为的原则，也就是联系社会政策宏观与微观的中间层次；③社会政策的操作层次，在这一层次社会政策由个人或相关组织具体实施。传统的政策科学研究的重点是社会政策制定与执行，在实践中人们也常讲要发挥中央与地方两个积极性。这种理论与实践带有很强的精英主义色彩，对于人们正确认识社会政策运作的过程具有很大的误导性，似乎社会政策就是简单的中央决策下级执行或者说政府决策百姓执行。其实，现实的社会政策过程并不都只有两种环节，并不是只要发挥两个积极性就可以的。可以肯定地说，社会政策过程从政治上讲应是三个流程的统一，这三个流程就是立宪层次、集体选择层次与具体操作层次。如在计划生育上，中央制定有关法律，地方政府制定实施细则，基层政府与老百姓具体执行。这种社会政策过程的多层次，在于社会政策过程上的多中心治理。而这种多中心治理格局的形成，又在于现代民主政府面临日益复杂的社会公共问题、在结构功能上必然要进行分化整合。这种社会政策过程的多重结构，主要表现为两种方式：一是社会政策过程中不同层级的社会政策主体间在一定程度上存在某种分工，如中央政府制定社会政策、地方政府制定实施办法、基层政府与老百姓具体操作；二是作为公共社会政策通常载体的文本，也有法律、规章、操作计划等方面的区分。这里讲老百姓常常处在社会政策执行的具体层次上，并不排除他们参与到社会政策过程的立宪与集体选择层次中去。对农民工来讲，他们的行为通常都是在社会政策执行的操作与集体选择层次上进行的，常常是在社会政策过程的操作层面上有了问题，农民工与社区、单位等自治机构发生矛盾，然后请求或由地方政府主动介入，利益相关方矛盾得到协调，具体社会政策过程予以完成。但是在事关农民工的基本权益或涉及超越地方政府权限的重要社会政策调整、或必须由中央政府处理的重大农民工事件时，则会进入社会政策的立宪层次，由中央政府主导、或进行利益协调、或实行社会政策创新、或做出社会政策决定。在这样的时刻，农民工进入到社会政策过程的方式，通常是由其社会政策企业家代理的。如在"孙志刚事件"引发农民工人身与行动自由的问题后，在旧的收容遣送办法废除与新的救助办法出台的过程中，有关学者就以上书或参与政府相关社会政策咨询的方式，承担了农民工行为企业家的角色。多重结构既为农民工行为提供了纵向空间，又提出了权能界限。

（三）多场结构

多场结构是指农民工行为的多个场景，社区场、职业场、社交场、政治场，在此场的涵义是指一种场合，一种场景，一个交往圈子，一张社会关系网络[1][2]。多场结构，就是农民工行为发生的场域[3]，通过这个场域，将农民工社会系统的多头结构、对象与多重结构、层次等方面统一起来。具体讲，社

---

〔1〕 ［美］杰克·普拉诺等：《政治学分析辞典》，胡杰译，张宝训校，中国社会科学出版社1986年版，第59~61页。

〔2〕 ［美］格罗弗·斯塔林：《公共部门管理》，陈宪等译，上海译文出版社2003年版，第56~57页。

〔3〕 沈承刚：《政策学》，北京经济学院出版社1996年版，第68~69页。

区场是农民工与社区在社会政策上互动的场域，职业场是农民工在就业上与相关方在社会政策上互动的场域，社交场是农民工与社会在社会政策上互动的场域，政治场是农民工与政府在社会政策上互动的场域。这种场域结构的形成有三个基本条件：一是现实的社会条件，如城乡分割的二元经济社会，建设市场经济对外开放的社会政策，以中国共产党为核心的政治权力结构，人口大国与农村大量的剩余劳力等。二是传承的社会文化，在文化上中国人是很重视修身的，由此在社会上形成了一种典型的人际伦理网络，且一切都从网络中来、一切都在网络中，[1]这种网络也就是社会资本，每个人由于占有的社会资本不同，能够获得的发展机会也不同，在社会层级结构中所处的地位也不同。[2]三是"缘"的场域的建构。如果说现实的社会条件使农民走出家门，参与到多头多重的社会政策系统中来，传承的社会文化则为这种参与提供了关系网络路径。实际的场域建构就是依靠各种"缘"而形成的，农民工因生长于斯或漂泊到异乡的"地缘"而形成社区场，因解决生计问题从事一定职业的"业缘"出现职业场，因与人交往参与到社会生活中去的"人缘"产生社交场，因自己的问题需要政府介入或涉及社会政策的"事缘"发生政治场。以上论述表明多场结构中的农民工是具有一定行为能力的，另外这种场域结构也是随着农民工行为的变化而动态运动着的。

---

〔1〕　杨天宇撰：《礼记译注》，上海古籍出版社1997年版。

〔2〕　费孝通：《乡土中国 生育制度》，北京大学出版社1998年版，第27页。

二、农民工社会系统的动态特征

（一）弱势均衡的表现

弱势均衡是指农民工社会系统的稳定性是比较脆弱的，一是对具体的作为农民工交往产物的社会系统而言，存在多种系统不稳定的情况。如由于农民工流动而出现的系统瓦解、由于农民工死亡或工厂破产而形成的系统终结，以及由于非合作竞争而造成的系统倾斜现象等。二是从历史的角度进行长期趋势观察，农民工社会系统一直处于变迁之中。这种变迁主要表现在有关社会制度与社会政策的调整上，如户籍制度，对农民工进城的社会政策等。由于这种变迁，农民工社会系统在总体上向有利于农民工的一方倾斜。这种倾斜对农民工的社会权益是一种保护，但又在根本上对农民工社会系统形成了持续的冲击，比如户籍改革对农民工农民身份的变革，对农民工社区结构形成了致命的威胁，可能促使农民工生存的农村社区从农民工的生活中消失。

（二）弱势均衡的生成轨迹

第一阶段，农村实行家庭联产承包责任制改革与以村民自治为基本内容的治理方式变革，农业生产效率提高，农民获得了新的自由，在一定程度上成了经济与社区管理的实际主权者。成为主权者的农民睁眼看世界，发现自己拥有的这个世界与城市仍然有着巨大的差距，而且有许多人似乎一夜之间成了多余的人——农村剩余劳动力。第二阶段，农民向城市进军，寻找发展之路。这时由于国家对外开放与城市改革的先后启动，农民以加速度的方式转变自己的身份，加入农民工队伍。农民工社会系统的职业结构基本成形，社区与社会结构开始建构。第三阶段，由于"民工潮"的形成，政府与农民工的互动全面升级，在农民工社会政策上走过限制流动、有序管理等时期，农民工社会系统形成并得以稳定。第四阶段，国家实行以人为本、城乡统筹发展的社会政策，农民工社会系统开始向有利于农民工社会权益保护的方向倾斜。

（三）弱势均衡的形成条件

一是具体的行为条件。农民工社会系统要保持稳定，关键在于农民工与相关方面要能形成一种合作。而合作从博弈论的角度来看，是有一些基本条件的，[1]一方面，系统的整体收益应大于其各组成主体非合作时利益的算术和；另一方面，系统中的各种主体都能取得比合作前更大的好处。要达到这两个基本条件，必须实现系统内各行为主体的信息对称且合作能保证执行。然而，现实地看，由于各主体拥有的资源不对等、地位存在较大差距、经常存在无法及时有效交流的困难等原因，各方面的信息难以对称。而且，保证合作执行的强制条件常常是不存在的，因而产生了上面讲的农民工社会系统不稳定的各种具体情形。二是系统所处的历史条件。农民工社会系统是我国社会现代化的产物。而现代化对中国来讲，面临着转型与发展的双重任务。由此，必然要求农民工社会系统的变革，并在变革中向新的更高阶段过渡。

（四）弱势均衡的历史价值

一是支撑了过渡时期这种系统的行为主体的利益伸展的要求，如为农民工提供了新的就业机会，为工厂提供了廉价劳动力，为城市提供了大量的建设者，为社会缓解了不稳定的压力等；二是由此推动了我国社会渐进改革与现代化的进程，促使

---

〔1〕 张守一主编：《现代经济对策论》，高等教育出版社 1998 年版，第 79~80 页。

城市化、城乡统筹、"三农"问题等走向政府决策的前台，成为继农村家庭联产承包责任制、乡镇企业等之后的农民的又一伟大创造。[1]但是，不言而喻，这种社会系统也是有明显局限性的。[2]如在运作中存在忽视处于弱势群体地位的农民工的利益的现象，存在强势群体对农民工的不公正行为，存在不同程度的失范与越轨现象，存在系统管理的困难，以及存在过渡性等。

三、结论

通过对农民工社会系统的分析，一是在理论上，传统系统论主张系统结构规定了生活其中的社会主体的行为。在一定条件下，系统结构也可以成为其主体自由的工具。这种条件集中体现为一种社会转型发展，由此为相关主体的创造提供了空间。吉登斯的结构化理论主张，主体的行为既在系统结构下活动，同时也在重建与发展着这种系统结构。农民工的行为不仅仅具有吉登斯所讲的结构化功能，而且具有一种新的创造力。这就是农民工的社会系统本身首先就是农民工流动选择的产物，然后这种系统才与农民工发生互动[3]。二是在实践上，由于农民工社会系统是一种弱势均衡，在现实生活中产生了大量的社会不公平现象。因此，应对其进行补充，加强政府的介入，完善相关农民工组织化渠道建设，以及改革户籍等一系列相关的制

---

〔1〕 王小广："农村经济结构转换和模式选择——民工潮的经济理论分析"，载《农业经济问题》1994 年第 7 期。

〔2〕 冯绍雷等:《国际关系新论》，上海科学院出版社 1994 年版，第 217～238 页。

〔3〕 [英] 安东尼·吉登斯:《社会学方法的新规则——一种对解释社会学的建设性批判》，田佑中、刘江涛译，社会科学文献出版社 2003 年版，第 278 页。

度。这也是当前学术界的主流见解。[1]分析结果与主流见解稍有不同的是，不要求一次性抛弃这种系统，而要在保留这种系统的创造力的基础上适时进行制度创新。三是在农民工研究上，需要通过进一步加强对农民工的认识，走出对农民工行为理解的"黑箱"，如进一步加强对农民工代际变化的研究、农民工内部阶层分化的研究、农民工组织特别是非正式组织的研究，以及农民工各种具体行为案例的研究等。通过这些研究进一步理解农民工，在理解农民工的基础上，引导农民工与城市和谐相处，共同发展。

第四篇 农民工的组织状况研究*

自工会"十四大"以来，人们对农民工加入工会的问题重视起来，社会媒体也报道了农民工入会进展的情况，学术界认为农民工加入工会有利于维护农民工的合法权益，有利于改善农民工的政治地位。对农民工加入工会的关注，包括工会行政为此做出的努力，应该说是一种积极的事情。这体现了农民工作为新的"产业工人"的地位，也反映了国家对农民工政策的变化，即由过去重管理到现在又讲服务转变。但是，在热热闹闹的农民工组织建设中，也存在一定的偏差，主要是对农民工组织的认识不全面。从组织理论来讲，人的社会组织可以分为两种：一为正式组织，它可以为人们划定社会秩序的边界；二

---

〔1〕 陆学艺:《"三农论"——当代中国农业、农村、农民研究》，社会科学文献出版社 2002 年版，第 234～242 页。

* 本篇原载《中国劳动关系学院学报》2008 年第 5 期。

为非正式组织，[1]它可以看成社会群体运动的一种动力机制。所以，谈论农民工组织问题与进行农民工组织建设，不光要重视其正式组织——工会问题，还要重视其非正式组织——农民工群体现象。本文拟对农民工组织进行系统分析。

一、农民工组织的结构

（一）农民工队伍的组织元素

就现实的农民工分析，可以发现其内在结构的三种元素：

1. 农民工个体

所谓农民工个体，它的主体是在中国当代现代化进程中，离开农村到城市务工的个体农民。具有城乡流动、农民与工人二重身份、务农（有一块责任田）与务工的兼业特征。作为一种组织元素，农民工个体具有两大存在状态：一是作为农民工组织的游离成分表现，没有明显的组织归属，是自由人或者是农民工组织潜在或后备力量。二是作为农民工组织细胞，成为农民工组织的"正式"一员，归属于形式规范不一的组织，即正式组织与非正式组织。在这两种组织存在之间，农民工作为组织游离分子与组织细胞，没有固定不变的界线，农民工个体可以自由进行穿越，主要取决于农民工个体的利益旨趣。

2. 农民工非正式组织

作为一种非正式组织，农民工之间，没有形成明确表达的群体目标、严格的纪律、没有正式任命的群体领导、甚至没有固定的行为模式。这样的组织，如一群农民工老乡，一群农民工亲友，一群农民工工友。

---

[1] 陈莞、倪德玲主编：《最经典的管理思想：100 年来最具影响力的 33 种管理思想》，经济科学出版社 2003 年版，第 52~54 页。

3. 农民工工会组织

自国家明确农民工产业工人新的定位后，工会打开吸纳新成员的大门，这是农民工组织生活中的一件具有里程碑意义的大事，农民工从此有了自己的官方代表——一种正式的政治利益组织。作为农民工组织建设中的一个新生事物，在当前虽然有许多难题需要在组织发展中予以解决，但发展前途是远大的。

（二）农民工组织关系

就目前来看，农民工非正式组织仍然是农民工组织生活的主体。这表现在两个层面：

1. 量的层面

根据有关统计与调查，目前农民工有一亿人左右，而到2003 年底，加入工会的不过五分之一。[1]对于绝对多数的农民工来说，尽管不能说他们都附属于某一非正式组织，但可以推断——在这里只能是推断，因为没有非正式组织的统计数字，也没有农民工整体的准确规模——农民工非正式规模要比其加入工会的人数大得多。原因是：现代社会生活是一种高度组织化的生活，[2]而工会向农民工作出欢迎姿态的时间并不长，而且还面临前述诸多农民工入会阻力。另外一个证据是农民工外出打工，主要是通过老乡、熟人等方式进行的，由此也使农民工从属于一个个非正式群体。

2. 质的层面

从组织对成员的功能来讲，非正式组织也占主体：一方面

---

〔1〕 刘声："沃尔玛拒建工会 跨国企业违反工会法现象严重"，http://finance.sina.com.cn/g/20041025/07141103627.shtml，最后访问日期：2008 年 1 月 15 日。

〔2〕 ［美］D. B. 杜鲁门：《政治过程——政治利益与公共舆论》，陈尧译，天津人民出版社 2005 年版，第 16 ~ 17 页。

非正式组织仍然是农民工的主要归属，在心理上农民工对工会存在一种认识与接纳的过程，因而它不能与非正式的农民工群体这种天然的归属感情相比。另一方面，农民工非正式组织在现实中在解决农民工问题上居主导地位，工会当前的主要重点是吸纳农民工入会。

（三）农民工组织结构的变迁

农民工组织机构的变迁有两个方向：

1. 由非正式组织走向正式组织

主要标志是在农民工经历了自发流动后，政府决定将农民工纳入官方色彩的工会之中。当然，在农民工工会建设中，农民工工会内部还会产生新的非正式组织。这是由于正式组织与非正式组织都有自己活动的界线或功能。

2. 作为农民工组织建构的润滑剂与基本中介的社会资本，将由乡土资本转入工作资本

巴纳德说组织是两个或两个以上的人有意识协调活动和效力的系统。[1]因此，组织建构离不开一定的社会关系中介。早期农民工群体依托的是亲缘或地缘，这样才产生一个个农民工非正式组织：农民工亲友群体、农民工老乡群体。当农民工在一个地方稳定下来后，则会有另一种重要的因素或社会关系产生作用，这就是工作关系。通过工作交往会形成农民工工作群体——与农民工参加的工厂或其他类型的生产组织相伴生的非正式组织。现在农民工加入工会，也可以看成是形成一种工作的正式组织，基于农民工职业身份的组织。

---

〔1〕 陈莞、倪德玲主编：《最经典的管理思想：100年来最具影响力的33种管理思想》，经济科学出版社2003年版，第58页。

二、农民工的非正式组织

（一）农民工非正式组织的特征与形成

作为一种非正式组织，农民工群体具有几个特征："临时性"，是指农民工群体是农民工个人在面临特定的共同利益问题时采取的有一定时间限制的行为互动组织形式；"松散性"，是指这种组织形式无论目标、结构都是非正式的，而且在内部缺乏正规的纪律；"集团性"，是指农民工群体由一定数量的农民工个人组成，是一个集体。

农民工群体的形成具有一定的条件：一是群体内部农民工个人之间必须存在直接相关的共同的利益诉求。共同利益，这也是任何组织，不论是正式组织还是非正式组织的一个基本条件。[1]对农民工来讲，可能的共同的利益诉求有：就业中的工资问题、流动中的安全问题、子女教育问题以及社会福利问题等。二是作为群体细胞的农民工个人之间有各种社会关系。这些关系表现为以家庭为基础的血缘关系、以工作为媒介的业缘关系、以地域为条件的地缘关系。由于这些缘的存在，农民工相互联络成为一个复杂的社会关系网络，并以此对农民工的群体构成支撑。三是群体行为的效益条件，其成本应小于其收益。只有这个条件成立，农民工个人才会参与集体行动。

在上述条件的支撑下，农民工群体作为农民工的非正式的利益组织会在实际中形成，其表现一是在群体内部形成一定的组织形式，具有一定的非正式组织结构，如有领导人与一般群众，以及一些与面对的任务相应的内部分工等。二是对外采取

---

[1]［美］C. I. 巴纳德：《经理人员的职能》，孙耀君等译，中国社会科学出版社1997年版，第67~73页。

一定的群体行为，如罢工、停工、小规模集体转厂、上访、告状、过激维权等。在现实中一般都是一群或一个部门的农民工合法权益受到了侵犯，因而开始行动。这样既有直接的共同利益诉求，又有业缘等各种社会关系作支撑，使之既动员得起来，又可相应减少成本与搭便车现象，因而成为一种常态。

（二）农民工非正式组织的功能

农民工非正式组织形成后，会对农民工形成一定的支持功能，主要表现在：庇护所功能，指农民工群体可以对其中的个人在其需要的实现上提供支持。比较典型的如群体给个人提供就业信息及其他个人社会流动中需要的帮助、通过协调个人与他人或同样的农民工群体的关系提供安全保障、在农民工与其他正式组织发生矛盾时起到或化解矛盾或支援的作用或直接采取群体性行为解决许多个人面临的共同问题。流动驿站功能，指农民工群体可以随着农民工个人的流动而重组，通过结识新朋友、不忘老朋友，而随时随地给农民工予以支持，从而对农民工个人起到一种流动驿站的作用。准地下合作社功能，指农民工群体作为农民工个人的组织，在法律上处于一种半合法状态：由于合法的工会刚开始向农民工开放，还未形成农民工组织的主体，农民工这种群体在法律上地位是不明确的，尽管在法律上公民享有集会结社等自由。但对于农民工群体常采取的罢工等行为在法律上却没有明文肯定，处于半合法状态。同时农民工群体这种半合法组织又是农民工个人的合作社，是为了共同的利益而组织起来的，具有明显的互利合作、礼尚往来的性质。

应该指出的是农民工非正式组织的功能是有限制的，一方面在于组织过程特有的放大与缩小性质，缩小是一种限制，这是不言而喻的；放大的限制如：在与相关利益方互动时力量不够时可能因挑明了问题或惹恼了对方或遭到对方报复而受损。另一方面在于非正式组织的非正式性，其力量有限，一般只能给农民工提供一些互助关怀及局部的抗议活动，对于全局问题及需要国家政策运作的事项它难以介入。

（三）农民工非正式组织的现状

农民工非正式组织的现状主要表现在三个方面：

第一，在发展中已形成三种非正式农民工群体，如农民工亲友群体、农民工老乡群体、农民工职业群体。

第二，这些非正式组织之间地位不平衡。体现在农民工或其他社会群体一般在心里都将亲友群体放在可以依赖的首位，然后是根据实际对其他社会群体排序，如早期这种排位接着是老乡群体及职业工友群体，现在则是职业工友群体、老乡群体。同时就这些群体的功能大小来考察，也有一个随着时间变动的位置：在早期是老乡群体、亲友群体、工友群体，现在是工友群体、亲友群体与老乡群体。

第三，在农民工群体内出现了基于职业的分化。这种分化一是表现为形成了农民工白领与农民工蓝领，二者地位与资源不平等；二是表现在农民工非正式群体依托这种新的职业性分化而重组，形成了将职业等级与人们在社会群体中的地位挂钩的非正式组织结构。这种新的农民工分化，一方面有利于农民工利用生产组织职权等机会维权与流动，另一方面也反映农民工群体已不是原先的铁板一块，而是利益分化的阶层。

三、农民工组织管理的政策

长期以来在农民工组织管理上，存在对农民工群体内部分层重视不够、对农民工非正式组织功能视而不见、一刀切等问题。在农民工加入工会热与农民工组织建设浮出水面的时候，需要对农民工组织管理进行规划，实现新的、有针对性的、有效率的政策。具体来讲，应该在以下三个方面进行努力：

（一）依靠农民工非正式组织进行农民工管理

基于农民工组织中非正式组织的现实地位，应该尽量发挥这种组织的正面功能。为此，首先要重视农民工非正式组织。重视农民工非正式组织，可以更好地将政府管理农民工行为变成农民工与政府的合唱，也可以提升这种政策过程的信息水平与运行效率。其次要利用农民工非正式组织来进行社区管理，构建和谐社会与推动各项事业顺利进行。当前在农民工管理上，基本上缺少农民工对社区事务的主动参与，一个重要原因是农民工与社区存在心理与程序距离，为此需要利用农民工非正式组织特别是其职业群体的号召力补充政府政策动员的不足，以及将农民工纳入所在社区治理结构中来，增强政策对农民工的回应性与执行效率。最后要尊重农民工非正式组织对自身事务的处理，减少农民工问题发生的频率以及提升问题处理的质量。在对待农民工非正式组织上，曾经发生过工厂想拆散农民工老乡与亲友关系群体，以有利于管理的事情。但是正如组织理论家所指出的，非正式组织是普遍存在于组织内部的现象，无视其存在与蛮横地干涉这种非正式组织对于提高组织效率是无补的。正确的做法是利用非正式组织的正面功能，使之实现一定程度的自治。特别是对农民工基于乡土关系的群体组织，作为一种天然现象，想要拆散它可以说难上加难，而且还会加重组织内冲突。如果能适当利用其自治功能，则可以将农民工管理的许多日常事务交给农民工自理，既节约成本又可减少摩擦。

（二）在农民工正式组织与非正式组织之间进行合作

这种合作指的是农民工工会与农民工非正式群体的合作，对此，各方面几乎基本还没有注意到。这种合作对于更好地实现农民工组织代表农民工利益的目标具有总体的好处，这种好处就是管理学所说，一方面可以发挥工会这种正式组织对农民工管理的总体定位与政策服务功能，另一方面又可以发挥农民工群体这种非正式组织在代表农民工利益上的活力。同时，在农民工组织间倡导合作，有利于整合农民工力量，有利于推进农民工组织建设当前大事：如农民工正式组织建设，就可以利用农民工非正式组织领导对农民工的号召力来加快农民工入会步伐。又如农民工维权问题，进行农民工正式组织工会与农民工非正式组织合作，并形成一定的分工——假如由农民工非正式组织解决不太严重的或者局部的、非倾向性、可以通过互动解决的问题，由农民工工会处理重大的、全局的、带有倾向性的、需要政府一定层级介入的问题——肯定可以提高维权的水平。此外，正式组织与非正式组织良性互动，还可以在一定程度与层面上避免与抵制正式组织的弱点，如农民工工会建立后有可能蜕变与产生的官僚制问题。

（三）对农民工非正式组织产生的负面影响进行控制

非正式组织虽然可以像润滑剂一样弥补正式制度与组织的不足，但也可能对正式组织产生一定冲突。为此，需要采取一定的对策进行控制，也需要各种与农民工相关的正式组织，如工厂、社区、教育与治安等跟农民工非正式组织进行合理有序的互动。要求进行正式组织与非正式组织的接触、要求接纳非正式组织并在此基础上正面影响它，以及在少数特殊情况——如非正式组织结成犯罪团伙——时对其进行管理强制。

第五篇　农民工阶层分化机制功能与政策研究[*]

　　自 20 世纪 80 年代末"民工潮"大规模爆发以来，农民工现象受到学术界长期的关注。在农民工阶层的研究上：一开始，有人认为农民工招之即来、挥之即去，不稳定，不能称为一个阶层；[1]后来，持续多年的民工流统一了人们的认识。人们将其视为在我国当代现代化中发生并将长期存在的一个重要的社会阶层。[2]在现实中也有一些研究接触到农民工阶层的内在结构，但大多局限于简单地说有白领与蓝领，或者上层农民工成为老板或融入城市者、中层农民工打工以及下层农民工在社会流动中地位下降并被迫退出农民工队伍者等层次[3][4]，没有对农民工阶层分化的机制与功能进行具体的分析。这里笔者先进行相关阶层分化情况的调查，然后在此基础上进行农民工阶层分化的分析。

---

　　[*]　本篇原载《安徽农业科学》2008 年第 17 期。

　　[1]　李强：《当代中国社会分层与流动》，中国经济出版社 1993 年版，第 101页。

　　[2]　陆学艺：《当代中国社会流动》，社会科学文献出版社 2004 年版，第306～337 页。

　　[3]　徐勇、徐增阳：《流动中的乡村治理——对农民流动的政治社会学分析》，中国社会科学出版社 2003 年版。

　　[4]　李培林：《村落的终结——羊城村的故事》，商务印书馆 2004 年版，第119～120 页。

一、农民工阶层分化的调查

（一）调查对象的选取

由于农民工阶层队伍的庞大，直到今天仍未有任何机构与个人能够对其进行全面的调查，因而在研究路线上学术界只好选择将各个局部调查或抽样调查与研究结合起来相互比较印证以求科学的真实。对将进行的农民工阶层研究也是这样，只能由点到面，由个别到一般。这里调查与研究的对象是一个与"民工潮"基本同步兴起与发展的中等规模的台资公司，系纺织工业企业，位于"民工城市"——东莞。选择这样的对象进行调查，一是因该公司与当代中国农民工成长同步，可以对农民工阶层分化进行历史全记录。二是在地域上选择农民工流入大省中的农民工大市东莞市，增强了研究对象在地理上的代表性。三是选取台资企业为对象，主要考虑是农民工主要流入非国有企业的实际情况。四是选取纺织类企业体现了农民工职业分布的特点，也符合国家大力促进转移农村劳动力政策。就农民工的职业分布来说，女工在纺织业中的多，男工在建筑业的多。从管理角度说，纺织类生产企业比第三产业的建筑业规范，更能体现农民经农民工环节——工厂体系加入城市获得现代性的地位，因而这种调查对象的确定更有意义[1]。

（二）调查方法与过程

在方法上采取的是田野调查、典型调查。具体操作中采取非严格抽样方法，调查者直接在选定的公司与自己特别熟悉的、与该公司具有同样长工龄的农民工"老人"进行访谈，以收集

〔1〕［美］阿历克斯·英克尔斯：《人的现代化素质探索》，曹中德等译，天津社会科学院出版社1995年版，第123页。

真实信息。按设计的访谈提纲，于2004年7~8月调查选取的公司，掌握该公司农民工结构与行为的历史与现状。

（三）调查发现

1. 农民工阶层内部存在亚阶层结构

一是农民工管理者亚阶层，由拥有一定生产工艺技术的农民工与拥有一定企业行政管理技能的农民工构成，从工种上形成由部门经理、主管、领班、师傅、文员组成的系列，这部分农民工占调查公司农民工的近8.5%，共44人。二是农民工被管理者亚阶层，也就是人们通常说的蓝领农民工，包括各种具体工种，如保安、仓管、熨衣、缝盘、拉机、绣花、整理、外发、清洁、餐饮、驾驶、制板、洗水、跟板等，从属办公室、样板房、编织部、整理部等部门，其内部也可分为熟练工与初级工两个层次，占该公司农民工的近91.5%，共476人。作为农民工阶层的内部结构，这两个亚阶层既有共同的联系，也有明显的差别。共同点是他们都是农民工阶层的有机组成部分，具有农民工阶层的共性，如都是在当代中国现代化中产生的由农村向城市发展的农民工，都有基本相同的发展要求，面临同样的就业与生活环境，有着相似的困惑以及基本相同的行为方式、社会资本与社会地位。其差别是，①工种差别。同样的农民工阶层，做着不同的活，具有不同的岗位要求，需要不同的劳动技能，获得不同的报酬。对管理者亚阶层来说，在管理岗位上要求具有管理与生产技能，对被管理者亚阶层来说作为蓝领工人主要是做事要勤快并遵守管理规章；在工资报酬上，一般管理者拿固定工资每月从800~6000元不等，外加奖金、加班费，被管理者则主要以计件工资为主或拿一个比管理者低得多的固定工资450元每月外加加班费。②这种工种差别也是社会地位的一定范围的区分，在单位内部工作中，管理者与被管理者构成两个层级，前者有权支配，后者需要服从。③在社会生活中管理者亚阶层往往成了不同规模的非正式团体的领导，被管理者亚阶层则是紧密的成员，具有不同的社会地位与社会影响力。④由于两大亚阶层在农民工阶层中地位与权力的差别，他们占有新的社会关系的机会也有不同，所以，其发展前景与社会流动的方式也有所差别。管理者亚阶层就业与生活较被管理者阶层轻松，所以，其社会流动的机会更多，流动更加频繁，常为主动选择；被管理者阶层就业与生活受到单位更大束缚，流动机会较少，流动相对缓慢，常为"用脚投票"——在权益受侵犯时被迫一走了之。

2. 农民工阶层内部分化，促进了农民工的社会流动

对于农民工阶层的形成，一般认为是改革开放农民流动的结果。因而对农民工阶层的社会流动，倾向于从整体上分析，追求社会环境作用，如著名的推拉理论。其实农民工的流动也与流动农民内在因素如其社会关系、技能与学识、个性等相关。调查发现由于农民工阶层分化，又进一步促进了农民工阶层的社会流动。一方面是农民工阶层分化有利于农民工的社会流动。对管理者亚阶层来讲，他们有了比未当管理者以前更多的流动机会；对被管理者亚阶层来说，也因为与管理者亚阶层结缘而有了新的流动可能，如随要好的管理者一起流动或在相熟的管理者介绍下流动。另一方面是农民工阶层社会流动开辟了新的上升空间，对管理者亚阶层来说，可以向上成为更高级的管理人员甚至是经理，也可以通过资本积累自己做老板，同时也可买房置业与迁移户口转变身份；对被管理者亚阶层来说，则在他们眼前出现了一个新的努力可以到达的管理者上升位置。需要指出的是，在此所指的农民工阶层分化是在农民工队伍内部的分化，不指农民工向队伍外的分化流动；另外，这种内部分

化就调查到的情况来说，是有一定界线的，一般企业的最高管理者职位未向农民工开放，农民工作为新管理者在权力上与原来的管理者不同，权力与收益要小，因此，可以说农民工这种分化在实际中仍可以发展。

二、农民工阶层分化的机制分析

（一）动力机制

1. 农民工

包括农民工在改革开放的宏观背景下追求自我实现与个人发展的愿望，这种愿望促使农民工流动，也推动他们在流动中做出一个个主动的与自己利益的最大化相一致的选择。农民工在上述背景下作为一个自由的农村剩余劳动力、自主的村社管理者产生的创新能力，以及其社会关系由传统的熟人社会向在熟人社会基础上适应工厂环境与城市环境形成了一种对外部压力的自主释放反应。再加上在这种发展要求、创新能力与适应压力下与阶层相关的主观条条即人们常说的先赋性因素与获得性因素的差别相互作用，农民工在国家市场化的过程中一有机会必然会发生一种总体上升性的内部阶层分化。

2. 企业

它为农民工这种有利于社会流动的阶层分化提供了直接的机会，即各种管理工种与职位。它这样做从总体上并不是发善心，而是根据其追逐利润的本性，按照跨国或跨文化生存的环境，在管理上做出和形成的一种现实安排，如企业客观上总要有一定的管理架构，需要一定数量的技术与管理人才；企业异域生存或非本地生存中需要适应新的社会文化环境启用当地人才；企业在管理中需要节约成本，利用普通员工中的佼佼者。农民工所在企业中，一般外籍员工工资比普通农民工工资要高几十倍，比管理类农民工也要高十倍左右。当然对非外企来说，则主要是企业管理与发展的要求。

3. 社会

社会为农民工阶层分化提供社会总体背景与政策环境。如市场经济建设、农民增收、允许农民工流动、保护其正当权益的政策以及改革开放中新市民社会的逐步出现与形成等。

（二）条件机制

可以说动力机制各方面都想农民工内部实现一种上升性的阶层分化，但这必须要有一些主观努力：①农民工自己个人的努力。据调查，能够上升到管理者亚阶层的农民工一般是有一定的文化，如初中以上、肯吃苦、善于学习、遵守纪律等那一类在工作中埋头做事又头脑灵活得到管理者与公司老板赏识的人。②企业的培养。企业管理层或老板将自己看中的有发展前途的员工进行培训并放到有关岗位上进行试用锻炼，如合格则一步步提升职位、提高待遇，一步步替代外籍管理者或原有管理者实现管理层吐故纳新。如该公司的技术主管是一名湖南籍女农民工，1990 年进入该公司打工做一般的拉机初级工，因外籍经理见其工作踏实肯干又聪明好学遂决定提拔她，先是调其到板房试用学习织毛衣制板技术，再到编织部当拉机师傅，然后调到板房正式成为一名技术员，接着又让其到办公室管收发熟悉业务，这样前后不过 3 年时间，此后提升为板房领班，现在负责全厂生产技术管理，基本工资也由进厂的每月 300 多元调整到现在的 5000 元。

（三）选择机制

1. 政策过程

农民工所在企业管理层根据企业管理需要，制定管理层内部更新计划，并根据部门与农民工对象的情况逐步推行。

2. 流动过程

包括时间与空间结合的机制，一方面是空间变化管理层出缺提供农民工进入管理层的机会；另一方面是时间换空间想上升到管理层的农民工通过努力创造发展的条件。

3. 替代过程

表现为农民工替代企业组建时的大部分管理者，引入新的普通农民工血液。同时，内部还包括农民工在管理层的升迁与流动。

（四）时间机制

农民工阶层分化的时间机制就是指这种分化的历史过程，在企业与农民工的历史发展中，企业、农民工在特定社会环境下互动，实现农民工阶层分化，形成管理者亚阶层与被管理者亚阶层结构。依调查的公司情况来看，从 1993 年开始的，先是负责全厂技术的板房主管台湾人升任经理，由一打工妹接任。接着 1994 年，整理部主管相当于副经理的台湾吴小姐回台湾、编织部主管大师傅离职，这两个职位由打工妹接任。1995 年，负责业务的职能从经理处分离，交由湖南籍打工者接手。其实在管理人员大换班之前，对拟提升的农民工的培训就开始了，拟居重要职位的人员都经历了若干个环节，如现任整理部的主管，她的这个职位是从 1995 年开始的，1991 年时是厂里的收发工，年底公司决定大师傅负责教其生产工艺，在板房学算图，一年后任板房领班至 1994 年，在回家生小孩后，1996 年由公司请来当整理部主管。

三、农民工阶层分化的功能分析

（一）分化后结构出现新变化

通过阶层分化，在农民工内部形成了管理者亚阶层与被管理者亚阶层，一部分人上升为有权者，大部分仍然是无权者。由此农民工阶层结构由过去都是无权者的平面结构变成了分化后的层次结构。据调查，农民工管理者阶层依其具体职位不同而其管理农民工时具有大小不同的权威。如，主管一般具有如下职权：一是招用新农民工，主管造计划由厂部统一调配，同时主管还可直接向经理推荐熟人进厂、同等条件下具有优先录用的机会。二是进厂后农民工的管理上，固定工资农民工的计时与计件工人的单价以及二者的考勤由主管掌握报经理审批；每日具体工作由主管安排；几天内批假在不赶货时也可负责。三是农民工人事出口管理上，如要辞退或开除农民工，由主管报人事。

（二）分化后关系出现新发展

一方面，其内部关系在原来平等基础上形成了职业上的支配与被支配关系；另一方面，由于农民工阶层管理者亚阶层的形成，农民工依托其产生的管理者可以开拓更多有利于自己职业生涯与社会生活改善的关系与机会。农民工可以凭借这种新的有质量的社会资本进行更自由的社会流动。在调查的公司，一个整理部主管与一个业务部主管运用关系招进的熟人有140人，超过该企业农民工总数的1/5。

（三）分化后行为出现新调整

这种调整主要表现在小团体方式调整，即原来主要以乡村关系为核心，现在在乡村关系上又以职业权威为中心建构，由于这种结合，农民工组织能力提高，同时，农民工外出多年后其老乡观念也在淡化。如调查了解的上述两个主管都已成为该公司呼风唤雨的人物，其他主管尽管圈子没这么大，也绝对是所在小团体的中心。由于这种新权威的形成借助了单位正式组织的力量，因而农民工建构关系的行为方式也在变化，由重视初级的乡村关系到在乡村关系上寻求职业关系的扩展。

（四）分化后矛盾出现新内容

原来农民工阶层的矛盾一是作为整体与资方或地方的矛盾，二是作为局部的不同地域来源农民工之间及个别农民工之间的临时冲突。现在则突出了农民工阶层内部管理与被管理的矛盾。这种新的职业矛盾既使农民工内部矛盾复杂化，也使农民工作为一个阶层整体来回应外部压力的弹性增强。

（五）分化后地位出现新流动

这种流动是一种从总体上上升的社会流动，主要是职业的，由这种职业地位变化也出现了社会地位上升的新前景，如各地政府与公司出台的关于一定条件下农民工管理者户口迁移与买房等政策，就是一个体现。

四、农民工阶层分化的政策思考

（一）农民工阶层内部分化及其功能发展与政策不适应问题

政策要有效率，应该回应与反映其管理对象的需要与行为特征，不然的话政策就是政府自己的政策而不能成为真正的公共政策。当前与农民工相关的政策问题主要有两个方面：一是如何落实农民工的国民待遇；二是如何实现农民工与社会的和谐。对这两个问题，都可以从农民工阶层分化的角度提出一定的思路。关于前者，农民工阶层在过去之所以长期受歧视，其合法权益常受侵犯，除了政府政策存在重管理轻服务的偏差外，一个深层而根本的因素就是农民工与相关社会利益方存在利益冲突，农民工没有权力。而社会权力只能从组织中派生。因此，要解决农民工国民待遇问题，就应把农民工组织起来，这已经得到政府重视，工会开始向农民工敞开大门。但在思路上仅局限正式组织的理念，因而存在效果不理想的局面。究其原因，从农民工阶层来说，首先，农民工对工会不信任，有一种长期陌生而产生的距离感，害怕工会这种正式组织压制自己的自由；其次，农民工入会存在任何大的社会群体都会面临的机会主义与激励问题，农民工存在一种不愿付或想尽量少付成本而享受工会服务的思想；最后，农民工收入不高，加入工会会费开支是一种现实负担。奥尔森关于集体行动的逻辑中选择性激励的思想给人们利用农民工阶层分化的状况来解决农民工组织政策的落实问题提供了启发，[1]即应将农民工入会中工会作为一种法定的正式组织的作用与农民工管理者亚阶层在农民工群体中的领导作用相结合。具体政策：先动员农民工管理者亚阶层加入工会，然后以他们为榜样或由他们进一步组织其他被管理者农民工亚阶层加入工会组织。在动员农民工管理者亚阶层加入工会时，可以考虑应用巴纳德的非正式组织理论，[2]即农民工管理者亚阶层纳入农民工工会的代表与各级正式领导，也就是实现正式组织与非正式组织在领导上的重合。

（二）农民工与和谐社会建设问题

在政策上也应该充分考虑农民工阶层内部分化的现实，利用农民工两个亚阶层之间的关系。具体来说，对于单位内部或企业内部农民工与资方为代表的矛盾的解决，可以一方面利用农民工管理者亚阶层对资方的价值来跟资方谈判，以尽量满足被管理的农民工的正当要求；另一方面也可以逆向操作，利用管理者农民工亚阶层来影响被管理者农民工亚阶层，向他们宣

---

〔1〕 ［美］曼瑟尔·奥尔森：《集体行动的逻辑》，陈郁等译，上海三联书店、上海人民出版社 1995 年版。

〔2〕 ［美］C. I. 巴纳德：《经理人员的职能》，孙耀君等译，中国社会科学出版社 1997 年版。

传资方的合法权利，保证正常有序的生产秩序。这样，通过管理者亚阶层这个平台，通过合适运作，可以化解或缓和日益增多的劳资矛盾。至于农民工与企业外社会矛盾的解决，也可以依照农民工组织问题的思路，依靠农民工管理者亚阶层的权威，实现社会、政府与农民工的良性互动。重要的一条就是要将农民工管理者亚阶层中担任农民工非正式组织领导的精英纳入城市社区治理结构中来。当然，在政策对社会价值的分配上，也应在农民工与社会互动中体现一种公正，达到农民工与所在城市共同发展、和谐相处的目标。

五、结语

通过调查发现，农民工阶层内部已经分化为管理者与被管理者亚阶层，其内部社会流动具有特定的机制与功能，因此，在农民工政策上也应针对农民工阶层分化的实际情况来运作。

第六篇　第一代农民工发展：
一个不容忽视的社会问题[*]

一、第一代农民工发展问题的提出与意义

（一）第一代农民工发展问题的提出

十八大报告提出了农民工有序市民化决策。这个决策针对农民工亿万规模之众的现实与各地发展程度的不同及农民工本身条件的差别，以渐进主义政策模式为实践中农民工市民化做

---

[*] 本篇原载《现代经济探讨》2014 年第 3 期。

出了先后次序上的安排。由于第一代农民工在市民化意愿与文化素质上都相对弱于新生代农民工，[1]政策的实施有可能形成第一代农民工市民化置后、新生代农民工市民化靠前的情形。但是，不管具体市民化顺序如何安排，有序市民化决策表明，第一代农民工发展已经纳入国家议事日程。

在有序市民化政策出台前，地方政府一直在探索与推进农民工市民化。因为激进无条件向所有人敞开城市大门的户籍改革不成功，现在各地实行的都是有条件的将那些本地经济发展需要的拔尖农民工如年轻、拥有一技之长或有较高文凭与一定资本者纳入城市户籍。[2]这样，普通农民工特别是与新生代相比在年龄、文化等方面居于弱势的第一代农民工就处在一种望城兴叹的地位，难以进入到城市政府农民工市民化政策议程之中。换句话说，第一代农民工的发展在一定程度上被城市忽视了。

但是在社会发展中，第一代农民工的问题却没有因为城市政府的忽视而消灭它的存在，反而正日益成为一个突出的社会现实问题。主要是随着中国老龄化社会的来临，规模庞大的第一代农民工正在老去，面临留城还是返乡的艰难选择，以及沉重的社保、养家养老负担。[3]因此，实践已经提出了落实中央决策促进第一代农民工发展的问题。

---

〔1〕 刘传江、徐建玲："第二代农民工及其市民化研究"，载《中国人口·资源与环境》2007年第1期。

〔2〕 刘小年：《农民工市民化的政策研究：主体的视角》，湖南人民出版社2010年版。

〔3〕 邱萧芜、于松："我国50岁以上农民工破3600万 养老问题将凸显"，载http：//www.farmer.com.cn/xwpd/jsn/201302/t20130226_812637.htm，最后访问日期：2014年3月5日。

从学术研究的现状看，进入 21 世纪以来，农民工市民化渐成学术热点。但这些研究不是从一般性角度谈农民工市民化，就是谈新生代农民工市民化，几乎没有人专门探讨过第一代农民工的发展包括其市民化问题。[1]所以，本文拟回应实践对第一代农民工发展问题进行研究。

（二）第一代农民工发展的意义

第一代农民工发展在实践中具有重要意义，主要表现在四个方面：

1. 第一代农民工发展决定农民工有序市民化的成败

据统计，[2]2011 年农民工规模达到 2.5 亿多，其中 30 岁及以下的占 39%，也就是说农民工中学术界讲的 80 后、90 后新生代只占少数。这种农民工数量的代际结构还反映在农民工平均年龄上，据统计这种年龄在三年中已由 34 岁上升到 36 岁。由于农民工以第一代为主，因此，这一代的发展问题也就现实地决定了国家有序追求农民工市民化的成败。同时，从农民工有序市民化的进程管理来看，这项工作也离不开第一代农民工的发展。否则，农民工有序市民化就有可能变成了选择性的新生代农民工市民化。显然这是不合理的，也不符合国家政策的初衷。另外，从农民工市民化的难点来看，第一代农民工年龄、文化、体能等素质不及新生代、市民化意愿也比新生代低，因此如何实现第一代农民工发展包括其市民化就成为国家政策目标能否顺利达成的关键。

---

〔1〕 刘小年：“农民工市民化与户籍改革：对广东积分入户政策的分析”，载《农业经济问题》2011 年第 3 期。

〔2〕 数据来源：国家统计局：“2011 年我国农民工调查监测报告”，载 http://www.stats.gov.cn/ztjc/ztfx/fxbg/201204/t20120427_16154.html，最后访问日期：2013 年 9 月 10 日；本文下面所引数据如无特别说明，都来源于此。

2. 第一代农民工发展关系国家新城镇化战略的顺利实施

为了转变经济发展方式、扩大内需，国家决定实施新一轮城镇化战略。新的城镇化战略，应该是由过去偏重物的、土地的城镇化转向偏重人的城镇化，即通过农民工市民化扭转过去土地城镇化明显快于人的城镇化的局面，改变城市农民工与市民的二元结构，达到城市基本公共服务均等化。[1]由于第一代农民工是农民工主体，因此其发展直接关系到了国家新城镇化战略的顺利实施。换句话说，如果大多数农民工即第一代农民工发展包括其市民化不受关注、得不到支持、难以进行，则新的人的城镇化战略在很大程度上就成了巧妇难为无米之炊。

3. 第一代农民工发展制约农业现代化进程

农业现代化与新城镇化一样是当前国家推进现代化建设的重大战略决策。农业现代化离不开一定数量与质量的农业劳动力。第一代农民工的发展即通过其留城还是返乡的选择，可以调节农村劳动力的数量与质量。也即第一代农民工留城发展可以缓解农村劳动力过剩问题，他们返乡创业又可以将在城市学到的技术与知识带到农村提升种田农民的素质，也可以降低当前种田农民的平均年龄。同时，农业现代化也离不开持续的投入，其中既要国家财政支持，也需要农民投入。多年来务工收入已成为农民增收的重要渠道。因此，第一代农民工的发展，又可以将城市务工所得不断地投入农业与农村建设之中。此外，农业现代化更重要的是农业产业的发展，第一代农民工的发展不仅在一定程度上可以将城市学到的知识技能扩散到农村，而

---

[1] 魏鹏："全国人大常委委员：城乡户籍有 60 多种不平等福利"，载 http：//www. dzwww. com/xinwen/guoneixinwen/201302/t20130226_8054711. htm，最后访问日期：2013 年 12 月 20 日。

且通过返乡创业还可以直接支持农业产业化，并因为其有过农业生产的经历还有利于传承农业文明。

4. 第一代农民工发展影响和谐社会建设

（1）第一代农民工在规模上有亿万之众，其发展面临的养老、住房、子女教育等问题都是重要的民生课题。不正视这些问题，显然难以建设人人幸福的和谐社会。

（2）第一代农民工发展面临半城市化问题，[1]实现其市民化才能解决城市农民工与市民间的二元结构，形成公平有序的和谐社会。

（3）农民工是工人阶级新生力量，但在城市政治参与中大都受户籍制度等限制处于一种边缘化地位。

因此，解决作为农民工多数的第一代农民工在城市的政治参与问题，显然有利于建设稳定的和谐社会。此外，第一代农民工横跨城乡流动，其顺利发展明显有利于城乡发展关系的协调。无疑这也是和谐社会建设应有之义。

二、第一代农民工发展的需要

（一）人的发展的分析框架

分析第一代农民工的发展必须以人性假设作为前提。这里以在社会发展方面影响深远的马克思思想来分析。根据马克思的理论，人的本质首先是一种基于肉体组织的生命存在，因此，人有物质等需要，必须面向自然开展生产活动。同时，由于个体能力有限，这种生产活动又是通过与他人互动以社会形式进

---

[1] 王春光:"农村流动人口的'半城市化'问题研究"，载《社会学研究》2006 年第 5 期。

行的。[1]所以，人的发展就是人以社会形式在生产与交往中实现的自我需要满足的生命过程；可以从纵向的时间轴来描述其生命轨迹即个人的家庭生活，也可以从横向的空间轴来刻画其社会生态即社会交往与社会生产等方面。而且由于人的生活是以社会形式进行的，社会也是人的生活的条件或环境。因此，对人的发展的描述，还必须进一步分析人在纵向与横向上展开的人的生命轨迹与社会活动的环境方面。归纳起来，可以这样描述一个人的生存发展状态，即具有一定年龄与家庭生活的人，在特定社会环境下，进行相应社会交往与生产活动。

从以上关于人的生存发展描述框架中可以发现：其一，人的发展是围绕其需要的满足而展开的过程，可以通过人的生存发展状态的描述来分析其需要；其二，为了需要的满足，人们必须开展生产活动，因此，对整个社会来说物质生产是基础，对个人来说参与社会生产的就业活动构成个人发展的主要力量；其三，由于社会物质生产是以人的需要为目的与出发点的，因此，耸立在这种生产之上的上层建筑即政府也必须通过政策来回应人的需要。

（二）第一代农民工的生存发展状态与需要

由于当代农民工是改革开放的产物，因此，结合60岁退休的界限，第一代农民工包括我国农村70后、60后，甚至50后人口中离开农村到城市务工经商者。从统计来看，以70后为主体。这一代农民工与新生代中的80后正在或刚进入婚姻、90后面临婚恋压力等不同，在家庭生活上基本都有婚姻经验，且在家庭中居于家长地位。从社会交往来看，与所有农民工一样，

---

〔1〕 中共中央马克思、恩格斯、列宁、斯大林著作编译局编译：《马克思恩格斯选集》（第1卷），人民出版社1995年版，第344页。

都面临在城市社区交往中被正式制度隔离与边缘化的境地：大多居住在工厂宿舍中，因户籍等制度障碍难以参与到城市社区自治之中，与流入地户籍人口鲜有互动。同时，在工作上，农民工广泛涉及城市多种行业岗位，呈现出一定的内部阶层分化，即有极少量上层的有资产者即个体户或私营业主、有高等文凭与高级技能证书者、单位高层管理者；少量中层的单位管理与技术人员；以及大量下层的蓝领工人。[1]从社会环境来讲，第一代农民工是改革开放背景下，突破城乡二元经济社会结构，从农村向城市流动而形成与发展的。也即在改革开放中率先发展农业即推行农村家庭联产承包责任制等提升了农业效率，产生了大量农业剩余劳动人口；然后城市开放与市场化改革又吸引大量外资投资加速工业化及发展乡镇经济，为这些剩余劳动力提供了离农就业机会；加上国家不失时机地调整城乡关系政策，允许农民到城镇务工经商等；这样，就有第一代农民工到城市寻找发展机会，流动就业，产生浩浩荡荡的"民工潮"现象；[2]第一代农民工也以其勤劳能吃苦的精神支持了城市工业化与城市化大发展，以廉价劳动力的形式在一定程度上支撑了当代中国几十年高速现代化，由此也实现了自己的发展如职业发展与阶层分化等。

分析以上生存发展状态可以发现第一代农民工需要：一是根据其年龄与家庭生活状态，可以将其基本需要归纳为养家与养老两个方面。作为家长，必然要承担起养家糊口的责任，包括要孝敬父母，要抚养子女。另外，随着第一代农民工年岁渐

---

〔1〕 黄江泉："农民工分层：市民化实现的必然选择及其机理浅析"，载《农业经济问题》2011年第11期。

〔2〕 刘小年：《中国农民工政策研究》，湖南人民出版社2007年版。

长，也逐步提出了一个自己的退休与养老生活需求问题。二是从社会交往来看，其需要主要是能够与城市户籍人口平等互动，共同参与社区自治，享受均等的公共服务。三是从就业来看，基于职业发展第一代农民工虽然出现了一定的阶层分化，在城市流动中社会地位有所攀升，但仍然处在当代中国社会各阶层的底层，因此如何根据他们的家庭地位与生活需要，与城乡发展相适应，提升其职业发展空间，是第一代农民工发展的一个关键需求。在现实生活中职业发展了，不仅个人有了满足其生活需要的更大能力及拓展参与社区交往的更多资本，也更有可能挤进城市选择性的市民化政策门槛；就是返乡创业，也可能更受乡村政府重视。四是第一代农民工的形成与发展本身是受当代中国城乡二元经济社会结构变迁影响的，因此，其发展也离不开这种结构变化的支撑，具体来讲就是希望能实现城乡一体化，如有大致均等的公共服务与大致相同的收入等。这样，既可消除了第一代农民工市民化的利益障碍，也能打消他们返乡创业的收入与养老等后顾之忧。

三、第一代农民工发展的政策设计

（一）第一代农民工发展提出的政策问题

按照政策科学原理，政府政策都是对政策问题进行处理的过程。而政策问题，不过是要求政府介入处理的一种社会需要不满足状态。[1]所以，下面就通过分析第一代农民工发展需要满足的相应条件来建构相关政策问题。

根据第一代农民工在生活上的养家养老需要，可以提出一

---

〔1〕［美］戴维·伊斯顿：《政治生活的系统分析》，王浦劬译，华夏出版社1999年版。

个分配的问题。如他们正在城市就业生活需要解决城市住房、医疗、教育等问题，要求享受与城市户籍人口同等的公共服务；盼望提高工资收入；希望能够市民化参与城市社区利益分享如分红，或者返乡创业能够实现与城市大致均等的公共服务与收入；解决养老问题等。这也是学术研究的共识，即主张第一代农民工务工的目的就是为了赚钱养家，为了生存。因此，如何实现公共服务均等化，解决分配问题，就成为学术研究的一个热点。要解决分配问题，必须满足两个条件：一是平等参与。即要求能够拥有城市户籍人口一样的参与社会社区生活的权利即城乡身份权利平等，并利用这种权利积极参与社区生活，才能预期大致相同的分配结果。二是发展生产，形成增加分配的物质条件。所以，要解决分配问题，实际上又提出了两个新问题，即参与问题和生产问题。这两个问题也可以根据第一代农民工在社会交往与就业方面的需要提出来，即从社会交往来看，要与城市户籍人口共同参与获取同等社会资源，需要农民工有同等参与权利，并改变现实中较少参与局面；从就业来讲，就业是依附于生产的，只有发展生产才会有就业的扩展。之所以在这里依据第一代农民工发展在生活上的需要就能提出其在社会交往与就业等方面的问题，原因在于人的本质是生命存在，社会交往与生产活动都是其实现形式与条件。此外，与这些分配、参与、生产等问题相应的还有一个社会环境的条件问题，即这些分配、参与、生产等问题的处理都是在当前城乡二元经济社会结构下进行的，因此也需要相应社会环境的支撑。在环境方面需要形成的条件，就是调整城乡发展关系，形成一体化。如城乡大致同等分配，必须有农村跟城市大致一样的发展程度及相应分配制度。

以上第一代农民工发展需要提出了四个政府应该回应处理

的问题，即分配、参与、生产、城乡发展协调。其中分配、参与跟城乡发展协调都是学术研究热点，解决这些问题也是社会共识，并且政府陆续也有相关政策出台。而生产问题，还没有引起学术界与社会重视。因此，在这里强调一下：一方面，生产问题是客观存在的。仅从农民工市民化来看，2.5亿多农民工总数按学术界较多认可的一个农民工市民化10万元成本核算，[1]这个投入就超过了去年全国财政收入的2倍多。显然，不发展生产新增财富，根本无力承担农民工发展的开支。这样一种财政投入需求与能力之间的关系，既证明了有序的渐进的农民工市民化这种解决农民工发展问题决策的正确性，也尖锐地提示人们——市民化意愿与条件都相对新生代弱的第一代农民工发展可能会面临严重投入不足的陷阱。因此，应该未雨绸缪，正视这个问题。另一方面，生产问题在第一代农民工发展上具有重大意义，表现在通过生产发展既可以带来第一代农民工的职业发展形成个人自我发展更大的物质能力，也可以为各地突破第一代农民工发展如市民化制度变革中的利益障碍提供条件。在实践中，第一代农民工在发展中盼望的均等公共服务、大中城市户籍改革缩手缩脚等都与物质基础不足有关。只有突破了制度背后物质利益供给不足的问题，才会有突破性的制度变革与第一代农民工的顺利融入城市。也只有通过生产提供了物质基础，才有可能使政府有财力保障返乡创业的第一代农民工在农村能享受与城市基本均等的公共服务。

---

〔1〕 王炜、刘志强："十二五规划看民生：农民工'市民化'成本有多高"，载人民网 http://finance.people.com.cn/GB/14280622.html，最后访问日期：2013年12月20日。

（二）回应第一代农民工发展的政策设计

主要有四种政策：

1. 以分层为依据，制定第一代农民工发展规划

由于第一代农民工的发展对现代化中国有多重意义、呈现出多种需要、形成了多个政策问题，从科学管理的角度来看，有必要制定规划，以有计划地协调关系、筹措资源、解决问题，使这种发展能够一步一步落到实处。在具体的规划制定上，需要根据第一代农民工分层即阶层分化的情况及由此反映出来的需要与条件差异来形成相关发展政策支持系统。这个系统应该是一个三维结构：第一维是第一代农民工分层情况，如上、中、下的状态；第二维是第一代农民工发展需要在空间上的表现，即留城市民化与返乡创业做职业农民，这两种选项每一种都内含前面叙述的第一代农民工发展的四种需要；第三维是政府依据前两维形成的政策，如针对不同层次的第一代农民工分别推出市民化或返乡创业政策。与一般的规划一样，第一代农民工发展规划也应包括具体的时间与相应任务、应投入资源及其筹措，相关责任主体及规划实施控制措施等基本要素。另外，这个规划应该作为国家关于农民工整体发展决策的一部分，与国家关于农民工有序市民化、职业农民培养的决策实施相协调，并分别纳入国家新城镇化或农业现代化战略之中，统筹第一代与新生代农民工发展、农民工发展与城镇化及农业现代化等关系，以相互配合，稳步推进。

2. 以生产为中心，促进第一代农民工职业发展

职业发展在第一代农民工个人发展中具有决定作用，[1]国

─────────────────

〔1〕 刘小年："农民工市民化：路径，问题与突破——来自中部某省农民进城的深度访谈"，载《经济问题探索》2009 年第 9 期。

家在农民工就业方面也早有职业技能培训、劳动时间与工资管理及返乡创业扶持等方面的政策，因此，从这一点看，在这里只是需要完善国家相关政策，如：在职业技能培训上提高覆盖面，公平劳动实现城乡户籍人口同工同酬，努力解决返乡创业中的融资、劳动力招聘、土地使用、降低税负与提高乡镇公共服务水平等难题，等等。但是在这里也有政策发展的地方，主要有三方面：其一，主张职业发展在第一代农民工个人发展中的决定作用，从而为坚持与完善国家有关服务农民工职业发展的政策提供了思想动力。其二，把职业发展与社会物质生产联系起来，将职业发展建立在生产发展的科学基础上，即职业本身是在生产中提升的，同时生产发展了还可以为职业提升提供更好的物质条件与机会。特别是这切合了形势的需要，即国家追求经济发展方式转变提升经济增长的质量与效益需要提高农民工职业能力，即做现代技术工人或职业农民。其三，强调增加生产在第一代农民工发展政策中的中心地位，即通过促进第一代农民工职业进步与其他符合产业升级、经济转型及应对国际市场不景气等的政策创新，保持经济有一个较高速度与质量的增长，从而为国家推进农民工发展包括市民化等政策提供坚实物质基础，为通过制度改革解决第一代农民工盼望的分配问题创造前提条件。总体上讲，落实这条政策需要与第一代农民工发展规划一致来制订计划，以通过增产提供满足第一代农民工发展在分配上所需要的物质；同时，这种指导性宏观生产计划应当反映当前国内外经济形势，即要按转变经济增长方式要求来制定具体方案与出台相应支持措施，特别是在其中要明确第一代农民工职业发展目标，并把它作为发展生产的一个基本措施采取有力手段来落实。

3. 以改革为动力，推动第一代农民工社区参与

以制度改革为突破口实现农民工顺利融入城市社会是流行的学术观点。与流行观点不同的是：其一，本文主张制度改革背后人们追求的是满足自己需要的利益，因此，在农民工发展面临巨额成本缺口情形下，需要立足生产，在生产发展的前提下有步骤地推进制度改革。这样可以回避现实激进制度改革受挫失序局面，也可以避免那种以利益短缺为借口采取择优的积分制将普通农民工阻挡在城市化大门之外的消极渐进改革困境。其二，本文在制度改革上不仅强调城市改革，而且要求城乡改革联动、形成城乡协调发展。这样，不仅想留城发展的第一代农民工可以获得与城市户籍人口一样的身份权利，就是返乡创业的第一代农民工也能获得城乡基本均等的公共服务与较好的发展环境。其三，在改革的内容上要求突出三种改革，即身份平等的改革，主要是户籍改革，取消城乡基于户籍形成的身份不平等，给予想留城的平等参与城市社区事务的权利，让想返乡创业的能形成城乡大体一致的公共服务预期；民主自治的改革，即完善社区自治制度，对市民化的第一代农民工提供与社区体制内原居民一样的参与社区管理的权利，返乡的第一代农民工则发展乡村自治保障其民主权利；公平分配的改革，在第一、二种改革的基础上，根据生产发展条件，进行工资、公共服务与社区分红等综合分配改革，形成第一代农民工与原城市户籍人口在收入分配上公平以及城乡人口在公共服务与预期收入上大致平等。这样三种改革，可以使第一代农民工通过社会参与在发展上形成机会、过程与实质利益上的公平正义。其四，与一般制度研究突出政府责任不同，这里强调政府政策引导与发挥农民工主体性相统一，形成相关改革政府、农民工与社会间的合力。第一代农民工发展相关改革涉及复杂的利益调整，

因此需要政府政策动员与督促其他社会主体的参与，也需要第一代农民工更好地组织起来，更加主动地追求自我利益。

4. 以统筹为抓手，提供第一代农民工发展的环境保障

城乡经统筹发展形成一体化，可以为第一代农民工发展在选择空间上形成进——市民化与退——返乡创业皆可的自由环境保障。国家也针对性地出台了城乡一体化的多项措施，如以城带乡、以工补农等，贵在落实。本文在这里讲城乡一体化其目标是服务第一代农民工发展，即以人为现代化目的，要为第一代农民工进——市民化减少城市基于城乡发展差距形成的阻力、退——返乡创业提供城乡大致均等的公共服务及收入预期与生活保障。同时，国家有关城乡一体化发展安排中，相应要突出人的作用，即以现代职业农民培养为核心，带动农业现代化与新农村建设。与之相应，则要配套进行农村土地制度、融投资、劳动力、行政管理等改革。还要指出的一点是，农村发展、城乡一体化，不能简单复制城市模式、片面地搞农村工业化与城镇化，而是要依照农业生产方式的规律、形成农村发展特色与传承农业文明及保护农村生态环境。如此，农村才能与城市一起作为社会主义现代化中两个有各自独特活力与历史生命的部分更好地相互支持、协调发展、贡献力量。

四、结论

本文发现，在国家通过农民工有序市民化追求新型城镇化与可持续发展的时候，需要关注城市市民化实践与学术研究中忽视的第一代农民工发展问题。这个问题不仅决定农民工有序市民化政策成败，关系国家新型城镇化战略实施，而且对农业现代化与和谐社会建设也有重大影响。第一代农民工基本上在六七十年代出生、大多在生活上为一家之主、在城乡流动中依

托职业形成了一定的阶层分化，在发展上主要表现为生活上的养家养老需求、社区上的参与需求、职业上的发展需求、城乡环境上的一体化需求等。由此向政府提出了需要面对的分配、参与、生产与城乡关系协调发展等四个问题。政府应通过以分层为依据制定发展规划、以生产为中心促进职业发展、以改革为动力推动社区参与、以统筹为抓手提供环境保障等政策来回应。

以上发现在学术上的贡献主要有两方面：一是率先区分与研究了第一代农民工发展问题，对他们的生存现状、需求与需要政府解决的政策问题进行了原创性探讨，并针对性地提供了政策建议；二是在农民工发展研究上，突破流行的制度分析与制度改革视角，主张应该正视农民工发展所需巨额成本，通过促进农民工职业生涯来发展生产形成物质基础，以突破实践中普通农民工发展面临的利益困境，对国家推行农民工有序市民化具有重要现实应用价值。

第二部分

农民工的政策及其实践

本部分包括 7 篇论文，其中，前 4 篇论文探讨农民工的管理政策，分别分析了农民工政策的分期、变迁机制、发展规划及政策体系等问题；后 3 篇论文聚焦农民工的政策实践，分别描述了农民工参与政策过程的行为机制、实践特点及政策表达状况。

第一篇　农民工政策的阶段新论
——兼与胡鞍钢教授商榷*

进入 21 世纪以来，农民工政策经历了重大发展，也就是在政策实践中开始从统筹城乡发展的角度突出农民工权益保护问题。由于政策过程的连续性，在进行政策变迁时，对过去的政策历程进行总结是有一定的现实意义的。当前，在相关学术领域，对农民工政策进行分期，是一个热门话题，占主流的思想

---

　*　本篇原载《探索与争鸣》2006 年第 3 期。

是将农民工政策的发展分为以"禁止"为第一阶段的三阶段论。对主流的农民工政策分期思想进行分析取舍，是本文的研究旨趣，具体探讨两个方面的内容：一是主流农民工政策分期的思想及其误区；二是新的农民工政策分期。

一、主流农民工政策分期的思想

在农民工政策发展的研究上，主流的思想主张，农民工政策对于农民工进城打工，有一个由禁止到放开的过程。其中，有代表性的是胡鞍钢教授的三阶段论。[1]按照这种分期思想，我国的农民工政策可分为红灯、黄灯、绿灯三个阶段，红灯阶段是从 20 世纪 50 年代中期到 1983 年底，基本上不允许农村人口进入城市；黄灯阶段是从 1984 年到 20 世纪末，允许农民自带干粮进城，但农民进城实际上还有违当地政府的就业、居住等规则；进入 21 世纪后，我国在第十个五年规划中首次明确要促进农业劳动力大规模转移，并提出每年 800 万的目标，农民工政策由此步入绿灯阶段。

胡鞍钢教授认为，农民工问题的本质是"一国两制"[2]问题，即中国于 20 世纪 50 年代建立的城乡两种不同身份居民的制度安排，让农民工处在一个"既不着（农）村，也不着城（市）"的环境里，使农民工个人收入转移支付、个人及家庭的

---

〔1〕 孙自法："胡鞍钢：中国存在'四农'问题农民工问题是核心"，载新浪网 http：//finance. sina. com. cn/economist/jingjixueren/20050302/07201395277. shtml， 最后访问日期：2006 年 1 月 16 日。

〔2〕 "一国两制"是邓小平就祖国统一提出的重要战略思想，并在香港、澳门地区的回归中成功地得以实施。"一国两制"是一个特定的概念，用于比喻我国的二元社会结构，虽然很形象，但却不合适。本文尊重胡鞍钢教授的用法，只在引用其论述时，予以沿用。

公共服务形成一个巨大缺口。目前的农民工政策尽管已经发展到了"绿灯"阶段，但政策上的"绿灯"尚未解决本质上的"一国两制"问题，农民工问题因此日益凸显。因此，今后农民工政策发展的方向是彻底解决"一国两制"问题。具体途径可以是在中国沿海地区也是农民工主要聚集区，率先完成农民工身份的转变，进而在全国实现这一转变。沿海地区不仅要善待农民工，关键还要服务农民工，使他们为当地发展做出更多的贡献，使他们参与工业化、城市化进程并分享成果。胡鞍钢教授表示，解决农民工等问题的最终目的，或者说农民工政策的目标，就是使农民工成为市民、成为真正意义上的公民，它将成为继土地改革、"大包干"之后中国农民的"第三次解放"，并将加速中国发展，同时推动构建和谐社会。

对于以胡鞍钢教授为代表的主流的农民工政策分期思想，附议甚多。笔者想对此进行独立的符合科学精神的评价。首先应该承认，这种政策分期思想有一定程度的正确性。如，仅仅从政府对农民进城的态度来讲，确实有所谓的红灯、黄灯与绿灯等阶段；又如，在将农民工政策的演变划分为三个阶段的同时，认为"一国两制"是一个本质问题，这也是有一定意义的，因为它指出了农民工存在的一个基本社会条件——城乡分割的二元经济社会；此外，提出农民工政策的最终目的就是使农民工成为市民，这反映了现代化进程中农民的主体向城市进军的一种规律，等等。但是，这里也需要客观地指出，主流的农民工政策分期思想确实存在一系列严重的误区，由于这种误区，主流思想已经基本上丧失了科学性，并可能在社会舆论上对人们正确认识农民工政策发展的阶段与特点产生误导。因此，有必要对农民工政策发展的阶段进行重新研究。

二、主流农民工政策分期思想的误区

具体来说，以胡鞍钢教授为代表的主流的农民工政策分期思想，从政策科学的角度来分析，具有如下一些根本性的失误：

第一，在政策对象上，主流思想将改革开放前入城的农民与改革开放后入城的农民工混为一谈，忽视了前者与后者的基本差别。对于改革开放前入城的务工农民，可以分为两类：一类是带着户口迁移入城的务工农民，另一类是未带户口迁移入城务工的农民。前一类农民与改革开放后的农民工的区别是：这一类农民具有户口迁移及身份上由农民向市民转型的特点；而农民工则主要是职业流动，极少有社会身份的转型。这一类农民具有严格的政治资格条件，按政府计划管理进行操作，地位变化具有上升性与稳定性，在流动方向上具有单向性，是由农村流向城市，在农村已经没有土地等生产、生活的依托；而农民工没有严格的政治条件，往往只按照市场需要流动，其地位变化有升有降，经济上一般上升，政治与社会地位上常受排斥而下降，在流动方向上是双向的，即农民工可以在城乡之间反复流动，在城里务工的同时在老家还有一份责任田。后一类农民与改革开放后的农民工的区别主要是：这一类农民是按计划经济模式向城市临时流动的，一般工程完了，农民也就结账回家了；而农民工是按市场要求向城市流动的，反映了当代中国现代化的特征，具有历史性与长期性。此外，入城的农民，无论是改革开放以前还是改革开放以后，都存在一类非务工人员，他们与以务工为基本目标的农民工的区别是不言而喻的。由于主流的农民工政策分期思想，在时间段上从20世纪50年代中期算起，因而将农民工与三类入城的农民混淆起来，没有准确界定农民工政策的对象，这不能说不是一个严重的误区。

第二，在政策内涵上，以城乡分割政策为起点，混淆了农民工政策发生的条件与内容的差别。主流思想认为，城乡分割"一国两制"的政策是农民工问题的本质，并以其为农民工政策的起点，即将农民工政策的第一个阶段定为"红灯"——禁止农民入城。其实，城乡分割的二元经济社会只是农民工发生与其管理政策创建的一个初始条件，并不能与农民工政策的具体内容画等号，如果将政策条件视为政策内涵，则在农民工政策的第一个阶段，其内涵就不仅仅是"红灯"，应该还有"绿灯"，即国家在胡鞍钢教授讲的农民工政策的第一阶段的后期实行改革开放构成了农民工进城的一个必要条件，两者共同构成了农民工政策发展的背景。因此，以"红灯"——禁止农民入城——作为农民工政策发展的第一个阶段，并用红停绿开的规则来演示农民工政策的发展，在逻辑上是不合理的。另外，这里也有第一个误区的问题，即"农民入城"不等于"农民工入城"。因而，"农民入城"的政策不等于"农民工入城"的政策。

第三，在政策外延上，模糊了农民工政策与农民工入城政策的差别。由于农民工的生活是根在农村、工作在城市，不断在城乡之间游走，因此，政府对其进行管理时，在政策上既有农民工在城市流动的内容，如城市就业、社会保障、治安管理、计划生育、安全生产、户口迁移、子女教育等方面的具体规定；也有在政策上对农民工基于村民具有的权利与义务的规定，如村民自治、土地承包、住房建设等方面的要求。可见，将农民工政策等同于农民工入城的政策，有将丰富的农民工政策外延简单处理的嫌疑，容易在实践中产生农民工政策就是农民工怎样入城的政策的误导，一些关键的与农民工相关的土地制度改革与基层社区治理制度改革等方面的内涵反而受到忽视。另外，在逻辑与事实上，也许更大的误区在于，将农民工政策等同于农民工入城的政策，错误地将农民工的历史前途化减为一种前途——进城。其实，就发达国家的实践来看，农民工的前途在现代化中具有多样性，虽然说进城是一种主要的选择，但除此之外，农民工也可以待在农村的农场中，以一种新的现代农场工人的方式存在。最后，由于农民工历史形态的变化——由农民变为工人，有一个比较长的历史过程，对中国这样一个农民占人口大多数的人口大国来说更是如此；因而，对于农民工主体来说，入城之路漫漫，政府管理政策也应长期在外延上既有农民工入城的方面，也有关于农民工在农村生活的方面。

第四，在政策取向上，主流思想以"红灯"——禁止为开端，不符合政策发展的逻辑。公共政策具有回应性，它应该反映其指向的社会事务的要求。因此，政策的发展应该与其要规范与管理的社会对象的变化基本一致，由此也规定了公共政策的周期，也就是说，当政策指向的社会对象形成与发展时，这种政策也开始生成与变化。而主流思想对农民工政策的分期，恰恰违背了这种政策发展的逻辑：一方面，以禁止农民入城作为农民工政策的起点，则农民无法找到具有一定社会影响和规模的进城务工的政策环境，或者说农民工现象难以出现；另一方面，如果没有农民工现象的存在，又何以在实践中需要农民工管理的政策？因此，从实际的农民工形成与发展的过程来看，农民工现象的产生，根本不是禁止农民入城政策的结果，相反，却是传统的计划体制下给禁止农民入城这样的城乡分割政策松绑的产物。如在农村进行土地联产承包制改革，就给农民在一定时间、以一定形式离开农村（土地）的自由，而这种自由正是农民工生成的一个必要条件。

第五，在政策演变上，主流思想以禁止——"红灯"与解禁——"黄灯"、"绿灯"为线索，掩盖了农民工政策演变的真实轨迹。政策演变的一般轨迹包括如下环节：政策形成、政策发展、政策持续与政策终结。农民工政策的演变也不例外。因而，政策禁止，反映的只是与农民工管理相关的政策出台前的旧的政策倾向；而政策解禁，也只是政策对其管理对象的一种规制态度；这两者都不能构成具体的农民工政策演变的阶段。也正因为如此，在现实生活中，政府允许农民入城后，农民工问题仍然没有得到妥善解决。具体的农民工政策的演变，从总体上讲，应该是农民工政策的出现、农民工政策的完善、农民工政策的维持与农民工政策的终结等过程。其中，政策的出现与农民工的生成相对应，政策的完善及维持与农民工的发展相合拍，政策的终结则与农民工的"终结"相联系。

第六，在政策条件上，主流思想的认识有失偏颇，未能全面反映农民工政策发展的社会条件。主流思想在对农民工政策分期时，将"一国两制"作为农民工问题的本质，并认为只有废除"一国两制"，才能最终解决问题。但是农民工问题的出现是两个社会基本条件作用的结果，将农民工问题与政策发展的思路定位于一个条件，即二元经济社会条件下城乡分割政策之上，肯定是片面的、不科学的，也是对实践有害的。农民工问题产生与相关政策发展的另一个社会基本条件，就是中国改革开放走社会主义市场经济的现代化之路。这个条件为农民工政策的发展提供了动力与总体政策环境，前一个条件则使农民工政策发展产生了路径依赖，两个条件相互作用，共同推动农民工政策实践的变化。而这种变化的特点就是：一方面社会主义市场经济体制改革与现代化战略的推进，要求农民从土地中解放出来，积极参与工业化和城市化进程；另一方面二元经济社会条件与城乡分割的政策基础，却要求这种农民离开土地的过程是逐步进行的。如果在一定时期内，农民离开农村的速度过快，城市承受不了，政策就会进行调整，对农民工进城务工的进度进行调节与控制，如"民工潮"出现后到1991年，政府对有关农民工政策内容的调整，就生动地体现了农民工政策演变的这条规律。

三、新的农民工政策分期思路

由于主流农民工政策分期思想存在严重误区，因此，这里尝试对农民工政策的发展进行新的分析。根据改革开放后农民工政策发展的真实记录，笔者将农民工政策分为四个阶段：

（一）松绑阶段：从1978年到1988年以十一届三中全会为起点

在松绑阶段，农民工政策的目标是在现代化的旗帜下处理社会稳定与三农问题。基本政策工具就是给农民松绑，给农民在经济、社会与政治生活等各方面的自主权。[1]相关政策支持主要有：家庭联产承包责任制的政策，允许农民进城开店设坊、务工经商的政策，以及实行农村村民自治与对外开放引进外资的政策等。在这些政策的引导下，农民开始由农业转入非农产业，由农村流入城市，由纯粹的农民变成兼业的农民工。在松绑阶段政策的后期，由于农民工离农的规模越来越大，演变成"民工潮"，给社会秩序造成了巨大的压力，这样，为适应当时的经济环境，农民工政策经过调整并进入到一个新阶段，即控制阶段。

---

〔1〕 杜润生："中国农村的社会主义改造与经济体制改革"，载《中国改革》2003年第12期。

（二）控制阶段：从 1989 年到 1991 年以"民工潮"的爆发为起点

在控制阶段，农民工政策的目标是制止农民工盲目外出异地就业，尽可能减轻农民工跨地域流动给城市工作与社会生活造成的波动。基本政策工具是控制农民工盲目外出流动就业，以配合治理整顿的要求，减轻农民工异地流动对城市与国民经济造成的冲击。[1]具体措施主要有：一是继续坚持松绑阶段对农民工就地转移、离土不离乡的政策，通过积极发展多种经营与乡镇企业来消化从农业生产率增长中产生的剩余劳动力；二是严格禁止农民工跨地域盲目流动。控制阶段的政策在实践中取得了一定的成效：一是在控制阶段政策目标的达成上，控制阶段农民工外出异地就业人数增加在总体上呈放缓趋势。二是在农民工政策的发展上，针对农民工流动就业的特点，在交通管理、治安管理、计划生育、用工制度等方面进行了政策创新的尝试。这些尝试经过发展，成为下一阶段农民工政策的重要组成部分。但是，控制阶段的农民工政策也有一些尖锐的矛盾，如农民工流动控不住的问题，以及对农民工短期控制与长期转移农村劳动力的矛盾等。这样，当国家宏观政策变化、开始建设社会主义市场经济的时候，农民工政策必然要在客观上对农民工的流动解禁，从而发展到一个新阶段——引导阶段。

（三）引导阶段：从 1992 年到 2001 年以邓小平南方讲话为起点

在引导阶段，农民工政策在总体上由控制流动向允许与鼓励流动转变。但是，由于中国过去以来长期形成的二元社会结

---

〔1〕 宋洪远等编：《改革以来中国农业和农村经济政策的演变》，中国经济出版社 2000 年版，第 366～367 页。

构，一下子放开会对城市与社会造成巨大冲击，因此，在政策
选择上是逐步放开，引导农民工有序流动，其目标就是在建设
社会主义市场经济的条件下，引导农民工趋利避害、有序流动。
基本政策工具是实施农民工有序流动工程。[1]政策的作用主要
表现在：改革开放以来的自发的农民工流动就业行为开始纳入
政府政策控制与管理的轨道，并逐步成为一种在政策引导下有
序流动的行为。其主要缺陷是：一方面在政策指导思想上仍然
把农民工的异地流动视为对社会秩序的一种负面因素，因而引
导阶段的农民工政策在很大程度上成了一种防范性的治安管理
政策；另一方面这种政策出台的社会环境是城乡二元社会结构
根深蒂固，市场经济发育不充分，因而在政策设计上也存在忽
视甚至是侵犯农民工正当的社会权益的问题。因此，随着社会
主义市场经济建设的深入与国家基本政策的调整，农民工政策
就自然地发展到一个新的阶段，即目前正在推进的农民工政策
的扶持阶段。

（四）扶持阶段：以 2002 年十六大为起点

扶持阶段农民工政策的目标是在"以人为本"的科学发展
观的指引下，实行城乡统筹，保护农民工的利益，逐步解决农
民入城的问题。基本政策工具就是要扶持农民工进城[2]：一方
面逐步放宽农民进城的条件，另一方面逐步解除农民进城的管
制，保障进城农民的权益，并由此配套进行户籍、农地与城乡
基层治理制度等方面的改革。扶持阶段的政策在统筹城乡发展、

---

〔1〕 中华人民共和国国务院办公厅：《国务院办公厅关于做好农民进城务工就
业管理和服务工作的通知》，载中国政府网 http：//www. gov. cn/test/2005 -06/26/
content_ 9632. htm，最后访问日期：2006 年 2 月 1 日。

〔2〕 宋洪远等编：《改革以来中国农业和农村经济政策的演变》，中国经济出
版社 2000 年版，第 373 页。

保护农民工正当权益上已经取得了初步成果，但在推进中还面临着不少的问题，有些甚至是尖锐的矛盾。如在政策目标的认识上，到底是以维权为主还是以进城为主，尚有很大的分歧。对此，需要理论与实践方面的继续探索。

总之，改革开放以来农民工政策的发展走过了一条"之"字形的道路，经历了松绑、控制、引导、扶持环节，目前正处在一个重要的、在"以人为本"的科学发展观指引下、在追求城乡统筹、全面建设小康社会与和谐社会的总体政策环境下、以扶持农民进城为导向的新阶段。

第二篇 "孙志刚事件"背后的公共政策过程分析*

"孙志刚事件"的处理直接导致了我国在流浪游乞人员管理上的政策变迁。因此，这一事件在公共政策过程的研究上是有重要价值的。

一、"孙志刚事件"的发展过程

从政策过程来看，"孙志刚事件"包括孙志刚本人的不幸遭遇与社会、政府的反应和应对措施。这一事件的经过如下：

孙志刚，男，1976年生，湖北黄同人，2001年武汉科技学院（原武汉纺织工学院）艺术系艺术设计专业毕业，2003年春节后来到广州，案前任职于广州市达奇服装公司。

3月17日：孙志刚因无暂住证在广州街头被带至广州天河

---

* 本篇原载《理论探讨》2004年第3期。

区黄村街派出所。3月18日：孙志刚被黄村街派出所送往广州收容遣送中转站。3月18日：孙志刚称有心脏病被收容站送往广州收容人员救治站。3月19日~20日：孙志刚在救治站遭遇无情轮番毒打。3月20日：救治站宣布孙志刚不治死亡。4月18日：尸检结果表明，孙志刚死前72小时曾遭毒打。后来广州市公安局［2003］穗公刑法字4号刑事科学技术法医学鉴定书，证实被害人孙志刚系因背部遭受钝性暴力反复打击，造成背部大面积软组织损伤致创伤性休克死亡。

4月25日：南方都市报刊登《一大学毕业生因无暂住证被收容并遭毒打致死》一文。5月14日：华中科技大学法学院法学博士俞江与腾彪、许志永两位法学博士以中国公民的名义，向全国人大常委会上书，建议对《城市流浪乞讨人员收容遣送办法》进行违宪审查。"上书"指出人身自由是由《宪法》所固定的根本权利，是神圣不可侵犯的。5月18日：孙志刚的遗体在广州火化。5月23日：我国著名法学专家贺卫方、盛洪、沈岿、萧瀚、何海波联合上书全国人大常委会，提请就孙志刚案及收容遣送制度实施状况依照《宪法》启动特别调查程序。6月5日~6日：广州市中级人民法院公开审理乔燕琴等12人伤害（致死）孙志刚一案。6月6日：孙志刚被故意伤害致死案在广州市中级人民法院继续开庭进行补充情况的调查。由于提出了一些新的情况，法庭需要进行进一步的核实，故该案推迟公布审判结果。6月7日：孙志刚被故意伤害致死案定于9号下午15时宣布判决结果。6月9日：广州市中级人民法院［2003］穗中法刑初字第134号《刑事判决书》，就孙志刚被故意伤害致死案做出一审判决：主犯乔燕琴被判处死刑；第二主犯李海婴被判处死刑，缓期两年执行；其余10名罪犯胡金艳、乔志军、李文星、何家红、韦延良、李龙生、吕二朋、张明君、周利伟、钟辽国分别被判处有期徒刑 3 年至无期徒刑。6 月 9 日：孙志刚案涉及的原广州市公安局天河区分局黄村街派出所民警李耀辉，原广州市脑科医院江村住院部副主任张耀辉，原广州市收容人员救治站负责人彭红军，医生任浩强，护士邹丽萍、曾伟林等 6 人，以玩忽职守罪，被广州市天河区人民法院和白云区人民法院分别判处有期徒刑 2 年至 3 年。6 月 10 日：孙志刚被故意伤害致死案中涉及的其他 23 名违反党纪政纪的有关责任人员，经广州市委、市政府同意，已由广州市纪委、市监察局和有关单位给予党纪、政纪严肃处分。6 月 20 日：国务院总理温家宝签署国务院第 381 号令，公布施行《城市生活无着的流浪乞讨人员救助管理办法》，该办法自 2003 年 8 月 1 日起施行。1982 年 5 月 12 日国务院发布的《城市流浪乞讨人员收容遣送办法》同时废止。6 月 22 日：新华社受权播发《城市生活无着的流浪乞讨人员救助管理办法》全文。6 月 27 日：孙志刚案件终审裁定在广东省高级人民法院公开宣布，［2003］粤高法刑一终字第 387 号刑事裁定书裁定孙志刚案维持原判。7 月 21 日：国务院民政部门发布《城市生活无着的流浪乞讨人员救助管理办法实施细则》（民政部令 2003 年第 24 号），本实施细则自 2003 年 8 月 1 日起施行。8 月 1 日：《城市生活无着的流浪乞讨人员救助管理办法》及其《城市生活无着的流浪乞讨人员救助管理办法实施细则》即日起正式实施。

二、"孙志刚事件"的政策过程研究价值

"孙志刚事件"具有明显的政策过程研究价值，这可以从四个方面论述：其一，它是一个政策过程研究的理想案例。学术研究离不开实证材料，"孙志刚事件"本身就是在实际生活中发生的与政策过程直接关联的典型事实。这一事实与政策过程研

究的关联性在于，它是我国关于流动游乞人员管理政策（制度）变迁的触发机制[1]。也就是说，是它（孙志刚在收容制度下被打致死）暴露与引起了人们对上述政策的强烈关注，并导致相关政策的变更。因此，"孙志刚事件"是一个政策过程案例。说它是一个理想的案例，原因在于：前面回放的"孙志刚事件"是一个动态的过程，它包括了至少几个月的时间跨度、在不同的时间内有不同的主体（孙志刚、媒体、公众与政府）登场、不同的主体承担了不同的活动（孙志刚是悲剧的主人，媒体是舆论的主体，公众是决策的参与者，政府是政策权力的主体）。其二，这一过程在结构上具有明晰性，既有开头：孙志刚之死，又有发展：社会反应，还有结局：政府变更政策。其三，"孙志刚事件"的性质具有比较大的开放性。这一事件的主人是一个弱势群体分子，又是一个地方事件，直接的责任人没有高官，无关国家机密，等等，这些性质保证了它的信息的扩散性。其四，这一事件具有内容的合理性，也就是上面说的政策过程关联性。由于这四个原因决定了它作为一个典型的政策过程案例的特征：资料的全面性。关联性使它成为一个政策过程案例，动态性与结构性使这一案例增加了典型性，开放性使这一典型的案例能够作为资料被完整地收集。由此形成了一个包括政策问题、政策目标、政策方案、政策决策等在内的政策全过程的理想材料。

这样的材料又产生了"孙志刚事件"在政策过程研究上的第二个价值，即它可以作为一种观察政策过程逻辑的良机。政策科学自20世纪50年代由拉斯韦尔创立以来，逐步形成了一种

---

〔1〕 〔美〕拉雷·N. 格斯顿：《公共政策的制定：程序和原理》，朱子文译，重庆出版社2003年版，第23页。

主流的公共政策过程范式。它包括如下步骤：界定问题，建立评估标准，认定可选择政策，评估可选择政策，选定偏好的政策，执行偏好的政策。[1]那么，这一范式是否反映了真实的政策实践呢？要回答这个问题，必须把这个理论与实践相对照，用实际生活中的案例来验证它。因为按照历史与逻辑相统一的原理，"历史从哪里开始，思想进程也应当从哪里开始，而思想进程的进一步发展不过是历史过程在抽象的、理论上前后一贯的形式上的反映；这种反映是经过修正的，然而是按照现实的历史过程本身的规律修正的，这时，每一个要素可以用在它完全成熟而具有典范形式的发展点上加以考察。"[2]"孙志刚事件"正是这样一个理想的公共政策过程案例，因此可以用它来检验政策过程范式，如政策过程是从界定问题开始的吗？流浪游乞人员政策的变更是否体现了这样的过程？等等。

这种对政策过程范式的检验又为这一理论的发展打开了一扇窗户。而这正是"孙志刚事件"在政策过程研究上的价值的第三方面，一般来说，在范式存在的时候，主要的学术工作便是用已有的范式来解释现实。但是由于公共政策过程的范式正在经历危机，新的反映政策实践过程的事实便为理论的发展提供了机会。公共政策过程范式的危机主要表现在两个方面，[3]一是学术界对该范式的持续的批评，如著名政策学家林恩认为："许多关于公共决策的研究都是非常概括和抽象的，并远离政府

---

〔1〕〔美〕卡尔·帕顿、大卫·沙维奇：《政策分析和规划的初步方法》，孙兰芝、胡启生译，华夏出版社 2000 年版，第 4 页。

〔2〕中共中央马克思、恩格斯、列宁、斯大林著作编译局编译：《马克思恩格斯全集》（第 13 卷），人民出版社 1962 年版，第 532～533 页。

〔3〕〔美〕托马斯·库恩：《科学革命的结构》，金吾伦、胡新和译，北京大学出版社 2003 年版，第 48 页。

的实际动作。"[1]二是学术界对政策过程的重建努力。目前学术界至少提出了五种新的政策过程，这些过程框架是：制度理性选择框架，多源流框架，中断—平衡框架，辩护—联盟框架，以及政策扩散框架。[2]"孙志刚事件"在此的价值在于为政策过程范式危机的解决提供了一种可以进行概括的事实。目的则是寻找新的政策过程起点，跳出已有的问题解决的政策过程逻辑。

三、"孙志刚事件"后面的政策过程

上面指出，"孙志刚事件"可以作为观察政策过程逻辑的案例，又可以为新的过程理论的建构提供机会。

（一）起点：问题还是需要？

政策过程的范式是从问题开始的。问题指的是"包含要求达到的状态与观察到的状态之间的矛盾"[3]。就"孙志刚事件"引发的政策变更来看，表面上它也是从问题出发的。首先是孙志刚的非正常死亡暴露了《城市流浪乞讨人员收容遣送办法》存在的问题，这个问题就是本来是救济性质的政策在执行中发展成具有强制与治安管理的功能后对公民流动的限制与人权的侵犯。但是如果把这一政策变更的起点定位在这里，则会在理论上找不到问题的起点。因为在"孙志刚事件"以前，就有许多类似的悲剧在上演了。而且把问题定为政策变更的起点，

---

〔1〕 ［澳］欧文·E. 休斯：《公共管理导论》，彭和平等译，中国人民大学出版社 2001 年版，第 165 页。

〔2〕 陈振明主编：《公共政策分析》，中国人民大学出版社 2002 年版，第 61页。

〔3〕 ［美］斯图亚特·S. 那格尔编：《政策研究百科全书》，林明等译，科学技术文献出版社 1990 年版，第 4 页。

会产生另外一个问题，即如何看待在这次"孙志刚事件"中国务院进行政策变更之前，政府在风平浪静的时候讨论这一政策的修订问题。因为按照政策过程范式，从问题到政策议题一般要有一种触发机制或政策窗之类的东西起作用。也就是说，政府在政策过程之初是被动的。还有一个问题是如果政策是从问题出发的，那么找到一种解决问题的方案（政策）后，为什么在以后会出现经常修改该政策的现象。就流浪游乞人员的管理政策来讲，在这次政策变更以前就经历了几次修正：1982年由救助性质的政策转向维护社会秩序的功能，1991年国务院第48号文将收容对象扩大到"三无"人员，2001年11月26日广东省政府提交省人大常委会考虑废除政策执行中的收费问题，等等。[1]而且，从问题出发的政策过程有一个公认的难点，那就是有时会出现解决了错误问题的现象。考虑到上面讲到的政策过程范式的危机状态，能不能从这里提出一个新的政策过程起点呢？如果要这样努力的话，就需要重新考察政策活动的最初发生点。从"孙志刚事件"来讲，这一起点就是改革后城市化中人们的自由流动的需要。道理很简单，如果人们没有这种需要，就没有人口的大规模流动，政府也就不需要改变救助性质的收容遣送制度来限制人们的自由，也就不会有"孙志刚事件"，也就不会有收容遣送政策的废止。实际上，从逻辑上讲，问题也不能成为政策的起点。因为问题作为政策的起点，是以人们的需要存在为前提的。也就是说，问题不是历史与逻辑相统一原理要求的历史的最初。那么，需要是不是这样的最初呢？答案应该是肯定的。因为政策是一种社会活动，而社会历史是

---

[1] 黄妤："收容：一项救济制度怎样变形"，载红网 http://china.rednet.cn/c/2003/07/08/437411.htm，最后访问日期：2004年4月3日。

人的活动，人是按照自己的本性行动的。人的本性正是人的需要。[1]

（二）发展：单极还是多极？

提出需要是政策的起点后，接着讨论一下这种需要在政策中的发展历程。政策过程范式主张政策过程是单极的，也就是以一个政策主体决定政策变化的单向的政策问题解决过程。大致来看，这种单极发展又可分为自上而下、自下而上和团体等三种模式。自上而下指的是由精英决定政策的过程，自下而上则表示政策的动力来自社会下层，团体指各种利益团体决定政策的过程。本文就"孙志刚事件"中的政策决策看一看真实的政策过程是不是单极的。从本文第一部分讲述的"孙志刚事件"中可知参与者（有关政策主体）不是一家，而是包括悲剧的主人、公众人物、社会媒体、政府等几个方面。因此，不可能像上面的单极观讲的那样由一家确定议程、选择方案并解决问题。而是一个多极互动决定的政策过程。这一过程先是有前面指出的社会人员流动的需要的客观存在，然后是需要的表达形成政策目标，由于这种目标与现在的政策结构发生冲突（旧的政策与政策目标间存在巨大的政策距离），结果现有的政策被迫变更。在"孙志刚事件"中的需要表达主要是由孙志刚悲剧与上书共同完成的。孙的非正常死亡是对自由流动需要的客观表达，上书则是对这种需要的主观表达。在这样的表达中，政策目标就非常明确了，这就是要求保障人民自由流动的政策。但是由于现有政策（制度）与这种表达出来的政策目标之间不相容，在媒体推动下社会出现了巨大的变革呼声。这种呼声在孙志刚

---

[1] 中共中央马克思、恩格斯、列宁、斯大林著作编译局编译：《马克思恩格斯全集》（第3卷），人民出版社1962年版，第514页。

案中表现在人们对旧的政策的控诉上，如上书中提出要开启违宪审查程序。在媒体的作用下，社会对政策距离的认识逐步统一，于是旧的政策废止，新的政策出台。在新旧政策更替（政策发展）的过程中有一种现象引起了大众的广泛关注，这就是孙案中的领导批示。有人问："如果没有领导的批示怎么样？"如果在这里把这句话翻译成：如果在孙案中没有决策层的重视会怎么样，则可以更好地看清这里发生的政策过程。这个问题的答案是很清楚的，那就是如果没有决策层的重视，则不会这么快发生政策变更。从事实来讲，一是在孙案之前有许多类似的事件在重演，但没有很好地解决；二是在这次政策变化之前，旧的政策已有多次修订，但都未能实现新政策的出台。二者共有的重要原因就是领导没有足够的重视。这种认识的不到位，又反映了社会对政策距离的认识未能统一。而这种统一一般要有新闻媒体的大规模介入。正如曹景行先生指出的：在孙案中，先是《南方都市报》的披露在社会上产生了震撼，随后又有大批媒体的介入与法律界人士的行动，接着是政府高层的注意，在这样一种媒体、互联网和官方的互动中，人们的认识统一了。[1]最后政府果断地废止了旧政策，推出了新政策。从"孙志刚事件"中可知，公共政策表现为一个从政策需要出发，在多极政策主体的互动中发展的过程。这一过程大致有如下环节：政策需要，政策目标，政策结构，政策距离与政策发展。在这一过程中，政策的政治性是十分明显的，但是也有技术的因素存在，如"孙志刚事件"中对孙的死因的判定起关键作用的尸检与法医鉴定，在政策决策中国务院召集专家讨论等。所以，

---

〔1〕　董嘉耀："中国：'孙志刚事件'有了说法"，载 CSDN 网 https：//bbs. csdn. net/topics/30187122，最后访问日期：2004 年 1 月 5 日。

政策是一个多极的事件，它的主体、发展与性质都是一种多因素的共同作用，也就是说政策是一个围绕政策需要的系统过程。

（三）功能：稳定还是发展？

上面指出公共政策是一个从需要出发的系统过程。按照系统理论，系统的存在总是以执行一定的功能为基础的。所以这里接着考察"孙志刚事件"后面的政策过程的功能。之所以提出这个问题，一方面是这里讲的系统的逻辑，另一方面是因为主流的政策理论认可的政策系统的自我维持功能具有明显的保守性，成了众矢之的的东西。这里的讨论还是从"孙志刚事件"出发，在这一事件中涉及了两种政策：一是1982年的《城市流浪乞讨人员收容遣送办法》，二是2003年8月1日起实施的《城市生活无着的流浪乞讨人员救助管理办法》。前一种政策的功能定位一开始是社会救济，后来发展为治安管理职能。后一种政策则完全定位在社会救助上，且是自愿救助。不用说前一种政策先后具有了发展（救济）和稳定（治安）两种功能。后一种政策则着眼于发展（或说解决发展中的问题）。可见，将政策的基本功能定位于社会稳定的观点是与现实不相符合的。而且，从根本上讲，只有发展才能保持社会的基本稳定。因此，把政策的功能定位在发展上是合理的（在这里，稳定成了发展的一个因子）。这种定位一方面为社会生活的改革提供了政策依据，另一方面又可以解释在"孙志刚事件"中相关政策的修订与更新现象（政策是连续性与中断性的统一，这表现在从需要出发的政策过程的政策距离的概念上）。当然，将政策的功能定位为发展，这也是政策需要的要求。因为需要是人的本性，旧的需要满足了，新的需要又会产生，这就为政策发展注入了生生不息的动力。"孙志刚事件"进程中有一个令人赞叹的环节，那就是国务院在人们提议对旧的政策展开违宪审查不久即制定出了新的政策。人们称赞这是新一届平民政府的亲民行为。这表现了政府对政策需要变化的正确认识。至于在孙案前人们对政策变化造成的治安恶化的担忧则是对政策发展的功能缺乏准确认识的表现。[1]

四、"孙志刚事件"后面的政策过程的意义

本文通过对"孙志刚事件"背后的政策过程的研究，在对正在经历危机的政策过程范式的考察中，发现了一个从政策需要出发的、系统的政策过程。那么，这一过程有什么意义呢？一方面，从政策过程的研究上讲，这是对主流的政策过程范式危机的一种积极回应，因而是一种对政策过程理论的有益探索。这种探索的价值不仅在于提供了一个替代的理论框架，而且这一框架对当前范式遭遇到的许多问题都可以提供比较满意的解释。这些问题如上面已经指出的：界定问题的困难，政策发展上的单极论，保守性等。另一方面，在政策过程的分析上，提出了一种新的方法，即政策需要的分析。这种分析与主流理论的问题分析明显是不同的。此外，由于这种新的政策过程的提出，产生了一些新的值得研究的问题，其中最有意义的是政策预测问题，主流的政策过程理论从政策问题出发，基本上丧失了预测能力。由于新的过程是从政策需要出发的，而需要天生就是一种向前看的事物，因而如何进行政策预测就成了一个新的政策过程研究课题。

从实践来看，新的政策过程也具有一定的现实价值：一是可以有效地面对解决了错误的政策问题的现象。这是在政策实

---

〔1〕 何兵："实现公正，即使天塌下来"，载搜狐网 http://star.news.sohu.com/2005 0615/n225952706.shtml，最后访问日期 2004 年 3 月 12 日。

践中经常发生的事。原因在于政策主体处理问题时，目标定位不准。从政策需要出发进行政策决策，就可以直指问题背后的需要，一开始就掌握正确的方向。二是这一价值又带来了第二种价值。即借此提高政策效率，从而缓解政策效率与政策效益之间的冲突。三是给政策主体在承担政治责任时以更多自由。原因是新的政策过程给了政策主体更大的自觉性，也减少了处于问题包围中的可能。

总之，本文通过对"孙志刚事件"的政策过程的研究，发现了一个政策需要的发展过程。这一过程在理论与实践上都有一定的价值。

第三篇　农民工政策"三步走"发展战略研究*

进入 21 世纪以来，农民工问题受到社会各界与政府的高度关注。聚焦领域：一是农民工权益保护问题，二是 2003 年下半年起在局部地区发生与漫延的"民工荒"问题。这些问题的解决都离不开政府制定与执行有效能的公共政策，离不开已有农民工政策的发展。笔者拟对农民工政策的发展进行研究。主要包括：①对当前存在的两种主要的农民工政策发展思路的评介；②对农民工的政策发展进行总结与战略规划；③提出现阶段农民工政策发展的策略。

---

* 本篇原载《安徽农业科学》2007 年第 5 期。

一、激进与保守：农民工政策发展思路的两种误区

（一）农民工政策发展的激进思路

这种思路反映在研究者撰写的许多农民工研究专门文献中，也反映在对一些有关农民工政策的批评中，核心是要求一揽子解决农民工在城市的待遇问题。除通常人们要求的与城里人同工同酬等就业要求外，还提出同一购房条件、同一社会保险、同一教育培训、同一户口管理、同一社区治理、同一社区分配等目标，以及作为这种同一思路基础的农村农地制度等改革。而且是要求这些问题在全国同步马上解决。提出这种思路的依据，除宏观的对发达国家现代化进程中曾经发生的农民工向城市迁移的历史经验的借鉴外，[1]还有对中国进入工业化中期即GDP人均1000美元后城市接纳农民工能力的判断，以及对农民工向城市迁移完成后形成的城市化聚集效应的展望等。由于认为现在城市有能力接纳大量农民工入城以及对这种迁移形成的后果的乐观估计，因而在政策设计上希望彻底解决农民工问题。以致在现实中，当有人提出要有条件地解决农民工向城市迁移问题时，立即受到无情攻击与批判；对户籍改革进程受挫，也主要指责大城市与地方政府没有全局观念与长远眼光。

（二）农民工政策发展的保守思路

这种思路表现在：①就事论事，当发生了严重的农民工权益问题的时候就讲要保障农民工人权，要解决农民工合法权益保护；②地方政府没有积极性，只是简单地传达中央有关农民工权益保护政策；③在执行中央有关政策时，存在种种顾虑，

---

〔1〕 ［法］H. 孟德拉斯：《农民的终结》，李培林译，社会科学文献出版社2005年版。

如担心因提高城市最低工资而影响吸引外资，担心农民工向城市迁移跟城市人争利以及增加难以承担的治理成本等，因而执行没有效率；④在城市移民上设置一些普通农民工难以企及的工龄、保险年限、缴税、住房、技能、资本等条件。

（三）上述两种农民工政策思路的误区

激进思路的误区：①对中国国情认识不清。中国是一个地大物博、人口众多、发展不平衡的国家。因此，农民工问题或农民工向城市移民问题不可能一个早晨解决。与之相对的是，农民工问题的解决不可能以全国整齐划一的方式进行。因为一方面各地发展程度不同，用于解决农民工问题的资源也有巨大差别；另一方面农民工在城市的分布也不是均匀的，有的地方农民工问题突出，有的地方农民工问题较少，有的地方是农民工输出问题，有的地方是农民工输入问题。②对解决农民工问题的复杂性认识不足。农民工向城市迁移，涉及农民工、城市与乡村等多种利益相关者，存在制度变革、利益重新分配等多重矛盾，因而这种问题的解决需要一个过程。而且这种进程还需要以社会生产力的发展为基础，但生产力的发展有一个渐进过程。比如农村生产力在当前情况下要有一个过程以将剩余的农村人口解放出来，并在城市生产力进一步发展后形成新的吸引农民工的比较优势推动农民向城市流动，以依靠城市生产力的提高为城市解决农民工问题创造坚实的物质条件。

保守思路的误区：一方面，看不到或漠视农民工向城市迁移的必然性，因而可能在现实中丧失主动解决本地农民工问题机遇。另一方面，由于局部利益与既得利益画地为牢，在客观上不能与大多数农民工公平分享所在城市现代化成果，因而不利于和谐城市建设，不利于实现城乡统筹发展，这制约了乡村就业与社会进步。

全面评价上述农民工政策发展思路，应该说上述两种思路都有一定的可取之处。如激进思路看到了农民工向城市迁移的历史必然性，保守思路则证明农民工问题的解决是一个过程。考虑到国外农民工向城市迁移的历史是一种渐进的、不可逆转的进程，在进行农民工政策发展的规划时，需要将农民工政策发展的两种思路整合起来，既讲历史规律又讲现实条件，立足现实向前看。

二、过去与未来：农民工政策发展的"三步走"战略

前面已经指明，进行农民工政策发展的规划需要立足现实向前看。现实，在此就是与农民工政策相关的所有能够产生作用的真实条件。由于农民工现象在当代中国已经存在有一段历史，农民工政策也与这种历史相应经历有不同时期的发展，因此，规划农民工政策的发展，应该将以前与农民工相关的因素与政策纳入分析的视野。这样，农民工政策发展实际上可分为三个阶段。

（一）第1步：让农民到城市自由流动就业

这种政策发展的社会基础是中国自20世纪末进行改革开放，以经济建设为中心，加快工业化进程。政策发展的直接动力在于，一方面，在这种社会由计划走向市场与加速工业化的转型期，在农村实行以联产承包为中心的一系列改革，提高了农村生产力，产生了大量需要向城市与工业转移的劳动力；另一方面，在于城市工业化的加速、乡镇企业的发展、对外开放的实施，产生了对劳动力的大量需求。于是在比较利益的驱动下，城乡突破传统的分割体制，通过市场或建设中的市场，在就业上实行农村剩余劳动力与城市工业的结合。可见，第1步的政策目标基本上是依靠市场实现生产要素——主要是农村剩

余劳动力与吸引的外资及其他集体资本有效率的自由配置。这种政策目标也决定了农民工政策发展第 1 步的政策工具是统一市场，或者说建设统一市场。这种统一市场的过程，也就是人们在改革开放中突破计划经济的束缚，走向比较规范、成熟与统一的社会主义市场经济的过程。这个过程也是中国自改革开放起到实现人均 GDP 1000 美元的加速工业化的现代化初期。

从现实来衡量，国家有关农民工的政策的第 1 步发展已经走过四个时期：①在计划经济条件下，在改革开放初期，城市向农民打开务工的大门，但没有相关政策与体制配套的时期，其标志是 1985 年中央关于农村工作的 1 号文件，在这个文件中提出允许农民到城市开店设坊务工经商。②在有计划商品经济条件下，由于"民工潮"爆发，为了城市的秩序的需要而对农民工外出流动就业进行严格控制的时期，其标志是 1990 年国家有关就业管理的规定，在这个文件中明确要求农民以就地转移为主，控制农民工盲目跨地区流动就业。[1]③在建设市场经济的激情下，国家重新审视控制农民工流动就业的政策，并将严格控制农民工到城市流动就业的政策调整为有条件允许农民工流动就业的政策，也就是农民工跨地区有序流动管理的政策，其标志是国家有关农民工跨地区流动就业有序化工程，在这个文件中提出有关农民工流动就业的证卡等管理制度。[2]④在进入 21 世纪后，在城乡统筹发展的形势下，国家要求保护农民工在城市务工的合法权益的政策，其标志是 2003 年国务院发文要

---

〔1〕 国务院：《国务院关于做好劳动就业工作的通知》，载白鹿书院 http：//www. oklink. net/flfg/law/a60157. htm，最后访问日期：2006 年 12 月 11 日。

〔2〕 劳动部：《关于印发〈再就业工程〉和〈农村劳动力跨地区流动有序化——"城乡协调就业计划"第一期工程〉的通知》，载法律图书馆 http：//www. law-lib. com/lavviitm/1993/57030. htm，最后访问日期：2006 年 8 月 9 日。

求废除与取消城市对农民工设置的一切与市场经济要求不相一致的就业与生活条件，要求各地实行农民工享有与其他城市人同等的就业市场等服务。

可见，农民工政策在第 1 步，历经放开、控制、管理等时期的之字形发展，最终汇入统一就业的大市场。这也表明，农民工政策发展的第 1 步目标已经基本完成，开始进入政策发展的第 2 步。

（二）第 2 步：让农民工与城市和谐相处

农民工政策发展的第 1 步，让农民可以到城市自由流动就业了，这是一件有历史意义的大事，有人称作为中国农民在中国加快现代化建设时期的第三大创造。但是，尽管如此，农民工政策发展远未完成。就现实来看，农民工与城市存在诸多不和谐：一方面，农民工用脚投票形成的"民工荒"对城市经济持续发展提出了劳动力供应问题；另一方面，农民工在城市就业也存在许多负面影响，如农民工合法权益易受侵犯，城市面临农民工流动在社会治安等多方面的秩序冲击。这里的政策问题，既有旧的秩序问题，也有新的增强城市对生产资本的吸引力问题，显然已不能用旧的治安管理方式来达到目的，如此需要实现政策创新。把这种政策创新放到国家现代化进程中进入工业化中期即人均 GDP 1000 美元后城乡统筹的大背景下考察，就是要实现农民工与城市的和谐。这种和谐政策发展的直接动力除城市对合格充足劳动力资源的渴求与对城市管理秩序的期望外，则是在城市流动的农民工希望有一个安全的受尊重的工作与生活环境。因此，农民工政策发展第 2 步的目标就是实现城乡统筹背景下农民工与城市和谐协作。

要达到这种战略目标，需要采取一定的政策工具。对此，笔者称之为统一治理，也就是实现农民工与所在城市居民同样的公共治理机制。提出这种政策工具的理由在于和谐社会的实质，也就是构建社会中人与人及组织与组织等之间的协作。如此，需要在这种人与人之间及组织与组织之间的公共领域的一种平等参与，并在这种参与中实现利益协调与行为统一。可见要实现农民工与城市的和谐，一方面需要构建一种参与机制，另一方面需要建设一种对参与提供保障的机制。参与机制主要包括：农民工参与城市社区治理的机制，农民工参与企业民主管理的机制等。这种参与机制的主要保障机制则是：农民工的组织机制，主要是完善与建设一种为农民工服务和为农民工利益代言的农民工工会，以及保障农民工在城市就业与生活的社会保障制度。因为现代社会公共治理的参与机制主要是一种公民的有组织地民主参与，因此，需要加强农民工组织的建设。同时，也要求农民工有参与的激情，也就是说要求农民工要在城市有相对稳定的经济与生活利益。这样，需要对其就业与生活进行与城市居民一样的社会保障。此外，提出上述政策工具的依据，还可以从现代组织管理理论中寻找。根据现代组织理论之父巴纳德的思想，在组织协作中的权力是一种需要被接受的权威，需要权力指令与接受者之间在符合组织公共利益前提下的利益一致，并且与接受者能力适应。[1] 如此，在以和谐为标志的农民工政策第 2 步发展中，不能再运用过去的治安管理模式，必须要有农民工的平等参与，要有农民工的自觉配合，要有农民工的组织支持。当然，一定的政策工具的选择总是与一定的要解决的政策问题相应的。提出统一治理这样的政策工具，也是回应了农民工与城市和谐建设中问题的特征。一方面，

---

〔1〕 陈莞、倪德玲主编：《最经典的管理思想：100 年来最具影响力的 33 种管理思想》，经济科学出版社 2003 年版，第 65 页。

将农民工组织起来参与公共治理，有利于农民工权益的保护，也有利于获得更准确的信息以及利用农民工自己管理自己来控制社会秩序；另一方面，"民工荒"的背面是农民工用脚投票。农民工为什么用脚投票，当然首先是觉得在城市的生存环境不如意，想找一个好的环境，但是，流动是要付出成本的。如果农民工面临问题时能通过参与公共治理就地将问题解决，农民工肯定不会选择流动。

当然，正如和谐社会建设是中国针对进入 GDP 1000 美元后特殊的社会发展阶段提出的，和谐的农民工与城市相处的政策也只是一种过渡的政策，它应该为农民工在城市的发展与未来创造条件，或者说为发展支付成本。在这一步政策发展中，支付的成本主要有农民工参与城市治理的成本，为农民工提供统一的社会保障的生活成本，以及在这种农民工参与公共治理中付出的心理成本。随着这些成本的支付，农民工与城市在就业、生活、政治、文化等广阔领域进行协作互动，这样，就为农民工主体最终融入城市，变成市民奠定了必要的基础。但是，由于城市发展不平衡，各地农民工情况有较大差别。因此，以农民工与城市和谐为目标的统一治理的政策肯定是形式多样的，实现和谐的速度与程度也是有差别的。

（三）第 3 步：让农民工变成城市市民

在第 2 步农民工政策发展目标实现后，仍然存在着重要的农民工问题：一方面，经过和谐阶段，农民工摆脱了农民工政策发展第 1 步时对城市的陌生感，而且方方面面成了城市社会建设与管理的主人。这时，农民工会提出进一步发展的要求，要求在社会身份上成为正式的城里人。另一方面，城市也有要求农民工这批新的治理与建设资源稳定下来的需要，以实现城市彻底整合。这一阶段大致从我国将推行的新农村建设的中后期或中国当代工业化后期开始。这种时期为农民工政策的第3步发展提供了社会宏观背景，这种背景与农民工政策发展第1步的背景有些相似，都是城乡互动。但这里是新起点的互动：一边是新农村建设深入后，农村生产力大踏步提高与规模经营的推进，需要向城市进一步转移劳动力，需要将留下的农民变成农场工人，并由此实现农村治理结构变迁；另一边是城市在工业化与现代化中需要吸纳大量新生劳动力资源，需要进一步改革以逐步将吸纳的劳动力稳定下来变成城市居民。这样，农村与城市相互配合，以彻底消除农民工流动导致的城市病与农村病。可见，第3步农民工政策发展的目标就是实现传统农民的终结，让农民工变成城里人。

与第3步政策战略相应的是一种统一身份的政策工具。这种政策工具在实践中将包括三大改革：①对农村农地制度改革，通过建立合理的农地流转办法，逐步实现规模经营与农场化管理；②对城乡户籍制度进行改革，统一城乡户籍制度，彻底取消依附于户口上的种种不平等的社会待遇；③对城市分配体制进行改革，实现从农村来的新移民与原住户之间同等的生产、管理与劳动收益分配的权利。

从国外历史经验来看，随着一国现代化的基本实现，其国内农民由农村向城市大规模迁移的进程也会基本结束。因此，农民工政策发展的第3步，大致会在中国基本实现现代化的时候完成。

三、原则与关键：现阶段农民工政策发展的策略

上面指出，农民工政策发展可以分三步走，这是一种政策规划的战略，具体运作还必须有一定的政策策略。

（一）农民工政策发展的基本原则

1. 发展导向

农民工政策发展的背后，实质是要解决一系列的农民工问题。要解决社会问题，一方面资源越丰富越好，另一方面眼光看得越长远越好。如此，需要以发展作为农民工政策的导向，把农民工政策的发展纳入中国现代化的整体发展规划中，谋求城市的发展、农村的发展以及农民工的发展，在社会发展中提出问题并解决问题。

2. 城乡联动

中国的现代化是在一种特殊的城乡二元经济社会体制的基础上起步的，中国的农民工问题也是在这种背景下发生的。因此，解决农民工问题，进行农民工政策规划，需要从城乡互动、统筹发展的角度进行。没有这种城乡联动机制，农村不会向城市输送合格足量的劳动力，就是输出了，城市也不见得能接收好。

3. 渐进改革

要突破城乡旧体制，解决农民工问题，实现中国现代化，基本动力是改革。但这种改革在现实中表现为一种渐进方式：需要积累农民工融入城市的资源，需要创造农民工参与城市治理的条件，需要生产力的发展与新农村建设的深入等。中国人口众多，地区发展不平衡，将农民工纳入城市版图，实现传统农民的终结，需要一个历史过程。

4. 政府主导

由于中国特殊的国情，是一种政府主导的社会治理结构。因此，农民工政策的发展离不开政府的主导作用。这种主导作用，首先表现在重大政策都是政府决策与积极推行的；其次需要中央政府及时介入为农民工发展定调极为重要农民工问题提供决策与资源；最后需要地方政府根据本地实情进行农民工输出与输入政策的管理创新。

5. 民主参与

主要是农民工要参与到城市治理与农民工政策发展中来。一方面，这是农民工作为一位公民应有的政治权利；另一方面，这也是解决城市和谐社会建设与进一步发展中治理资源不足缺乏农民工有组织的参与的需要；而且，对于农民工的最终发展可以形成一定的治理投入机制。

6. 比较特色

一方面要借鉴国外现代化中农民向城市移民的经验，如对这种移民进行鼓励性立法的做法，对农地制度实行规模化经营的方法等；[1]另一方面要体现中国特有的农民工问题与农民工政策发展的国情，如考虑城乡二元经济的历史，又如先实行职业流动后实现身份流动等，以及一般的社会主义制度要求等，在政策实践中采取合适的政策。

（二）现阶段农民工政策发展的关键

由于农民工政策发展三部曲中第 1 步已基本实现，因此，当前农民工政策发展的关键是第 2 步即实现农民工与城市和谐的政策的制定与实施。要落实第 2 步农民工政策发展战略，其重点之一是需要城市政府拿出勇气与创新精神以及长远眼光与全局观念，改革城市治理体制，将农民工纳入城市治理的轨道。如果说，第 1 步农民工政策的发展是城乡互动执行中央改革开放政策的结果，第 2 步的实现需要城市正视城市与农民工和谐相处与发展问题，通过制度创新来解决。重点之二是需要在中央政府主导下，中央与地方、社会进行合作，制定一个科学的关于农民工向第 3 步战略发展的统一规划，并与和谐社会建设

〔1〕 王章辉、黄柯可主编：《欧美农村劳动力的转移与城市化》，社会科学文献出版社 1999 年版。

的政策相衔接，以在实践中各地有条件地实施。没有这种中央主导的统一规划，农民工问题的解决将仍然处在一种各行其是、头痛医头脚痛医脚、找不到方向感、没有效能的状态。政策之间容易脱节，农民工政策的未来发展有可能因基础不完备而推迟，这样也不利于城乡统筹与中国现代化进程。

第四篇　论农民工市民化的政策支持：主体的视角[*]

农民工市民化自 2005 年成为学术研究的热点以来，多种学科纷纷介入，从各自的专业立场提出了种种政策设计，但在实践中得到应用的寥寥无几，形成了一种在"学术上热，实践上冷"的僵局。为了打破这种局面，本文拟重新审视现有政策设计的思路，并结合对农民工市民化的现代化新解读，来提出一种综合的、新的、针对实践中人们的需要的政策建议。具体探讨三个方面的问题：一是农民工市民化政策支持的涵义与研究意义；二是农民工市民化政策支持的研究视角与假设；三是农民工市民化政策支持的政策设计。

一、农民工市民化政策支持的涵义与研究意义

（一）农民工市民化政策支持的涵义

农民工市民化政策支持在本文中指支持与帮助农民工实现市民化的政策。学术界一般讲农民工市民化的制度，由于国家

＊　本篇原载《农村经济》2012 年第 2 期。

制度变迁都是通过公共政策来推动与完成的，因此，讲农民工市民化的政策支持实际上包含了通常的制度变迁作为农民工市民化的一种基本条件的涵义，在学术上是行得通的。

但是政策支持与学术界通常讲的制度变迁又有所区别，这种区别也是本文提出这个概念的独特性。即一方面，政策支持反映的是一种外在的帮助，具有通常讲的制度变迁涵盖的条件意思。但又明显地突出了农民工市民化中的主体意识，这种主体意识，首先表现在农民工市民化是农民工的市民化，需要发挥农民工的主动精神与创造精神。这是当前流行研究所忽视或轻视的地方，一般人们讲农民工市民化的制度问题，就会讲政府的责任，极少有人会谈论这种制度安排中农民工会有什么作用。本文的政策支持视角，则在突出农民工的主体地位的同时，也肯定政府等相关主体的责任与利益诉求。

另一方面，政策支持概念与一般的制度变迁中包含的条件价值有所区别的地方，在于这里突出了政策与农民工市民化相关主体的互动性，或者说政策支持是农民工市民化的相关主体在相互作用中提供的。因而，是一个动态概念。突出了农民工市民化中政策方面必须反映农民工与相关利益主体间利益关联共生的内在要求。由于这种动态的视角，也超出了学术界谈论农民工市民化时将农民工与市民对比并以后者为标准的静态思维，更加符合农民工市民化在中国现代化进程中变化的历史逻辑。

由于上述概念的涵义，政策支持对于学术界通常讲的制度条件实际上是一种发展。这也是本文构建这个概念的价值之一。

至于其他的价值，下面从为什么要提出政策支持这个问题的意义来阐述。

（二）农民工市民化政策支持的研究意义

农民工市民化政策支持的研究意义可以从两个方面来论述：

第一，从学术上讲，除前述概念建构的新意外，关键的在于，政策支持或制度变迁的研究虽然有多种学科，如社会学、经济学、人口学、政治学、城市学等的介入，开出了不同的应付社会问题即农民工市民化的方子。但这些方子，作为其共识的户籍制度、农地制度、就业制度、政治参与制度、社保制度、教育制度等方面的改革，许多人呼吁的激进的无条件改革建立城乡一体化机制的政策建议，在实践中却得不到什么回应。而从农民工市民化来讲，作为一种社会公共问题，政府与公共政策的介入，以及借此进行的制度变迁，显然是一种必要条件。

因此，当前关于农民工市民化的学术研究尽管已经拓展了各种各样的研究问题，但政策支持的研究却是所有研究不能绕开的一个关键问题。如果在这个问题上没有共识，不能形成具有实践应用性的结论，则农民工市民化所有其他方面的研究都只能算一种中期成果，都无法达成农民工市民化的预期目的。

第二，从实践来看，中央政府提出了以长期居住与就业为基本条件的渐进变革的政策指导意见，同时放权地方根据当地实际情况分类进行操作：在小城市、县城、乡镇等，基本上是一种放开市民化通道的政策；在大中型城市，则是一种选择性的以技能、资产等为条件的选择性激励措施。[1]在地方政府的实践中，大中城市基本都实行了选择性政策，如苏州提出的学历、资产或职称等条件[2]考虑到农民工在大中城市发达地区流

---

〔1〕 国务院:《国务院关于解决农民工问题的若干意见》，载中国政府网 http://www.gov.cn/jrzg/2006 - 03/27/content_ 237644. htm，最后访问日期：20011年6月20日。

〔2〕 苏州市人民政府:《关于印发苏州市户籍准入登记暂行办法的通知》，载中国商务资讯网 http://www.lookchinabiz.com/law/Article - 214836. aspx，最后访问日期：2011 年 6 月 20 日。

动就业的主体性，现实的中央指导性放权政策，在地方选择性激
励的操作下，对于普通农民工来说，基本成了一种关门的市民
化。[1]

所以，在实践中如何突破农民工市民化的制度瓶颈，就成
为当前农民工市民化研究的一个中心课题。

二、农民工市民化政策支持的研究视角与假设

（一）农民工市民化政策支持研究视角维新

1. 现有学术思路的批判性继承

在农民工市民化上，流行的思路是比较分析，然后进行制
度分析。所谓比较分析有两个步骤：一是中外比较，提出农民
工市民化的历史必然性；二是农民工与市民的比较，据此提出
农民工的市民化需要具备的制度条件。

由于中外比较是为农民工与市民的比较作铺垫的，而农民
工与市民的比较其目标又是指出制度变迁，因此，这里将流行
的研究视角视为一种制度分析或制度变迁的视角。

制度分析或制度主义，作为近代发端，在现代以新制度主
义命名，由经济学横扫各种社会科学的研究方法，其内核是将
制度作为社会变化与发展的内生变量之一。在由诺思提供的制
度变迁模式中，制度变迁是由相关主体发现制度利润，并通过
制度不均衡、制度变迁到制度均衡的路径而完成的。[2]可见，
在制度分析中，推动制度变迁的主体作用的发挥是一个主要的

---

〔1〕 刘小年："农民工市民化：路径，问题与突破：来自中部某省农民进城的
深度访谈"，载《经济问题探索》2009 年第 9 期。

〔2〕 ［美］道格拉斯·C. 诺思：《经济史上的结构与变迁》，陈郁等译，上海
人民出版社 1994 年版，"译者的话"。

方面，而且这些制度利润相关主体间还存在一种利益共生关联的关系，这种关系通过制度变迁的路径在动态均衡中得到反映。

但在流行的研究思路中，农民工市民化的制度安排，只是作为一种外在异己的力量由政府提供的，只是一种起条件作用的东西。忽略了制度分析对主体作用的观点，特别是对相关主体间利益的共生关联性缺乏认识，因而产生了两个对现实实践产生阻力的后果：一方面，极少有人关注农民工市民化中农民工主体作用的发挥，相关制度设计没有与农民工的需要直接挂钩，因而学术的关照在现实中并没有得到农民工的积极响应；另一方面，作为一种激进改革的制度安排，也缺乏对相关利益主体主要是城市市民与政府的需要的分析，在实践中难以得到城市政府的热烈回应，而在农民工市民化的制度变迁的权力格局中，地方现实性地处于主导的地位，不能反映这种权力格局下的利益诉求，研究成果只好束之高阁。

因此，为了突破当前农民工市民化的困境，本文的研究视角要正本清源，回归制度分析中的主体视角，讲究农民工及相关利益主体的作用，突出相关主体间利益共生关联要求。从而改变研究设计在实践中两面不讨好、难以应用的状态。

2. 现代化观念的重新审视

这是一种更加追根溯源的方式，因为农民工市民化本身是现代化进程中的一种社会现象。因此，放到现代化的视角下讨论，就是十分必要的。长期以来在现代化上的主流视角是将现代化看成一种经济现代化以及由此引发的社会现代化的过程。因而，从经济发展的指标来衡量现代化的发展水平与阶段，就成为一种学术研究的范式。由经济而政治来谈论现代化引发的社会变迁，也成为一种流行观念。在这种范式与观念下，现代化被物化了。一切现代化中的事物似乎都可以贴上物的标签。

如片面追求 GDP 的增长，过于重视经济的政绩观，以高消耗的方式维持高增长形成对自然资源的过度开采，重物质不重精神，重视经济增长忽视社会民生，把人作为生产的条件与工具而不是当作目的，等等。

显然，上述视角与中央倡导的以人为本、人与自然、环境相协调、可持续发展的科学发展观是不相符的。因此，需要摒弃。

进行现代化观念的重新审视，这里提出用马克思主义的人民群众是历史的主人的原理来改造。将人看成现代化的目的与动力。正如英克尔斯指出的：现代化是人的现代化。[1]这样，就可以突破物的现代化的观念，也可以突破在这种观念下，将农民工市民化视为一种客观的自然的过程的思维，重新发现农民工的主动精神。或者说将农民工市民化看成农民工的市民化，看成一种农民工的现代化过程。

结合以上两个方面的讨论，在农民工市民化的政策支持上，需要从主体的视角出发，将农民工市民化的政策支持视为农民工追求市民化过程中的必要条件，视为农民工与相关利益主体建构利益共生关系的制度安排。

（二）农民工市民化政策支持的研究假设

前面论证了在农民工市民化政策支持研究上的新视角需要从主体出发，因此，必须先对主体的本质即人性有所认识。这里以马克思的人性思想为研究假设。关于人性，马克思从不同角度表述过诸如需求是人的本性、人们奋斗的一切都同他们的利益相关、人的本质在其现实性上是一切社会关系的总和、劳

---

〔1〕［英］阿历克斯·英克尔斯：《人的现代化素质探索》，曹中德等译，天津社会科学院出版社 1995 年版。

动使猿变成了人等思想。学术界在解读马克思的人性思想时也出现了利益人、社会人、实践人等代表性的方式。[1]面对多元解读的背景，这里不想介入评价到底哪种解读更全面更符合马克思的原意，而是从探讨这些多元解读的共同方面出发，并通过这种共同方面将多元解读整合起来，形成进一步探讨农民工市民化制度变迁与政策设计的人性思想基础。

关于马克思人性思想的共同点也是其本质内核，就是主张人的生存性。对此，马克思说："……一切人类生存的第一个前提也就是一切历史的第一个前提就是：人们为了能够'创造历史'，必须能够生活。但是为了生活，首先就需要衣、食、住以及其他东西。因此第一个历史活动就是生产满足这些需要的资料，即生产物质生活本身。"[2]"一当人们自己开始生产他们所必需的生活资料的时候（这一步是由他们的肉体组织所决定的），他们就开始把自己和动物区别开来。"[3]在这里马克思的逻辑就是：人为了自己的生存利益，需要衣食住行，必须进行生产实践活动。即马克思自己作的注释："……人体。需要，劳动。"[4]可见，学术界主张的利益人、实践人、需求本性的人都

　　〔1〕利益人，即主张人的利益动机；社会人，即主张的社会关系本质；实践人，即强调人的劳动实践的特征。社会人，在学术界长期流行并占据主流地位，利益人与实践人主要是改革开放后的新探索与新解读。有关利益人的解读，参见苏宏章：《利益论》，辽宁大学出版社1991年版；有关实践人，参见高清海："未来哲学展望"，载《哲学在走向未来》，吉林人民出版社1997年版，第3～8页。

　　〔2〕中共中央马克思、恩格斯、列宁、斯大林著作编译局编译：《马克思恩格斯选集》（第1卷），人民出版社1972年版，第32页。

　　〔3〕中共中央马克思、恩格斯、列宁、斯大林著作编译局编译：《马克思恩格斯选集》（第1卷），人民出版社1972年版，第24～25页。

　　〔4〕中共中央马克思、恩格斯、列宁、斯大林著作编译局编译：《马克思恩格斯选集》（第1卷），人民出版社1972年版，第32页。

是统一于马克思讲的人的生存性的。

同时，马克思讲的人的生存是一种社会生存。马克思说：人的本质，"在其现实性上，它是一切社会关系的总和。"[1]对于这句话，许多人解读为人的社会性、社会价值。其实马克思讲的是人的生存的社会条件，也就是人的本质的现实性。因为人的本质现实性上是一种具有肉体的生命生存，因此，需要衣食住行，需要生产，需要面向自然。用马克思的话说就是："任何人类历史的第一个前提无疑是有生命的个人的存在。因此第一个需要确定的具体事实就是这些个人的肉体组织，以及受肉体组织制约的他们与自然界的关系。"[2]不过，仅仅依靠个人依靠这种个人与自然的关系，并不能进行生产，取得自己需要的东西。因为："人们在生产中不仅仅同自然界发生关系。他们如果不以一定方式结合起来共同活动和互相交换其活动，便不能进行生产。为了进行生产，人们便发生一定的联系和关系；只有在这些社会联系和社会关系的范围内，才会有他们对自然界的关系，才会有生产。"[3]所以，以社会的形式组织起来，是生产的必要条件，是人与自然的必要中介，是人生存的必要工具。所以，社会人是从属于生存人即人的生存本性的。

从这种生存人性论出发，可知人都是一种生命存在，都是为了追求自己的生存之利，面向自然，与其他人相互作用的社会生产与生活过程。由此，也可以得到两个基本的推论：一是

〔1〕 中共中央马克思、恩格斯、列宁、斯大林著作编译局编译：《马克思恩格斯选集》（第1卷），人民出版社1972年版，第18页。

〔2〕 中共中央马克思、恩格斯、列宁、斯大林著作编译局编译：《马克思恩格斯选集》（第1卷），人民出版社1972年版，第24页。

〔3〕 中共中央马克思、恩格斯、列宁、斯大林著作编译局编译：《马克思恩格斯选集》（第1卷），人民出版社1972年版，第362页。

要以人为主体，因为人都是自觉的利益追求者与生存者。二是人的生存是一种社会生存，是与其他人结成社会相互作用中生产与生活的，因此，必须体现利益共生的旨趣。这两个推论支持了本文上面讲的主体的研究视角，这是一方面的结论。

另一方面，由上述两个推论出发，可以得到进一步的结果，即讨论人的社会生存的具体维度或层面。既然人都是一种自己的生命存在，因此，必然具有身与心的关系领域，这是其一。其二，人为了维持身心健康与生命的延续，必然要吃饭穿衣、婚娶生养，所以，具有生产与生活等内容。其三，人这种生命存在，包括其具体的生产与生活行为，都是在一定空间内发生的，因此，必然具有地域环境特征。其四，作为一个主体，一种生命，一类进行生产与生活的活动，不光要有地域空间条件，还必须具备社会条件，即需要再与其他人联合起来。所以人与其他人的社会关系就是人的主体生存的一个基本内容与条件。

以上基于人的社会生存的维度的讨论，也为农民工这种特定社会主体的市民化政策支持系统的设计提供了研究基础。

三、农民工市民化政策支持的政策设计

根据主体视角的社会生存假设，农民工市民化必然是在农民工与其他人、农民工的身与心、农民工的生产与生活、农民工生存环境的城与乡之间的关系或领域内发展的。农民工市民化需要的政策支持，必须涵盖上述四个领域，[1]提供以下几个方面的政策支持：一是处理农民工与其他人之间关系的政策，

---

〔1〕 这四个领域，因为人的生存的基本维度，是所有人在社会生活中都具有的，因此，具有天然的公共性，在现实的政治生活中以具体的社会问题进入政府政策管理过程。

即平等的政策；二是处理农民工在市民化中自我身心的政策，即平衡的政策；三是处理农民工的生产与生活关系的政策，即统一的政策；四是处理农民工生存的城乡地域矛盾的政策，即发展的政策。

通过上述四种政策支持系统的建构，目标是形成一个能够在市民化中与城市居民及政府等相关社会主体在利益上和谐共生的农民工群体，这个群体应该拥有与其他主体在利益生产与分配上的同等权利，拥有健康的身心，具备生产与生活方面的全面发展，突破城乡分割的社会发展空间障碍。具体来看：

（一）平等的政策支持

这个方面的政策也是当前学术界从制度变迁或农民工市民化条件的角度反复进行了研究的。大家一般认为，农民工市民化需要建构统一的就业、社保等制度，需要处理农民工因其农民身份形成的农地权利，需要解决农民工参与城市社区治理问题。这些方面的制度，涉及了农民工市民化过程中的经济——就业与土地、生活——社保、参与——政治等各个方面，核心处理的是农民工与其他城市居民之间的权利关系问题，也就是政策的公平性问题。学术界提出的一个口号是让农民工享受国民待遇，即将农民工与市民看齐。问题在于，中国的现代化正处于进行当中，因此，并不存在可以作为农民工市民化的终极标准的市民，因为市民也在现代化中。所以，平等并不是农民工市民化政策变迁的核心，而是一种条件，即在现实的二元社会结构未根本打碎的情况下，帮助农民工实现其宪法规定的平等权利的一种工具。并且通过这个工具，以解放农民工，帮助农民工获得现代性，获得新的自由。即一种借由社会制度的变革来解除社会对农民工过时的束缚。这种解缚的过程，也是中国社会突破二元结构走向城乡一体与现代化的过程，也是市民与城市及工业等现代化的过程。

可见，在建立平等的政策支持时，不光要考虑法律上的农民工与市民的平等，而且要始终以人为本、以农民工的发展为宗旨，以形成农民工的自由发展为方向。

这样，在农民工市民化的政策发展上，在制度改革上，立即可以获得新意，这种新的意义就是：一方面，把平等权利的实现作为政策实施的现实目标；另一方面，在追求平等的过程中体现发展的旨趣，时刻关注农民工的现实条件来操作。

下面就具体制度改革展开讨论：农地制度改革。农地作为一种集体制度，给农民工打上了深深的农民烙印，因此，追求农民变市民时，必然要使其国有化。这是一个方向。在这个方向之下，如何通过国有化为农民工市民化创造条件，就是具体的制度设计时应该着重考虑的。现实的选择是，要实现农地的规模经营，要形成农业产业化与现代化发展的土地条件。因此，在农地改革中建立一种适合农民工需要、反映农民工条件的土地流转制度是十分关键的。在一些地方试验的以土地换住房的市民化道路，并不具备典型性，难以在城郊以外的地区推广。[1]可见，期望完全通过经营农地来获取市民化的成本，是远远不够的。因为农民工市民化不仅要有城市住房，还要有城市职业，有城市生活方式，这些要有大规模的基础建设，还有要复杂的社会工作支撑，以及教育培训的投入。所以，不光经费不足，甚至不完全是一个经济问题。因此，农地改革上，正确的期望是从中获取一定期限的土地流转收益，然后将这种收益作为农

---

〔1〕 贾海峰："21 世纪经济报道：宅基地流转后的一连串事件"，载搜狐网 http://business.sohu.com/20081024/n260218810.shtml，最后访问日期：2011 年 11 月27 日。

民工自我管理的收入，投入到农民工市民化的各种事业上去。

1. 户籍制度改革

户籍制度改革是学术界讨论的一个农民工中心改革问题。其方向是建立城乡统一的户籍制度。目前有三种学术与实践的改革思路，这些思路或者是激进的无条件改革，或者是有条件的选择性改革，或者是渐进的指导性政策。[1]无条件改革城市不响应，有条件改革农民工不具备条件，渐进改革没有约束力。因此，在现实中广大农民工还是在城市户籍外徘徊。由于农民工户籍改革上地方政府的主导性，强迫要求地方放开户籍并不会取得预期的效果，如一些地方试验证明的，会出现公共服务难以承受的状态。所以，现实的选择是创造一种农民工可以入户，城市可以承担的情况。这种情况等于提出了农民工市民化的政策条件，即以稳定的就业与市民平均水平相当的生活能力，以及较积极的城市定居意愿等为基本内容。达到这种条件，需要政府承担起它应该负起的公共教育职能，对农民工进行普遍的技能培训，使大多数农民工成为技工型人才，而不是简单的蓝领工人，这样也就适应了工业升级的需要，也就可以创造更多的价值，满足农民工市民化的要求与提供相应生活能力，城市也就可以通过使用这些价值的一部分来开支农民工市民化的公共服务项目。所以，户籍制度改革在户籍之外。当前许多地方政府试行的居民户口登记制度改革，虽然在名义上统一了城乡户籍，但因为未从根本上涉及并改革原来城市居民户籍中包含的诸多与计划体制、二元社会相应的福利，所以，这种改革并未完成，也不能对农民工市民化提供多少助益。

---

〔1〕 王红茹等："拆除户籍藩篱：滞后还是超前"，载《中国经济周刊》2005年第44期。

2. 社保制度改革

社保制度改革在实践中形成三种思路，即向农村看齐、向城市靠拢及建立农民工专有社保体系。向农村看齐显然不是市民化的出路，因此，现实的农民工社保制度的建设，只能在向城市靠拢与建立专有体系中选择。向城市靠拢无疑是一种最终方向，但面临农民工支付能力与城市负担能力的考验，因此，不能一步到位实现。所以，在农民工社保制度建设上，应该根据农民工的条件，农民工的需要，农民工分层情况，以及结合城市实际来设计。一方面，要坚持城乡一体、最终达到城市社保系统的方向；另一方面，要分类分层逐步实施，要体现农民工流动性的特点，要强调政府的责任。

3. 参与制度的改革

农民工的政治参与是 2005 年左右开始吸引学术界的眼球的课题。目前相关学术论文已经达到 100 篇以上。但是在研究上仍然存在一些问题：实证研究多，理论研究少；对策建议多，采纳应用价值的少。所以，它是一个亟须创新研究的领域。这样的一个领域，也是具有重大政治意义的事业。一是农民工规模巨大，作为新的产业工人，是中国共产党与中国政府执政的重要政治基础；二是农民工的现实城乡流动，可能导致农民工丧失政治参与的权利，因而存在重大的政治稳定隐患；三是将农民工纳入社区治理体系，事关农民工的政治权利。所以，必须千方百计解决这个问题。如果不能科学稳妥解决问题，农民工市民化基本上在政治上不可能，城乡和谐社会的建设也就丧失了政治上的条件。从政策科学来讲，解决一个政策问题，必须先了解这个问题，即西蒙讲的决策过程的情报活动阶段。[1]
而这个阶段，因为农民工的流动性，一方面在总体上农民工有
多少还只能靠推测，另一方面在这样多的农民工中到底其具体
的参与意愿是什么，谁也说不清。因此，第一步必须先进行农
民工调查，调查其参与意愿，必须建立一个农民工政治参与与
社会经济的情报信息系统。第二步，要在这种情报信息系统中，
设立一个专门的农民工政治参与的窗口，提供城乡两地与农民
工相关的政治社会信息。第三步，要根据农民工政治参与的意
愿，组织农民工选择性地参与城乡社区政治生活。为了达到这
样的一个改革，需要政府财政提供支持，建立全国城乡联通的
电子政务网络，并在其中建立专门的农民工信息与参与窗口，
设立专人维护。

（二）平衡的政策支持

从制度变迁的角度看，平衡的政策是学术界较少讨论的领
域之一。学术界主要从制度改革角度谈农民工市民化，极少有
人谈到深入农民工内心的政策支持。有关的研究主要是从心理
学与社会学提出的。心理学讨论农民工的心理问题，社会学从
社会关系与社会排斥角度谈农民工在城市遭受的歧视。也有的
文献谈及农民工的安全问题。但基本没有将农民工的身与心的
关系问题展开统一的论述，极少这样的政策研究。

从政策科学来讲，公共政策由于其公共性一般也很少介入
公民的身心这样的私人领域。但是由于人的生存处境中个人与
社会的关联性，谈论公共政策的公共问题，必然要与具体的个
人相关，要与个人具体的某一方面的身心问题相关。另外，个

---

[1] Simon, Herbert Alexander, *The New science of Management Decision*, New
Jersey: Englewood Cliffs, 1977, pp. 40 – 41.

人的具体问题通过一定的机制也可以公共化。比如农民工的个人问题，就可以这样发展：问题公开化，通过政策行为，使隐藏的不明显的问题暴露出来，省得农民工吃哑巴亏。如有些老板随意延长农民工的加班时间，在难以忍受的情况，有的农民工向政府劳动主管部门反映，使这一现象暴露到阳光下，从而为后续的政策过程创造了条件。[1]问题公共化，进一步提升问题的公开范围，使之获得一定的公共性质。这是教材上讲的社会问题走向政策问题的方式。通过这一途径，农民工关心的问题可望进入政府决策的议程。问题法制化，使有关问题纳入一定的政策法规渠道，从而改变农民工与相关方面利益博弈的权力关系，即借助公共权力来保护自己。这在农民工追讨工资的活动中，比较常见。在工资长期拖欠，与相关方面协商不利的情况下，农民工有时会采取法律诉讼。问题人性化。当农民工个人行动的时候，由于权力不对等，更容易受到"物"一样的不公正对待，丧失自己作为政治主体与社会主体的许多正常权益。在农民工组织起来与争取社会支援后，这种局面在各种压力下会有所收敛，甚至回归正常的人性化轨道。[2]另外，农民工的个人问题，如婚姻危机、性饥渴、子女教育问题、心理孤

---

〔1〕 2004 年 7 月，笔者在东莞某厂调查，就发现了类似问题公开化的现象。针对老板恶意延长劳动时间、又不能保证合法的加班工资的情况，农民工到劳动局反映，后在该部门的干预下，工厂提出，对加班员工可以自由选择。但选择了不加班的人员，以后长期不许加班。

〔2〕 如常见的农民工讨工资遭"扁"现象。报纸上经常报道农民工个人或几个人去讨工资，结果工钱没讨到，还被不明身份的人打了一顿或像一条讨饭的狗一样被赶了出来。当社会力量介入后，如被新闻曝光后，则老板百般抵赖，或没有指使人打农民工，然后也可能要正视农民工做工挣钱的权利了。参见耿振淞："北京 24 名民工讨薪遭殴 目击者称地上全是血"，载新浪网 http://www.sina.com.cn，最后访问日期：2011 年 11 月 15 日。

独、不安全、缺乏休息与社交等，本身已经逐步引起社会各界的关注，成为政府需要重视与解决的问题。因此，在这里，在讨论农民工的市民化，一种健康发展的市民化时，必须面对农民工的身心问题，并在公共政策上进行支持。

作为维护农民工市民化过程中身心平衡的政策，首先，主要是建立农民工的社会工作机制。通过一种专业化的服务来帮助农民工度过心理与身体上的危机期，以及缓冲社会经济不稳定对农民工生活带来的压力。这种社会工作机制的范围应该是广泛的，如就业、婚姻、社交等方面，都可以介入。同时，作为一种社会工作机制，应该由财政支持实现非营利的管理模式，以减轻农民工的经济负担，以真正帮助处于社会弱势的农民工群体。

其次，作为平衡的政策，应该针对农民工在城市遭受到的社会歧视与社会排斥进行帮助。其目标是舒解农民工因为受到歧视形成的心理压力，阻断农民工在城市适应时心理疾病的发生。一方面主要是政府发挥其领导的社会主流媒体的作用，引导社会正确认识农民工的价值与地位，在全社会树立尊重农民工、关怀农民工、帮助农民工的氛围。作为平衡政策的另一方面是在社区，要落实农民工与社区居民的良性互动，通过参与管理，与当地居民的社会交往，来克服农民工的异乡人的心理，克服当地居民对农民工的偏见。此外，应该制定与完善反心理歧视与社会歧视的法律与政策，以一种刚性的手段，在诸如就业、生活等方面进行公平的引导。

平衡政策的另一个内容，是与社保制度的建立、与心理疏导制度的建设等一起，关心农民工的身体健康，优先解决农民工的工伤与医疗等保险及救助问题，在工厂与工地严格安全管理，落实相关的安全生产责任制。

（三）统一的政策支持

如前所述，统一的政策，处理人的生产与生活的关系。这也是一个学术界极少专门研究的领域。学术界讨论的视角，要么谈论农民工的生产如就业工资劳动关系等问题，要么谈论农民工的家庭生活、子女教育问题，极少将两者结合起来思考的。而人的生活从其横切面，正是生产与生活的统一。因此，将二者结合进行研究又是十分必要的。

作为一个政策领域，第一，涉及农民工的教育问题。教育是在当今社会进行分层的一个基本工具，也是改变农民工生存状态的一个主要武器。在实际调查中，已经反复证明教育对农民工分层与发展的影响。地方主导型的农民工市民化政策，也将教育及通过教育形成的职业技能作为农民工市民化的一个必要条件。教育，实质是农民工的培养与素质的提升，因此，是一个关乎农民工的生产与生活的中介。在农民工的教育上，一方面继续教育政府投入不足，农民工享受免费培训的比例太小。另一方面农民工子女教育上不公平，难以享受同城里人一样的教育，存在代际退化问题。在这方面，政府的政策是明确的，关键是增加投入，在农民工继续教育与农民工子女享受城市公立学校资源上扩面。同时，要推进教育体制改革，在农村九年义务制教育中增加职业技能培训、城市生活技能培训、公民道德培训等内容。改变当前农村义务教育与农民工的城市生活脱节的现象。

第二，涉及农民工的家庭问题，如何解决流动农民工的家庭养老、子女教育、婚姻稳定及恋爱等问题，需要社会各方面采取行动，进行关爱帮扶。正如前面在平衡政策中指出的，农民工的家庭问题，亟须社会工作的介入。另一个思路是需要城乡统筹，城市与乡村联手解决农民工的家庭养老、子女教育、婚姻稳定及恋爱等问题，需要建立一整套针对农民工家庭问题的帮助队伍与组织。

第三，涉及农民工的休息问题。休闲现在已是一个科技哲学研究的新热点。但农民工的休闲，还少有人涉及。列宁说，会休息的人会工作。因此，休息问题，不光是一个休闲问题，还是一个生产问题。实际上，农民工的休息问题，说它是一个事关农民工市民化的重大问题，一点也不为过。其一，这与农民工的休息有关，与农民工的身心健康有关；其二，与农民工的继续教育与提升素质有关；其三，与农民工的社会交往，与城市居民互动及参与社区治理等相关；其四，与农民工的家庭生活，子女教育等相关。因为农民工生存的现实就是一个工作过度，缺少休息时间的状态。所以，政府与社会应该重视这个问题，应该严格落实劳动法，严格农民工的加班时间，保障农民工休息的权利。

（四）发展的政策支持

就农民工市民化的发展来讲，不光有人与我的关系、自我的身心关系、生产与生活的关系等需要处理，而且由于农民工生存的地域环境，还有一个城乡发展的差别问题需要面对。这个问题，在总体上属于城乡一体化，虽然从农民工市民化来讲，学术界谈得不多，但就新农村建设来讲，实际上已有多种研究，中央也有具体的政策安排，因此，在此不予展开论述，只强调四点：

第一，要深刻领会中央对中国社会发展新阶段特征的国情判断，这种国情就是："我国总体上已进入以工促农、以城带乡的发展阶段，进入加快改造传统农业、走中国特色农业现代化道路的关键时刻，进入着力破除城乡二元结构、形成城乡经济社会发展一体化新格局的重要时期。"[1]

第二，在国情判断的基础上，推行一系列必要的改革，以建立城市一体化发展机制。例如，需要"……尽快在城乡规划、产业布局、基础设施建设、公共服务一体化等方面取得突破，促进公共资源在城乡之间均衡配置、生产要素在城乡之间自由流动，推动城乡经济社会发展融合。统筹土地利用和城乡规划，合理安排市县域城镇建设、农田保护、产业聚集、村落分布、生态涵养等空间布局。统筹城乡产业发展，优化农村产业结构，发展农村服务业和乡镇企业，引导城市资金、技术、人才、管理等生产要素向农村流动。统筹城乡基础设施建设和公共服务，全面提高财政保障农村公共事业水平，逐步建立城乡统一的公共服务制度。统筹城乡劳动就业，加快建立城乡统一的人力资源市场，引导农民有序外出就业，鼓励农民就近转移就业，扶持农民工返乡创业。加强农民工权益保护，逐步实现农民工劳动报酬、子女就学、公共卫生、住房租购等与城镇居民享有同等待遇，改善农民工劳动条件，保障生产安全，扩大农民工工伤、医疗、养老保险覆盖面，尽快制定和实施农民工养老保险关系转移接续办法。统筹城乡社会管理，推进户籍制度改革，放宽中小城市落户条件，使在城镇稳定就业和居住的农民有序转变为城镇居民。推动流动人口服务和管理体制创新。扩大县域发展自主权，增加对县的一般性转移支付、促进财力与事权相匹配，增强县域经济活力和实力。推进省直接管理县（市）财政体制改革，优先将农业大县纳入改革范围。有条件的地方

---

[1] 中共中央：《中共中央关于推进农村改革发展若干重大问题的决定》，载中国政府网 http://www.gov.cn/jrzg/2008-10/19/content_1125094.htm，最后访问日期：2011年11月19日。

可依法探索省直接管理县（市）的体制。坚持走中国特色城镇化道路，发挥好大中城市对农村的辐射带动作用，依法赋予经济发展快、人口吸纳能力强的小城镇相应行政管理权限，促进大中小城市和小城镇协调发展，形成城镇化和新农村建设互促共进机制。积极推进统筹城乡综合配套改革试验。"〔1〕

第三，增加农村、农业与农民发展的投入。由于三农问题的形成从历史上讲与工业化早期城市对农村、农业与农民过度进行资源提取有关，因此，进入城乡统筹新时期后，要坚持贯彻以工补农、以城带乡的政策，切实加大三农问题解决的资源投入，以形成农村、农业与农民超常规发展的局面，达到缩小城乡差距的作用。

第四，力图双驱动发展，在保持城市发展这个驱动力的前提下，通过城市对农村的支援，形成农村发展这个现代化新的驱动力。因此，在政策上需要统筹兼顾，达到城乡两利、共同进步。其中，在农村发展政策上，需要注意不能简单地模仿城市工业化模式，不能简单地以城镇化来发展农村，必须在发展中体现农村自然环境的特色，回应农业生产的规律。

总之，本文通过对农民工市民化政策支持概念的建构，通过转换流行的制度条件的思路，从主体的视角出发，基于人的社会生存的假设，提出了包括平等的政策、平衡的政策、统一的政策与发展的政策等在内的四大政策支持系统，以帮助农民工在市民化中建构农民工与相关利益主体间利益共生的关系，突破农民工市民化的僵局。

---

〔1〕 中共中央：《中共中央关于推进农村改革发展若干重大问题的决定》，载中国政府网 http://www.gov.cn/jrzg/2008 - 10/19/content_ 1125094. htm，最后访问日期：2011 年 11 月 19 日。

第五篇　烧水壶：
基于农民工实践的政策科学模型研究[*]

一、引言：政策科学范式危机之下的模型建构

（一）政策科学当前的范式危机

现代政策科学自 20 世纪中叶由美国学者拉斯韦尔创立后，其倡导的理性的政策阶段论长期以来一直是政策科学界奉行的主流理论体系。但在当代这种范式也陷入了危机中，主要表现在：其一，政策范式以政策问题的构建与解决为起点和归宿，在实践中却产生了重视技术轻视价值的现实，学术研究存在一种与社会重大政治实践相脱离的危险倾向；[1]其二，政策范式强调以理性人为立论的基础，遭到了"有限理性理论"及渐进决策模式的有力阻击；其三，政策范式奉为圭臬的政策阶段论，并不是一种严格的因果理论；[2]其四，由于以上种种原因，学术界出现了一股批判政策范式的潮流，政策范式面临着被替代的命运[3]。

（二）范式危机之下的学术选择

面对危机，政策科学界的基本态度是进行理论重建，在各

---

　　* 本篇原载《理论探讨》2006 年第 5 期。

　　〔1〕 ［美］詹姆斯·P. 莱斯特、小约瑟夫·斯图尔特：《公共政策导论》，中国人民大学出版社 2004 年版，第 27 页。

　　〔2〕 ［美］保罗·A. 萨巴蒂尔：《政策过程理论》，彭宗超等译，生活·读书·新知三联书店 2004 年版，第 9 页。

　　〔3〕 ［美］保罗·A. 萨巴蒂尔：《政策过程理论》，彭宗超等译，生活·读书·新知三联书店 2004 年版，第 10 页。

自的学术研究中，学者们纷纷提出自己的替代主流理论的政策模型。根据萨巴蒂尔的统计，[1]在当前政策科学模型竞赛中占据有利位置的是以下六种模型：①制度性的理性选择，通过一组分析框架，聚集于制度规则如何改变受物质自利推动的特别理性的个人行为；②多源流分析框架，将政策过程看成是由问题流、政策流与政治流合一的发展机制；③间断 - 平衡框架，认为在长期渐进变迁的政策中伴随短期重大政策变迁的特点；④支持联盟框架，关注由政策子系统中不同组织的行为者构成的支持联盟如何互动；⑤政策传播框架，认为采纳政策创新的方法不仅由政治体制的不同特点决定，也受多种政策传播过程的影响；⑥大规模比较研究方法的因果漏斗框架和其他框架，重点解释社会经济条件、公共舆论和政治组织的多样性。此外，还有四种一度流行但当前不是很活跃的政策科学模型，即权力竞技场、文化理论、建构主义者框架以及政策领域框架等。

（三）学术选择的当前定位

尽管当前学术界对政策科学的范式存在诸多批判，尽管人们提出了一系列替代的政策科学模型。但是客观地说，当前政策科学范式危机的解决仍在进行中：一是尚没有一种新政策科学模型取得现有的理性的政策过程论作为范式具有的主流地位，政策过程论仍然在实践中得到广泛应用；二是新的政策科学模型处于一种百花齐放的局面，很热闹，但也没有一种具有支配性质；三是根据范式革命的理论，[2]新的具备替代性质的理论

〔1〕〔美〕保罗·A. 萨巴蒂尔：《政策过程理论》，彭宗超等译，生活·读书·新知三联书店2004年版，第12~18页。

〔2〕〔美〕托马斯·库恩：《科学革命的结构》，金吾伦、胡新和译，北京大学出版社2003年版，第137页。

应该与旧的范式之间形成一种鸿沟，这种鸿沟突出表现为一种学术队伍观念的时间性代沟中。而在当前政策科学模型建构的热潮中，在批判政策科学范式的运动中，尚没有这种学术代沟，或者说政策科学的范式革命仍处在一种前期探索替代理论的阶段。

所以，在这样的阶段，提出新的政策科学模型，对于政策范式危机的克服与政策科学的发展是有明显的重要意义的。本文结合农民工的政策实践提出一个新的政策科学模型：烧水壶模型。

二、基于农民工政策实践的政策科学新模型：烧水壶模型

（一）烧水壶模型描述的政策过程

烧水壶模型[1]是本文建构的一个政策科学行为发展模型。烧水壶，本是传统上人们用来烧热水的器具。烧水的时候，将水灌入壶中，在下面用柴生火，将水烧热或烧开，以应生活之需。在本文中，壶指政策（包括政策制度），火指政策主体参与政策过程的行为，水指与政策主体利益相关的政策问题，水的状态标志政策问题发展的程度与后果。这样，政策主体参与政

---

[1] 在现代危机传播研究中，斯蒂文·芬克在 1986 年提出了四段论，视危机如用锅煮水，从慢慢烧水的"危机潜在期"到水烧开至沸腾的"危机突发期"，之后，或者把锅从火上取走，危机得到及时解决，或者经过"危机蔓延期"后，把锅底烧掉，危机也会得到解决，重新再来。（参见高世屹："美国危机传播研究初探"，载 https：//max. book118. com/html/2017/0211/90286661. shtm，最后访问日期：2006 年 4 月 5 日。）本文的烧水壶模型是作者运用自己的生活经验在不了解煮水模式的情况下提出的，运用七个环节的完整烧水过程展开政策问题的发展，描述上更加全面准确；而且提出煮水模式中尚未出现的"壶"代表政策与体制，以"火"代表政策行为，实现了从一种原始的危机传播描述到因果的政策模型的建构，因而具有原始的创新价值。

策的行为状态就是一个烧水壶烧水的过程。下面结合农民工的政策实践进行说明：

1. 生火

开始向壶中的水加热，表示政策主体采取行为去解决自己面临的政策问题。生火的基本前提是在政策问题中存在利润或者可以减少或避免因政策问题的存在对政策主体造成的损失。对农民工来讲，在自己的利益被侵犯时，在相当程度上会采取忍耐的态度。[1] 如果有利可图，或基本权益被侵犯，忍无可忍，农民工就会行动起来，去维护或争取自己的利益。现实生活中，农民工"生火"的方式主要有：流动、罢工、上访、谈判与协商等。

2. 不烧了

把火从正在加热的壶下移开，表示因外部宏观条件变化或政策主体依据自身条件做出停止政策行为的决定，以避免利益损失。农民工采取这种行为方式的情况主要是发现无力面对现存的问题。一方面，农民工力量太弱；另一方面，面对的问题又是积重难返，继续纠缠成本与风险都难以控制与承受。当然，在现实中也可以是一种农民工在"生火"行动实现部分目标后的抉择。

3. 接着烧

继续向壶里的水加热，表示政策主体为解决面临的实际问题，而持续与相关方面互动，反映政策主体的政策行为进入加油的阶段。如农民工为追讨 323 国道广东韶关乳源段工程拖欠工资持续了 10 年，向地方法院递交的状子中，业已生效的就有

---

〔1〕 魏津生、盛朗、陶鹰主编：《中国流动人口研究》，人民出版社 2002 年版，第 140 页。

56 宗。[1]

4. 烧开

水在壶里变得沸腾，表示经过一定的努力，政策主体在基本政策面没有变化的情况下解决了面临的政策问题。在农民工的政策实践中，主要有如下几种情形：一是与农民工相关的利益方在农民工采取一定行动后主动让步，解决了存在的问题。二是有时政府干预也会促成农民工政策行为目标的达成。三是当事方农民工通过流动到新城市避开了原来的问题。四是对于严重侵犯农民工社会基本权利的问题，如果有政策企业家[2]的帮助，农民工也有可能达成自己的目标。

5. 老烧不开

水在壶里加热，就是达不到沸点，表示政策主体的政策行为面临巨大阻力，政策问题的处理老是处于一种僵持状态。如造成农民工政策问题的僵持局面的基本原因有三种：一是农民工的政策行为面临僵化的政策制度的阻碍。如，农民工在外出就业中追求自己行动自由的政策行为，在收容遣送制度未被废除之前，就是这样一种状态。二是农民工的政策行为面临着"蜂窝"状的利益团体的阻力。前面讲过的 323 国道广东韶关乳源段工程拖欠农民工工资的事，就直接涉及 1 个县政府、3 个投资建设公司、5 名承包者、60 多名包工头、600 多名农民工的五层复杂的利益关系。三是农民工的政策行为遇到腐败的官场规则的阻挠。这种官场规则如官僚主义、互相推诿责任、瞒上欺

---

[1] 曾晓琳："数百名民工讨债八年未有结果温总理亲作批示"，载 http://www. sina. com. cn，最后访问日期：2006 年 3 月 20 日。

[2] Kingdon, John W. Agendas, *Alternatives, and Public Policies*, USA, Ron Newcomer & Associates, 1984, pp. 129 – 130.

下等。四川峨眉山市峨山镇万坎村因拆迁"脱富致贫"就是一个典型例子：为了维护自己的正当权益，1100 多名原本兼业的农民工由张世昌等 14 名省人大常委代为反映，先后采取了向省长写信、省人大提提案、省政府督办、常委视察、市政府整改汇报、常委们质询与调查资料内部放映、省政府再督办等行动，仅常委们的代表行为就历时近两年，到 2004 年 5 月，问题还在处理中。[1]

6. 烧干

壶里没水了，水与火不再相互作用，表示政策主体行为超过常规限度，导致利益相关的政策主体与问题情境分离。这时政策问题仍在，但政策行为可能在或长或短的时期内无以为继了。在农民工的政策实践中，主要反映为三种情况：一是农民工被工作单位开除，与原单位的一切"麻烦"都没有机会理清了。二是被地方政府驱逐，离开当地的农民工。三是农民工因自己过激的维权行为被政府刑拘或者在维权行为中死亡。

7. 烧坏

壶烧坏了，水从壶里漏出，表示政策主体在政策体制外活动或实现政策体制创新。如，农民工的政策行为在合法的政策框架内总是碰壁时，农民工的一种自然选择是在体制外行动：通过政策体制的空洞化来达到自己的目标。如果待遇太低，就有部分人采取偷窃、拿回扣、运用关系暗暗地涨工资等。另一种常见方式是逃避政策管制，如躲避计划生育管制的行为与不回家不交上交的行为。还有就是钻政策的空子，如在执行计划生育政策时，由熟人代办未孕证明自己则偷偷怀孕等。由于政

---

[1] 曹勇："拆迁农民'脱富致贫'四川 14 名人大常委拍案而起"，载 http://www.sina.com.cn，最后访问日期：2006 年 6 月 5 日。

策体制空洞化，形成了两种后果：一方面对政策主体来说是以消极的方式实现了自己的利润目标，另一方面是对政府构成了累积的社会压力，从而有可能进行政策的新陈代谢，实现政策体制创新。如收容遣送制度的废止与救助政策的出台，就是在积累了大量的社会矛盾后，由于"孙志刚事件"而触动政策变迁的程序的。[1]

（二）烧水壶模型烧水的政策条件

任何政策过程的展开都是有一定条件的：一方面，没有一定的条件，社会问题不会摆上政府议事日程，公民或组织也不会采取行动去参与政治生活；另一方面，没有一定的政策资源，政府及其他政策主体也不会或者不能解决或处理特定的政策问题。归纳烧水壶模型的政策条件，主要有以下三种：

1. 社会条件

社会条件包括社会制度、发展态势与基本政策。其作用是决定什么样的人具有政策主体资格，具有主体资格的人在社会发展中居于什么地位，拥有什么样的政策行为的规则环境。总之是一种政策行为的前提因素。如对于农民工来说，这种社会条件就是转型发展的中国当代社会。一方面，社会主义制度使农民工作为公民具有政策主体的法定资格；另一方面，转型发展的社会条件规定了农民工从农民中分化与产生的背景，即中国打破城乡分割的旧体制走向现代化的道路决定了农民工的形成，同时这种形成条件中城乡二元经济与现代化等也制约了农民工采取政策行为的范围以及这种行为的历史地位，如以一种新型的产业工人主体的身份行动。

---

[1] 刘小年："'孙志刚事件'背后的公共政策过程分析"，载《理论探讨》2004年第3期。

2. 行为条件

这是烧水壶政策模型中政策主体开展具体政策行为的情境条件。由于任何行为都是在一定具体条件与情境中发生的，因此，也必然要受到这种问题情境的制约。对于这种行为条件，可以分为四个层面，即政策主体面对的问题性质，决定了应对行动的态度；政策主体所在的权力结构，制约了他们在政策过程中的地位与可以调动的资源；政策主体拥有的规则状态，规定了政策主体可以合法采取的行为方式；政策主体享有的意义系统，反映了政策主体与社会其他方面的文化传播状态，影响着政策主体行动的外部舆论。比如，农民工处理的问题大多数是与其人权实现相关的工资、工作条件等方面，具有某种刚性，因此，在农民工的政策行为中，常表现出一种"屡战屡败，屡败屡战"的韧性，体现到烧水壶模型中就是"接着烧"。同时，由于这些问题关系到社会的基本价值，也是社会与政府应该关心与解决的重要问题，所以，这些问题在一定条件下或由社会相关方面或进入政府决策的程序得到解决，这表现在烧水壶模型中就是"烧开"中的有关情形及"烧坏"中的政策体制创新。此外，由于基本权利保护是一个长期的问题，因此在问题得不到解决的情况下，为维护自己的生存发展权利，农民工会采取一种"自助"的方式行动。这体现在烧水壶模型中就是"烧坏"中的体制空洞化与"烧开"中的自助式流动。再如，农民工面对的权力结构是向非农民工一方倾斜的，表现在农民工拥有的资源、能力、组织、代表来源等方面。[1]这样，农民工在具体的行动中不敢碰硬、不能碰硬；在行为中不是遭遇

---

〔1〕 李宜航等："外来工当不了全国人大代表？"，载新浪网 http://news.sina.com.cn/c/2002-03-12/1717505620.html，最后访问日期：2006年4月7日。

"冰山"——不受重视，就是被人"欺侮"——遭到打击或自我委屈；表现在烧水壶模型中就是"不烧了"——复工等，就是"烧干"——被开除、驱逐、法办、甚至丢失生命等。又如，农民工拥有的制度规范具有变迁性质，一部分在流动前在老家拥有的政治规范失落了；一部分规范，如社会交往规范，重视亲情、友情，亲友之间互相帮助等，又移植到流入地。同时，还建构了新的规范，如流入地对农民工管理的规范。这样使农民工的政策行为自由与风险并存。自由在于制度变迁中政府进行放任式管理，农民工流动选择"用脚投票"，风险在于规范不完整农民工容易受伤害也容易造成秩序的失落，反映在农民工政策行为上就是烧水壶模型中的"不烧了"——半途而废，"老烧不开"——没有正式制度保障下问题被悬置等，"烧干"——开除、驱逐、法办、丢失生命以及"烧坏"——大量体制外政策行为的存在及缓慢的政策体制创新。另外，农民工政策行为具备的意义系统，一方面在认识上存在多种矛盾交织，另一方面又在时间上主流话语具有变动特征。同时，农民工在自己的政策行为上也有一种失语症，所以，农民工的政策行为从总体上表现为一个逐步合法化的过程。反映在农民工政策行为上，就是有利可图时就图，无利可图时就走人，形成了极大的流动性。同时在政策行为合法化的过程中，农民工的斗争是艰苦的。如此就有烧水壶模型中"不烧了"中的无奈与见好就收、"接着烧"中的僵持时刻、"烧开"中的问题解决、"老烧不开"中的困顿、"烧干"中的"人间蒸发"、"烧坏"中的越轨与创新等。

3. 功能条件

任何政策都有一定的功能，政策的功能也影响到政策过程。主要是人们对特定政策功能的预测影响到这种问题能否进入到政策议程，而现实的功能也决定了政策过程中相关社会利益管理的复杂程度以及与其他政策的关系，影响到政策发展的轨迹。就农民工来看，功能条件从总体上具有二重性：一是农民工政策行为后果的二重性。如人口就业上缓解了农村剩余劳力就业压力的同时在一定程度上增加了城市就业的拥挤；资源利用上提高效率的同时增加了社会安全的压力；社会发展上为城市的开放提供了大量廉价劳动力的同时在乡村留下了"3861"（指妇女与儿童）部队；人权事业上提升了农民的经济权益同时对农民工政治权利的行使造成了一定程度的损害；等等。二是农民工政策行为后果价值的二重性。这种二重性充满着重建与创新的矛盾：一方面，农民工用年复一年的候鸟式流动不断地重构着农民工政策行为系统，冲破了围追堵截的政策，消除了人们对农民工作为一个阶层能否长久存在的疑问，农民工现象长期化了。另一方面，农民工的政策行为系统也在不断升级：其主体在数量上稳定增长，而且正在实现代际更新；其影响日益扩大，地位逐步得到社会和政府的承认；其行为不断升级，开始走向规范化。农民工政策行为发生的功能条件的二重性，其作用也是二重的：一是增加了农民工政策行为的曲折性，这体现在烧水壶模型中就是烧水壶烧水是一个有阶段的复杂的过程；二是保证了农民工政策行为总体上的前进性，体现在烧水壶模型中就是烧水壶烧水具有"烧开"中的问题解决与"烧干"中的体制创新的前景。

（三）烧水壶模型发展的政策机制

烧水壶模型认为政策发展具有三种机制：

1. 多极性

即政策过程是多种主体相互作用的过程，尽管这些主体地位有差别，但并不是一个中心的单行道，各种政策主体都有自己的自主地盘。在烧水壶模型中基本的政策主体是政府、利益相关的其他政策主体等。当然不用说，这些主体都是在一定社会环境中存在的。就农民工政策行为来看，有三个主体在发生作用，首先是农民工主要作为政策问题源起作用；其次是利益相关方面的工厂社区等单位或部门，它们作为与农民工的利益竞争与协作者、管理者起作用；最后是政府，作为政策决策的中心与农民工及其他政策主体行为的帮助、协调与控制的中心而起作用。由于民工政策行为发生的多极性，使这种政策行为呈现出相对的丰富性、阶段性与变动性，常有一种"柳暗花明"的效果。如"民工潮"后的国家农民工政策就经历了严格限制农民工向城市流动、引导农民工向城市有序流动以及扶持与保护进城务工人员的合法权益等几个阶段，典型体现了烧水壶模型的过程发展性与结果多样性。

2. 企业性

即在政策主体的政策行为中始终存在一种追逐政策利润的动力与倾向，这也是引发政策过程多极性的必要条件。如在农民工政策行为上，尽管他们没有建立好利益组织，但也常有一种政策企业家来为他们的利益代言，这些企业家如像"孙志刚事件"中对问题进行披露与广泛地持续报道的记者，像四川"拆迁致贫"事件中为农民与农民工利益代言的学者张世昌，以及像 2003 年为农民工追回欠薪运动中的温家宝式官员，等等。此外，农民工的政策行为具有市场理性、解决问题的策略在政治市场的命运就像企业产品在市场上的遭遇一样：存在策略竞争与供需之间的讨价还价，是一个农民工与相关利益方竞争与妥协的过程。由于这种企业性，使农民工政策行为过程与后果表现出一些特征：如过程上的见机行事的理性，相互竞争的"残酷"；结果上的目标达成与愿望的落空等，这些分别由烧水壶模型中的"生火"、"不烧了"、"接着烧"与"烧开"等体现出来。有时行为过程同时就是一种后果，如"烧干"、"烧坏"等农民工政策行为状态。

3. 新生性

所谓新生性，就是所有政策在时间与内容上必定都是对旧的政策的某种新陈代谢，都是一种连续性与中断性的统一，从而政策发展的过程有某种曲折性，在结果上呈现出多元化，就像烧水壶烧水一样。在农民工政策行为上也体现了具有农民工政策行为个性的新生性，即政策行为在时空上的扩展特征，体现在农民工这种政策主体规模的扩大上，地域上的拓展上，以及由于这种扩大与拓展，使农民工政策行为呈现出一定的重复性，存在就同一问题由散布全国不同地区的农民工在不同的时段或相同的时段采取政策行为的既壮观又有点凄凉的景象。在过程上的发展性。农民工政策行为具有一个过程，在强度上有一种随时间递减的效应。加上农民工从整体上属于社会弱势群体，其行为难以毕其功于一役，在政策行为上有许多幽暗曲折之处：如烧水壶模型中的"老烧不开"、"烧干"，甚至是"烧坏"——不同程度上的社会越轨等。阶段的过渡性。一方面，当一个具体的农民工政策行为开展后，总存在一种或强或弱向后面的环节延续的倾向；另一方面，农民工政策行为对于农民工来说，随着其经验的积累、时间的推移与农民工代际更新，也会在行为方式、关注的内容重点上出现一些相应的变化。此外，从历史进程来看，农民工现象只是现代化的一种现象，其政策行为也只能在这个阶段存在，跨越现代化后，农民工与农民工政策行为从理论上会走进历史博物馆。

三、结论与引申

（一）本文主张政策过程就是一种烧水壶模型

这种模型具备一定的社会、情境与功能条件，它们共同支撑多种政策主体追逐政策利润的行动。在这个模型中，有三种因素居于核心地位：一是利润或利益，它是政策行为的动力机制；[1] 二是权力或关系，它是政策利润或利益分配的主要资源；三是政策或制度，它是运用权力分配社会价值的媒介或道具。对上述三者进行调节的则是政策主体的认识与行为，可以说，任何政策过程都是对政策主体的行为的一种记录，而政策主体的行为又是由他们的认识引导的。由于这五个因素的作用，政策过程也就以烧水壶烧水的形态展开：

（1）生火：政策主体认识到政策问题中存在的利润机会，开始采取政策行为，指向现存的权力或关系格局。

（2）不烧了：政策主体在"生火"中进一步认识了自身及所处环境，发现继续行动的成本大于收益，或者是利益相关方的强力抵制或者是社会的冷漠，选择中止已有的活动；当然这里不排除"生火"行动已经取得初步成果。

（3）接着烧：如果"生火"后的际遇与"不烧了"中的情形相反，利润仍然存在，在认识的指引下，政策主体会进一步行动，常常是想打通利益相关方及政府之间的关系或权力结构。

如果这种权力关系结构被顺利打通，则会出现下述结果：

---

[1]　在诺贝尔经济学奖得主、著名制度经济学家诺斯看来，制度变迁是一种制度企业家发现并组建相关团队追逐制度利润的过程。如果视政策为制度的话，正好支撑了烧水壶模型的第二种机制：企业性。诺斯的理论，参见 R. 科斯、A. 阿尔钦、D. 诺斯等：《财产权利与 制度变迁：产权学派与新制度学派译文集》，刘守英等译，上海人民出版社 1994 年版，第 270～274 页。

（4）烧开：政策主体协调关系，解决政策问题，分配社会利益，或者直接执行已有政策，或者将已有政策具体化以及对已有政策局部修正然后执行。

如果政策主体之间的权力关系没有被顺利地打通，则会出现下述结果：

（5）老烧不开：政策主体之间形成僵局，政策问题老化，政策及其体制呆滞，但有政策主体始终在行动。由于"老烧不开"状态下政策主体持续行动，可能导致下述两种前景：

（6）烧干：在没有好的或成本低的方式打通政府与社会权力关系的情况下，有的政策主体可能采取突破常规尺度的行为，切断政策主体之间的现存利益关系，从而脱离原有的问题情境、中断政策过程。

（7）烧坏：在"老烧不开"状态下，有的政策主体有可能采取突破政策体制的行为——社会越轨，首先是使政策体制空洞化或者空壳化，然后随着加入这种行列的人越来越多，政策体制不得不走上创新之路，从而实现政策利润。

（二）通过烧水壶模型得到的结论

第一，就政策科学发展的策略来看，本模型的建构说明，在理论发展上应该坚持马克思主义指导，坚持理论联系实际。对于国内学术界来说，在政策科学本地化的追求中，除了引介国外理论与文献外，应重点结合中国政策实践，构建有中国特色的政策科学理论。

第二，就政策科学理论来说，烧水壶模型的提出：一是在一定程度上说明了主流的理性政策阶段论的非现实性；二是指出了政策过程的精英模式与大众模式都是不完善的，都违背了政策过程的多极性；三是指明了政策过程的动力在于政策主体的利益追求与利益矛盾，具有制度变迁的利润特征；四是指出了政策过程的复杂性、关联性与周期性、循环性，是突变与渐变的统一，具备多阶段多结果的演变前景。

第三，就政策实践来讲，烧水壶模型说明：一是政策过程的重点并不是像政策范式讲的那样如何找到解决问题的对策，而是如何发现问题背后的利益需求与利益矛盾，并实现这种利润；二是评价政策主体能力的标准，不单单是在政策过程中实现了社会的稳定或者推行了某种改革或者得到了多少利益，而是在实现社会发展中取得了社会秩序与社会变革的某种动态平衡；三是政策管理不仅必须是回应性的，还应是有一定的主动性的。

第六篇　农民工的政策实践与政策范式新检讨＊

分析政策科学的范式主张，公共政策是政府主导的、解决社会公共问题的过程。本文从农民工参与政策过程的实践观察，发现这种范式面临严峻的挑战。具体分析以下三个方面的内容：

一、政策范式及其当前地位

（一）政策范式的基本内容与依据

范式是某一科学领域内大多数学者在一定时期信奉的关于本科学的基本假设、主要范畴与分析方法。在政策科学领域，学者们大多数将政策科学的范式或政策范式看成一种对政府活动进行分析的理论。其基本内容有两个方面：一是认为公共政

＊ 本篇原载《行政与法》2006 年第 8 期。

策是一种解决特定的社会公共问题的程序。这种程序一般包括议程设置、政策构建和合法化、政策实施以及评估等阶段。二是认为这种解决社会公共问题的过程是政府主导的。

确认上述政策范式的依据。在政策科学领域，许多人对政策定义的理解比较混乱，要提出一个学科范式，其难度可想而知。但事实上政策科学很早就有自己的范式，这就是上述的政府主导的社会公共问题解决程序思想。这方面的证据主要表现在以下三个方面：一是在政策科学的发展中，将政策视为政府主导的社会公共问题解决程序的思想一直是一种主流，并且在很长时期成为许多学者研究政策科学的指导，由此也构成了政策科学的基本发展历史。政策科学是由美国学者拉斯维尔等人创立的，政策过程的范式也从他那里发端，当时他提出一个包括七个环节的"决策过程"思想，[1]得到许多人的追随，演变为政策科学的范式——政策过程理论。具体来看，1960 年，政策科学研究的重点是政策过程的第一阶段，即政策制定问题或者说政策形成过程；1970～1980 年，学者们主要研究政策过程的第二个阶段——政策实施；1990 年以后，政策科学的兴趣转向政策过程的第三个阶段，即政策评估与变迁方面。[2]二是政策学界大师级人物在对公共政策的理解中表现出来的对政府主导的社会公共问题解决程序式的政策过程范式的认同。这些大师级人物除政策科学的主要创立者持这种理解外，尚有托马斯·戴伊等人。如托马斯·戴伊主张，公共政策就是政府做什

---

〔1〕〔美〕保罗·A. 萨巴蒂尔：《政策过程理论》，彭宗超等译，生活·读书·新知三联书店 2004 年版，第 23～24 页。

〔2〕〔美〕詹姆斯·P. 莱斯特、小约瑟夫·斯图尔特：《公共政策导论》，中国人民大学出版社 2004 年版，第 28 页。

么、为什么这样做以及这样做的后果。戴维·伊斯顿认为，公共政策就是政府对社会价值分配的权威性活动。安德森认为，公共政策是一种政府的有目的与特定的问题解决相关的行为过程。等等。[1]三是在对政策科学发展进行总结的文献与专著中，政策范式就是政府主导的政策过程的思想得到记录。如莱斯特·斯图尔特在对著名学者的公共政策定义介绍时指出，不论著名学者对公共政策定义有多大的区别，但他们都主张公共政策是一种政府行为或决策的过程，其目的是解决或修正一些想象中的或实际的公共问题。[2]拉雷·N.格斯顿在对公共政策的涵义进行理解时也说，尽管公共政策的定义几乎与存在的政策问题一样多，但"所有的学者与参与者都同意，政策的制定是一个过程"，在这一过程中，"政府的活动和义务对公共政策的意义至关重要。"[3]保罗·A.萨巴蒂尔在其《政策过程理论》的著作中也指出，人们尽管对主流的政策过程理论有所质疑，"但到目前为止，理解政策过程最有影响力的概念性框架当属'阶段启发法'。"[4]

（二）政策范式的当前地位

这种地位有两个内涵：①以政府主导的社会公共问题解决程序为基本内容的政策范式现在还是政策科学的主流理论与分

〔1〕〔美〕詹姆斯·P.莱斯特、小约瑟夫·斯图尔特：《公共政策导论》，中国人民大学出版社2004年版，第4页。

〔2〕〔美〕詹姆斯·P.莱斯特、小约瑟夫·斯图尔特：《公共政策导论》，中国人民大学出版社2004年版，第4页。

〔3〕〔美〕拉雷·N.格斯顿：《公共政策的制定：程序和原理》，朱子文译，重庆出版社2001年版，第4页。

〔4〕〔美〕保罗·A.萨巴蒂尔：《政策过程理论》，彭宗超等译，生活·读书·新知三联书店2004年版，第8页。

析框架；②这种理论与分析框架已经受到一定的质疑与替代理论的挑战。换句话说，政策科学的当前范式正在处于范式革命的前夜。当前学界提出的相关替代方案有：制度性的理性选择框架、多源流分析框架、间断－平衡框架、支持联盟框架、政策传播框架与大规模比较研究方法的因果漏斗框架等。[1]不过，由于这些框架仍然在解决公共问题的思路里寻找政策范式的出路，因而，在本质上仍未脱离主流的政策过程理论。与此相关的一个事实是，这些替代方案至今没有一个取得像它要取代的政策范式那样的学术认同与应用。

由于政策范式这样的当前地位，就为人们重新审视这种范式提供了理由，这也是本文从农民工政策实践的角度观察政策范式的一个初衷。

二、农民工参与政策的活动对政策范式提出的挑战

从农民工的政策实践中，可以发现政策范式存在如下两个方面的问题：

（一）关于政策范式中政府主导的问题

有三种农民工参与政策过程的现象与之相左：一是农民工在政策过程中并不是被动的，农民工参与政策的行为主要包括执行政府制定的行为，以及农民工根据一定的政策环境进行自觉的社会选择的活动。前者看起来是政府主导，农民工是被动接受。其实，农民工顺应政策要求，有几个现实考虑：一方面是政府的政策符合大局要求与农民工的根本利益一致；另一方面当政府政策与农民工利益发生冲突时，农民工大多数时候表

---

〔1〕〔美〕保罗·A. 萨巴蒂尔：《政策过程理论》，彭宗超等译，生活·读书·新知三联书店 2004 年版，第 12～18 页。

现出了一种容忍的现象，这是农民工对形势的一种计算。因此，农民工顺应政府政策要求的行为中，农民工也是主动的。农民工根据自己的利益，选择了日益扩大的外出打工的出路，以致"民工潮"的爆发，政府不得不对以前的政策进行调整，更加反映了农民工在与自己利益相关的政策发展上的主动性。二是在农民工政策的演变过程中，农民工扮演了一个问题的主导者的角色。自改革开放以来，国家有关农民工的政策经历了在"民工潮"之前向他们进城务工开绿灯的政策、"民工潮"爆发后转变为严格控制农民工外出流动的政策、到党的"十四大"前后适应市场经济的要求又调整为引导农民有序流动的政策、进入21世纪政策进一步发展为保持农民工在城市务工的合法权益的城乡统筹发展的思路。在这种政策演变中，农民工常常充当了政策问题的发动机的角色，如由"民工潮"到"民工潮"后的政策发展，就是由于农民工大规模流动带来的城市生活压力与公共交通问题，使政府必须根据当时的宏观经济形势做出政策改变。至于21世纪政策亲近农民工的政策调整，则在现实上有一个重要原因，这就是农民工在城市流动过程中其自身的合法权益受到严重的侵犯，需要政府关注。三是在农民工政策实施中存在农民工与政府的合作，或者说在政策实施过程中农民工与政府存在一种互动关系，存在相互制约。比如，如果政府制定的政策不能客观反映农民工的要求，农民工是很难对这种政策买单的，农民工政策执行难，这可能是一个重要原因。这方面的例子如农民工计划生育政策执行难，农民工成为"超生游击队"现象，可能既有农民工观念落后的影响，也包含了农民工对自己社会保障能力不强的忧虑。

（二）关于政策范式中问题解决程序方面的问题

有四种现象与之相出入：一是有社会公共问题的存在，但没有相关政策。长期以来，在农民工管理中存在权益受侵犯、没有自己的组织等现象，但在 21 世纪以前，这些问题并没有相关的政策。二是有问题有了对路的政策，但在执行中遇到重重阻力。现在中央提出保护农民工合法权益政策，但各地以经济与治安承担力为借口，政策实施成效不明显，一些与农民工利益切身相关的事项，如户口改革、社区治理机制改革等进展较为迟缓。三是有了政策解决了问题，但没有满足农民工的需要。如救助政策，这是一个好政策，解决了农民工自由迁徙的问题。但农民工自由流动的真正需要是要找到一份适合自己的工作，因此，这项政策至少仍然存在盲流问题，因为农民工找工作在这项政策中并未涉及。四是大量隐性问题的存在，还缺少相应的政策去及时应对。由于农民工生活在城市底层，缺乏有效的组织渠道表达自己的利益，因而，在许多情况下，一些与他们相关的社会问题只能以隐性的方式存在着，如民工性权利、农民工享受生活与娱乐的权利、农民工参与城市治理的权利等方面的问题。这四个问题实质是对政府主导问题解决政策过程的能力提出了疑问。

三、对农民工参与政策的活动提出的有关政策范式挑战的分析

（一）政策范式问题的成因

从农民工政策实践中可以发现，政策范式是不完善的。对于政策范式的问题，美国著名学者罗伯特·丹哈特教授也从政策分析的角度进行了总结，指出了三个表现，即助长了对现有目标不加批判的接受；对客观性的关注使人们只考虑能对其方法本身进行分析的题目；力图通过强迫实践来回应理论而不是

相反的方式解决理论实践二分法的问题。[1]

对政策范式的问题成因，可以追溯到它的哲学基础"经济人"假设。如西蒙指出：在传统决策领域活跃的是"经济人"或理性的"经济人"。[2]这种"经济人"具有完全的认识复杂政策问题做出最佳决策并追求最佳结果的能力。根据这种理论假设，政府是理性的"经济人"公民授权组建的、以解决在公民之间发生的而公民无法依靠自身力量获得满意解决的公共问题，也就是公共政策问题。既然政府面对的是这样一些可以进行客观的技术处理的由社会强加的问题，那么解决问题的思路就只能遵循科学的规范。这套规范就是波普尔的科学发展的逻辑，即发现问题、分析问题、找到解决问题的办法、进而执行这种办法去处理问题，并进而提出与尝试去解决新的问题，转入新一轮的知识进化的周期。因此，公共政策就只能是一个认识政策问题、分析政策问题、形成政策方案、执行政策方案、最后解决政策问题并进行政策评估的过程。同时，这种政策分析的哲学背景又与政策科学创立时的行为主义结合在一起，进一步造就了公共政策范式上的科学色彩，对政策过程中公民与政府的互动等政治利益行为形成了屏蔽。

（二）政策范式问题的出路

政策范式存在问题，应如何解决呢？常见的策略有两种：一是在政策范式内修正，如上面指出的一些替代选择方案就具有这种特征。二是进行范式革命。由于替代方案都未能从根本

---

〔1〕 ［美］罗伯特·丹哈特：《公共组织理论教程》，项龙、刘俊生译，华夏出版社 2002 年版，第 107~108 页。

〔2〕 ［美］赫伯特·西蒙：《管理行为：管理组织决策过程的研究》，杨砾等译，北京经济学院出版社 1988 年版，前言。

上解决政策范式的问题，因而面向未来的选择是考虑范式革命，即以一套新政策范式理论取代现有的政策范式理论。由于理论来源实践，新政策范式的提出需要对实践中的政策过程进行观察与提炼，并受到实践的检验。这样，对国内政策学界来说，就提出了一个本土化政策实践研究的任务。另外，考虑到当前的政策范式是以非马克思主义的人性假设为基础的。这里提出一个范式革命的设想，即用马克思关于人的本性就是人的需要的理论，[1]构建一个从社会政策需求出发的、政策的政治过程与技术过程相结合的理论，以缓解政策范式常见的解决了问题达不到目标的弊病。

第七篇　农民工的政策表达行为研究
——基于东莞市某厂农民工调查*

农民工问题是"三农"问题的关键。由于"三农"问题的出路在农村之外，在于减少农民，第一步是将农民变成农民工。而"三农"问题又是事关当代中国全面建设小康社会、制约中国现代化进程的一个基本问题。因此，研究农民工问题是有重要的理论与现实价值的。鉴于学术界对农民工的研究主要局限在经济学、人口学与社会学等领域，对农民工的研究在政治学

---

[1]　中共中央马克思、恩格斯、列宁、斯大林著作编译局编译：《马克思恩格斯全集》（第3卷），人民出版社1962年版，第514页。

*　本篇原载《乡镇经济》2008年第6期。

上投入不足，[1]缺乏系统的政策科学研究。[2]作为农民工市民化政策科学研究的一部分，本文对农民工的政策表达行为进行了调查与分析。

一、农民工政策表达行为的调查说明

（一）调查经过

目前关于农民工的调查文献很多，但基本不是在政策科学理论的指导下进行的。为了给农民工政策科学研究提供便利的资料，作者在 2003 年底设计出一份农民工政策行为调查问卷，并在部分农民工中进行试用，然后根据试用的情况进行了局部调整，并确定了最终应用的问卷版本。2004 年 7～8 月，作者选择东莞一个与"民工潮"同龄的、中等规模的、纺织类的、台商投资的工厂进行调查。调查的方法是非严格概率抽样：在该厂编织、样板、整理与办公等各个部门分别找一个熟悉的农民工负责，根据部门人数，以 20% 的比率，由他向自己熟悉的工友发放问卷。共收回有效问卷 107 份，问卷回收率 100%。

（二）取样依据

由于农民工总量太大，流动性强，所以本次采取了个案抽样调查。又因农民工主要在非国有企业就业，且大多数在劳动密集型岗位上，故选取外商投资的纺织企业农民工为对象。考虑到农民工在流向与分布上主要在东南沿海发达地区，且东莞是全国著名的纺织服装工业基地，故将调查的地域定在东莞市。

---

〔1〕 徐勇、徐增阳：《流动中的乡村治理——对农民流动的政治社会学分析》，中国社会科学出版社 2003 年版。

〔2〕 ［美］保罗·A. 萨巴蒂尔：《政策过程理论》，彭宗超等译，生活·读书·新知三联书店 2004 年版，第 8 页。

此外根据农民工流动就业主要依据熟人、老乡等初级社会关系的现状，在调查方法上采取非严格概率抽样，由农民工依其社会关系网络在特定的企业内选取具体样本。这样既保证了问卷的回收率，更保证了回收问卷反映信息的真实性。

（三）样本农民工情况

（1）年龄结构：以青壮年劳动力为主。其中，18～30岁的农民工占样本总数（即回收问卷总和）的57.1%，18岁以下的占13.0%，30岁以上的占29.9%。18岁以下人员基本上是农村初中毕业后新进职工。在样本总数中，56.1%的农民工认为自己是家庭主要劳力。

（2）性别结构：以女性为主，占57.0%。反映了纺织类企业特有的用工要求。

（3）文化程度：以初中学历为主。其中，初中学历占66.4%，高中（含中专）占27.1%，其他为小学文化。

（4）家庭人口：以四口之家为主，占32.7%。此外，三口之家的占26.2%，五口之家的占21.5%。其余为五口以上的家庭及两口之家。

（5）婚姻状况：已婚的比未婚的略多，为51.4%；未婚的占总数的48.6%。

（6）家庭经济：大多数为收支平衡户，占样本总数的68.2%。存款1万～5万的占15.0%，6万～10万的占6.5%。其他为欠账户。

（7）务工年限：主要集中在0～5年之内，占总数的71.1%。此外，5年以上到10年的占21.5%，10年以上的有7.4%。

（8）岗位结构：以熟练工为主，占59.8%。此外，技工或人员占19.6%，组长与领班占9.4%，主管占0.9%，其余为初级工。表明务工农民工内部已经初步出现职业分化。

（9）工资结构：集中在月工资 500 元～1200 元之间，占 71%。此外尚有 14.0% 的样本农民工月工资在 500 元以下。

（10）政治面貌：以群众为主，占 51.4%；此外共青团员占 37.4%，中共党员占 4.7%，工会成员占 0.9%，未答的占 3.8%。

（11）社会关系：绝大多数农民工反映缺少有一定地位又肯帮忙的社会关系，占 72.0%；其中回答有关系的占 12.1%，是具有一定技术或资历的农民工，即工厂内的技术人员与管理人员；社会关系中有官方背景的仅为 5.6%；未答的为 10.3%。

二、样本农民工的政策表达行为

对于农民工的政策表达行为的调查，在设计上依据的是马克思关于人的利益性的论断——"人们奋斗的一切，都同他们的利益有关"——来收集农民工围绕自己的要求（利益）的表达而与工厂、社区、政府在现存政策体制框架下的互动过程，包括农民工政策表达的内容、方式、效果、心态与选择等方面。具体题型上为可多选的选择题。调查反映的农民工政策表达行为的特征如下：

（一）农民工的政策表达内容具有人权性

一方面，农民工的要求集中在与自己的生存与发展相关的方面。在对工厂的要求上：排在前几位的是对生产安全的要求，要求工厂应提供必要的安全设施的占 80.4%；对构建良好社会资本——同事关系的要求占 72.9%；对职业发展的要求，提出想成为技术人员的占 60.7%；此外在工作时间长度、工资发放与加班工资、吃住条件等方面提出要求的也都达到 50% 以上。

在对社区的要求上，对户口所在地排在前几位的，除社区自治外，有提供外出就业便利如务工信息与务工手续等，占 47.7%。对工作地要求中位居前列的是：外出安全占 55.1%，环境卫生占 48.6%，行动自由占 42.1%，以及职业培训占 31.8%、就业信息占 29%。对居住地的要求排在前面的是：治安占 52.3%，廉租房源占 48.6%，卫生服务占 44.9%。

在对政府的要求上，排在前列的是：要求制定反映农民工利益的政策，占 67.3%；要求政府办事程序公正透明的，占 51.4%；要求正确督促社区与工厂正确执行政策及要求政府及时协调农民工与有关方面矛盾的分别占 42.1% 与 44.9%。

另一方面，农民工政策表达的要求中，尽管除上述私人生活方面的人权性问题外，也有与公共事务治理相关的方面，但这些要求与农民工对自己生存与发展问题的直接关注相比，不光提出的问题不多，或者说关心的领域明显窄小；而且提出的问题也是与农民工的就业与生活联系有重要影响的，可以看成是附属于上述人权性要求的第二类需求。农民工政策表达内容中涉及公共事务治理的方面主要有：一是对农民工所在工厂发展情况的关注，有 16.8% 的人选择了调查问卷中的这一项；二是对家乡社区自治这种与自己政治权利的实现与生活环境的状况关联密切的社区腐败与村民在村务上自决等进行关注，分别占 38.3% 与 28.0%；三是对政府这种法定的社会公共权力机关的关注，主要的方面是清除腐败占 47.7%，没有官架子占 43.0%，撤销不管事的部门占 31.8%。

（二）农民工政策表达方式具有无组织性

在实际生活中由于工会刚向农民工开放，致使农民工大多数游离在正式政治组织的大门之外。这就给农民工的政策行为打上了无组织性的烙印。表现在政策表达上：

1. 农民工政策要求的表达主要是以个人的方式进行的

在少数群情激愤的情况下，采取集体行动时也基本上以一种非正式组织的、临时性的、不稳定的群体形式出现。调查发现，农民工在表达自己的工作要求时，63.6%的人选择一种进厂时个人与工厂有关部门协商的方式；在表达自己的社区要求时，有55.1%的人选择个人提建议的手段；在向政府表达要求时，农民工反映自己表达的占53.3%。

2. 农民工政策表达具有问题暴发式的程序特征

表现在工作要求的表达上，尽管农民工在工资、工时与工作条件等方面有强烈的要求需要表达，但这种愿望极少表现出来，反映在表达方式上就是平时农民工基本上对工厂管理忍气吞声，只在极少数情况如职位异动时会提出来。调查中有16.8%的人选择职位调整时反映自己工作意愿。再就是在问题积累时以罢工方式表达，有8.4%的人选择此种方式。在社区要求的表达上也有类似情况：除个人建议外，排在第二位的表达方式就是具有明显问题倾向的上访、游行、过激维权等。在向政府表达要求时问题方式更明显：其表达渠道中上访与新闻曝光排在第一、二位，选择的农民工分别占43.9%与27.1%。

3. 农民工政策表达有明显的人治化特点

表现在农民工的工作要求表达上，在本调查中有84.1%的人反映签了劳动合同。但本人发现他们所谓的合同，实际上是一份严重违反《中华人民共和国劳动法》[1]的体现厂方意志的管理办法：在合同内容上缺乏劳动保护、劳动报酬与厂方违约

---

〔1〕《中华人民共和国劳动法》，载中华人民共和国人力资源和社会保障部 http://www.mohrss.gov.cn/correlate/ldf.htm－20k，最后访问日期：2007年5月18日。

责任等方面违反了上述法律的第 19 条规定；合同文本中第 6 款扣除职工工资的规定与上述法律第 50 条相抵触；合同文本第 2 款关于收取职工保证金的规定违背了上述法律第 17 条签订合同的平等自愿原则。人治色彩表现在社区要求表达上，农民工极少参加家乡社区自治活动；对工作或居住地社区管理活动，农民工一般通过工厂间接参与。体现在调查中有 16.8% 选择在单位会议上表达，有 18.7% 的人由代表表达。此外，在政府要求的表达上，前面已指出上访等具有明显人治特点的方式占了主要位置。

（三）农民工政策表达效果具有效率低下的问题

首先，就工作要求表达的效果来看，认为基本达到要求的只有 27.1% ，与之相对应的是，认为少数或没有达到要求的占 63.5% 。未实现的要求主要是：工资报酬方面，反映工资低的占 57.9% ，加班工资低的占 63.6% ，无年终奖的占 40.2% ，工资发放不及时的占 43.0% ，工厂随便罚款的占 43.9% 。工作时间方面：认为工时长的占 53.3% ，假期常加班的占 51.4% 。人身安全方面：反映治安差的占 42.9% ，没有医疗与工伤保险的分别占 51.4% 与 44.9% 。饮食卫生方面：认为饭菜质量差的占 91.6% 。劳资关系方面：认为管理者态度恶劣的占 43.0% 。

其次，在社区要求实现的情况来看，认为没有达到自己要求的占 52.3% 。未实现的要求主要是：认为人身自由与安全缺乏保障的占 44.4% ，环境卫生差的占 40.7% ，未能及时提供就业信息的占 39.8% ，社区管理腐败的占 33.3% ，在租房与培训上存在问题的各占 25.9% 。

最后，从对政府要求实现的情况来看，有高达 77.6% 的样本农民工认为没有达到自己的要求。未实现的要求排在前几位的是：政策未执行好，占 44.9% ；机关作风与腐败问题，占

44.0%；政策调整不及时，占 31.8%；不办实事的部门多，占 43.9%。

（四）农民工政策表达在心态上具有挫折感

农民工政策表达效果不理想，从总体来讲，在农民工心理上造成了一定程度的挫折感。本文对农民工政策表达心态的分析，主要依据问卷设计的农民工对政策表达成效原因的分析题目的回答。从农民工对其工作要求未达成情况原因的分析来看，农民工的挫折感表现在：一是反映表达机会被剥夺的占 34.6%。二是认为工厂欺骗与不公正对待农民工频繁制裁处罚的分别占 42.1% 与 35.5%。三是反映受到社会排斥，如政府不关心农民工不能主动为农民工服务的占 53.3%，认为政府对农民工权益维护不力的占 57.9%；反映工会不能真正代表农民工利益不善于斗争的占 74.8%，农民工无自己的利益组织的占 43.9%。四是在认为基本达到自己的工作要求的农民工中也有比较强的孤独感，他们将自己的成功归因于个人因素与偶然因素，如拥有一技之长的占 64.5%，班上得好的占 22.4%，工厂正招工占 15.0%。对于在现代社会分配中起重大作用的社会资本因素，则没有人理会。

从农民工社区要求表达效果原因分析来看，农民工也表现了同样的挫折情绪：一是对要求未实现原因的分析中，农民工反映自己参与社区自治机会不多，选择自治程度不足的占 54.2%，选择社区参与率不够的占 37.4%，政府未对社区真正放权的占 27.1 %；怀疑自己的能力水平，如选择自己能力不强的占 29.0%，选择自己无社会关系扶持的占 29.9%；认为政府行为有失公正，其中选择政府不公平对待农民工的占 34.6%，腐败的占 31.8%。二是对达成要求原因的分析中，农民工将最大的因素归因于环境，如选择政府支持的排在第一位，占

32.7%；第二位的因素是社区自治，占 16.8%；第三位的因素才是农民工自己的因素，如有钱占 15.9%，会斗争占 11.2%，有关系占 10.3%。此外，现实的愿望达成的程度较低，农民工对这项选择题的参与热情也较低，有 32.7% 的人选择了沉默。

从农民工对政府要求达成情况原因的分析来看，农民工的挫折感也与上面对工作要求与社区要求表达形成的心态一样：在对表达效果不佳原因的认识中，个人、社会与政府方面负担的责任基本上各占 1/3。其中，个人因素或农民工因素中，未组织起来排第一位，占 49.5%；能力因素也很突出，如不善于争取自己的权利占 29.9%，无关系占 24.3%，无好的策略占 21.5%；此外，不关心政治也占 5.6%。政府因素中，不主动听取农民工的呼声 52.3%，不善于集中农民工要求占 43.9%，政策执行问题占 32.7%。社会因素中，选择反映政治民主化水平的参与政策制定率低的占 43.0%，认为新闻问题的占 29.9%。对这一道选题，也有 12.1% 的人弃权未答。

（五）农民工在政策表达选择上具有二重性

所谓农民工政策表达选择，是指农民工针对自己的政策表达效果与心理感受而采取的实际行为或态度。就此而论，农民工的政策表达之后作为反馈环节的行为选择具有二重性。这种二重性，主要有四组相辅相成且具有对立色彩的选择行为：一是忍耐，对不满意的政策要求表达后果进行尽量容忍；二是流动，对难以容忍而又可以做出主动选择的，则依据一定社会关系与自己条件进行职业与地域的流动；三是罢工与反映等适度斗争，对侵犯自己基本权利的事，在忍无可忍的情况下，走出厂门，或罢工，或上访，或游行。四是过激维权，对难以容忍而自己又没有正常资源处理的，则可能采取过激维权的方式，如堵塞交通，冲击政府公共部门，自虐式表演，自杀或他杀威胁等。[1] 这四种选择中，忍耐与过激维权相对立，流动与就地斗争相对应，成为四种选择两种二重现象。究其原因，直接的是政策要求表达效果不佳，间接的是农民工对这种表达效果带来的心理挫折感的宣泄。从前面对农民工挫折心灵的归纳中，可见农民工对政策表达效果不佳的原因的认知中，一是感觉自己受到社会排斥与被剥夺；二是认为环境因素对自己影响很大；三是感到自己能力不强。这样，在第一种认识下，可以选择上面讲的四种行为，如认识到自己能力不强或无社会关系改变现状，可能会忍耐；如自己有一定社会资本与流动能力则有可能改变生存环境，进行流动选择；如对环境中的政府有一定信心，加上过去的经验与法律知识，农民工可能会走上合法斗争的道路，如罢工等；如遭受严重挫折，相对剥夺感特别强，对环境与自己没有信心，则有可能铤而走险——过激维权。

农民工政策表达后选择行为的二重性，在调查中也有明显体现。具体到工作要求表达之后的选择行为有：选择转厂的占 51.4%，回家的占 27.1%；忍受的占 44.9%；罢工的占 12.1%，上访的占 7.5%；其他选择中还包括自己办厂的，占 1.9%；未答的占 3.7%。

至于对社区要求表达之后的选择，主要的方面依次有：迁移或转厂的，占 43.9%；忍耐的占 27.1%；要求政府出面或找人的分别占 21.5% 与 6.5%；其他的占 0.9%；未答的占 10.3%。

对政府要求表达之后的行为选择，主要的方面依次为：忍受的占 63.6%；通过单位代为反映或向单位反映的占 63.5%；

---

[1] 刘武俊："新民周刊：维权不再成为危险品的理由"，载 http://www.sina.com.cn，最后访问日期：2008 年 5 月 18 日。

迁移与转厂等流动的占 56.1%；罢工、示威与游行的分别占 20.6%、5.6% 与 7.5%，上访与信访的分别占 8.4% 和 26.2%，民告官的占 9.3%，与官方私人接触的占 1.9%；逃避政府管制的占 7.5%；未答的占 9.3%。

以上调查数据表明，农民工政策表达之后的选择主要集中在流动与忍耐上，合法适度的斗争方式也占据了一定比例，跨法律界线的过激维权则比较少。

三、农民工政策表达行为提出的政策理论与实践问题

（一）对政策科学主流理论提出的问题

从政治学、社会学与管理学等学科中脱胎而出的现代政策科学，其基本理念是公共领域与私人领域是有一定界线的，公共政策就是人们在公共领域的活动，其目的是对社会价值进行权威性的分配，[1]在理论上具有一条严密逻辑的政策过程。

从调查反映的农民工政策表达行为特征来看，上述主流的政策过程理论具有很大的疑问：一是既然公共政策是一种传统的公共领域，那么如何解释农民工政策表达在内容上的私人性与人权性现象。二是既然农民工这种人权性的要求表达也可以进入公共政策领域，那么接着需要公共政策理论去说明农民工这种私人性行为是怎么获得公共性的。三是主流理论讲公共政策具有政策制定、执行与评估及终止等环节，但从农民工政策表达来看，却是一种问题爆发现象。在问题爆发之前，农民工常常处于忍耐沉默的状态，因而难以看到前因；在问题爆发后，又常常因力量不足，未达到自己想要的结果草草收兵。在程度

---

〔1〕 D. Easton, *The Political System*, N. Y. : Knopf, 1953, p. 129.

上具有明显的非完整性。因此，如何将理论上的逻辑过程与实践中的问题发展统一起来，又是主流理论面临的一个麻烦。

（二）对中国当前农民工政策管理实践提出的问题

当前关于农民工的政策在一定程度上可以这样表述：一方面，由于户籍管理政策，城乡分割的现象在根本上并未改变，农民工在城市政治生活中仍然是二等公民，被排斥在社区等正式体制之外。另一方面，由于上述事实，农民工在城市生活中遭受大量歧视、正当的社会权利得不到保障，农民工成为转型时期中国社会基本的弱势群体。此外，着眼于现代化与城市化，中国政府提出以人为本的科学发展观，开始让农民工加入工会，从体制上融入城市。

农民工的政策表达行为对上述政策实践提出了如下问题：

第一，农民工作为一种政策行为主体，他们不光是天然的执行政策的主体，也有自己的政策表达行为，从自己的利益出发，围绕政策、政府与直接的利益关系方进行互动。因此，从政策实践来看，继续把农民工屏蔽在政策体制外是不合适的。

第二，由于农民工是一种弱势群体，在现实生活中产生了大量的社会不公平现象。他们的许多正当要求难以满足。因此这就提出了一个对其扶持的问题。这也是当前学术的主流见解。本文进一步的想法是：由于农民工的行为具有极大的创新性，[1]所以在对农民工进行各种关心与帮助时，如何继续保护农民工的创造力。

第三，农民工基于一种自治的社会关系的政策表达与政策行为，尽管组织性不强，在相当多的情况下农民工忍辱负重，

---

[1] 王小广："农村经济结构转换和模式选择：民工潮的经济理论分析"，载《农业经济问题》1994 年第 7 期。

但也给了农民工很大的流动选择的自由。当国家号召农民工加入工会的时候，产生的一个现实问题是：如何在农民工的组织化过程中，避免过分挤压农民工的私人自由，包括这种自由的重要基础——社会关系。

第四，在实施以人为本的科学发展观时，如何在有关农民工的政策上以农民工为本，如何反映农民工的政策需要，政府在政策制定中如何更准确地反映农民工的心声，这些首先提出了一个在农民工政策制定之前如何调查的问题。

总之，本文通过实地调查，发现农民工的政策表达行为具有限制性输入的特点，即在内容上局限于农民工自己的生存与发展方面，在程序上具有问题爆发特点，在效果上具有效率低下问题，在心态上具有一定的挫折感，在反馈行为上具有二重性等。同时发现有关政策科学的理论与实践上都面临一些问题，要解决这些问题，可能一方面在理论上政策科学研究需要扩大自己的视野，从过去那种主要着眼于研究正式组织与体制内的政策现象中走出来，进一步探讨像农民工这种处于社会边缘地位的非正式组织的政策行为。另一方面在实践上，则要根据中国现代化实践，在政策创新上处理好继承与发展的关系，以推动农民工市民化的进程。

第三部分

农民工市民化的理论与过程

本部分包括 11 篇论文，其中前 5 篇论文在理论上探讨了农民工市民化的影响因素、过程机制与实践路径；后 6 篇论文分析了农民工市民化落户城镇及相关的社区分红与社区参与等问题，以及相应政策执行与政策创新如积分制等情况，指出了相关政策实施中的误区。

第一篇　农民工市民化的影响因素：
文献述评、理论建构与政策建议 *

一、农民工市民化影响因素的研究意义

在现代化中，随着工业化的发展、城市化的推进，农民会不断地由农村迁移出来并进入城市实现市民化。在我国由于特

　＊　本篇原载《农业经济问题》2017 年第 1 期。项目来源：国家社科基金项目"软法及其相关问题研究"（编号：11BFX018）、广东省哲学社会科学"十二五"规划 2014 年度学科共建项目"社会组织承接政府职能的困境与突破：以东莞为例"（GD14XZZ07）、东莞理工学院 2015 年党建与思想政治教育研究课题"我校治理现代化过程中的协商民主机制研究"（DJSZ2005007）。

殊的城乡二元结构，农民市民化需要先经过农民工阶段，再市民化，即具有二步转变的中国路径。[1]农民工市民化是有中国特色的研究课题，其中基础的是要弄清楚它的影响因素。特别是在当前国家实施新型城镇化战略、决策1亿左右农民工落户城镇的形势下，这一研究的意义更加明显。具体可以从实践与理论两方面来阐述：

在实践上：一是有利于把握农民工市民化的现状。农民工市民化与一些因素相关，因此，要了解农民工市民化，必须认识这些因素。这也是推动农民工市民化实践的一个必要前提。从管理学的角度讲，首要的就是掌握相关事物的情报。[2]二是有利于寻求农民工市民化对策。实施市民化决策，在实践中必须会面临一些问题，这些问题的解决，自然与农民工市民化的影响因素相关，认识这些因素，按图索骥，就有可能找到答案。这也是学术界研究的一种倾向，即由市民化影响因素或障碍寻找相关对策。[3]三是有利于形成具体的农民工市民化政策操作思路。农民工市民化要变成现实，需要基层将中央决策付诸实施。了解农民工市民化相关因素，则可以形成可操作的方向。[4]四是有利于协调相关事务。农民工市民化涉及农民工的发展、新型城镇化、农业现代化等事务，认识相关因素，可以为统筹

〔1〕 刘传江等："农民工：一个跨越城乡的新兴群体"，载《人口研究》2005年第4期。

〔2〕 Simon, Herbert Alexander, *The New Science of Management Decision*, USA, New Jersey: Englewood Cliffs, 1977, pp. 40 – 41.

〔3〕 崔宁："新生代农民工市民化进程及影响因素研究"，载《广东农业科学》2014年第18期。

〔4〕 文军："农民市民化：从农民到市民的角色转型"，载《华东师范大学学报》(哲学社会科学版) 2004年第3期。

处理这些事务提供观念上的条件。

在理论上：一是有利于科学理解农民工市民化的涵义。从系统论来看，因素构成系统。因此，找到农民工市民化的影响因素，把它看成相关因素组成的社会系统，等于为它提供了一种理解途径。二是有利于科学建构农民工市民化的历时性机制。农民工的市民化具有与西方发达国家农民市民化一步转变不同的二步转变过程。如何揭示这一历时性机制，是摆在学术界面前的一项重要课题。由于农民工市民化是由一系列因素构成的，而因素关系形成的系统结构决定了系统的功能。因此，可由因素认识入手，通过分析因素关系来探索农民工市民化历时性机制。三是有利于发现农民工市民化主体实践的共时性机制。农民工市民化的特有历时性过程在实践中都是由农民工、城市等相关主体共时性的相互作用实现的。而这种主体共时性实践又受到相关影响因素的制约。因此，探讨这些因素，对揭示农民工市民化的共时性机制是必不可少的步骤。四是有利于系统分析提升农民工市民化相关政策研究的科学性。学术界当前对农民工市民化对策的研究具有宏观与微观脱节的缺陷，没有将主体的行动与社会结构的变迁统一起来。[1]如果能全面认识农民工市民化相关的宏观、微观因素，并发掘相关因素的关系，则有望在对策分析上提升科学性，形成结构功能间的辩证分析。

可见，农民工市民化影响因素的研究是一个有重要价值的课题，值得学术界重视与研究。本文拟在文献述评的基础上探讨这一问题，并力图提出一些实践中有应用价值的政策建议。

---

〔1〕 单菁菁："农民工市民化研究综述：回顾、评析与展望"，载《城市发展研究》2014 年第 1 期。

二、农民工市民化影响因素的文献评述

农民工市民化是农民市民化的一种特殊类型，也是我国农民市民化的一个阶段。国外农民市民化影响因素研究有丰富的成果。[1]其中，古典经济学家配第是这种研究的第一人，他提出了收入因素。[2]其他成果主要包括：刘易斯等发展经济学家对城乡二元结构的研究；[3]人口学家 E. S. 李等的"推－拉"理论对距离、物质、语言文化等中间障碍因素的探索；[4]斯塔克的新劳动力迁移经济学对家庭或家族决策因素的研究；[5]以及舒尔茨的人力资本与布迪厄等人的社会资本理论对相关因素的探讨等。[6][7]这些成果要么被国内直接用来研究解释农民工市民化问题，要么成为相关研究的视角。

国内研究受到农民工实践的牵引，与"民工潮"爆发同步。1989 年，黄祖辉、徐加与顾益康从农村工业化、城市化与农民

────────────────

〔1〕 陈丰："从'虚城市化'到市民化：农民工城市化的现实路径"，载《社会科学》2007 年第 2 期。

〔2〕 王亚南主编：《资产阶级古典政治经济学选辑》，商务印书馆 1975 年版，第 74 页。

〔3〕 ［美］阿瑟·刘易斯编：《二元经济论》，施炜译，北京经济学院出版社 1989 年版，第 1～33 页。

〔4〕 Lee E. S. , "A Theory of Migration", *Demography* 3（1），1966，pp. 47 – 57.

〔5〕 Stark O. , *The Migration of Labour*, Oxford, Basil Blackwell, 1991.

〔6〕 ［美］西奥多·W. 舒尔茨：《人力资本投资——教育和研究的作用》，蒋斌、张蘅译，商务印书馆 1990 年版，第 31 页。

〔7〕 ［法］皮埃尔·布迪厄：《艺术的法则：文学场的生成和结构》，刘晖译，中央编译出版社 2001 年版。

市民化相协调的角度率先讨论了农业转移劳动力市民化问题。[1]
同年，吕世辰[2]从马克思主义视角，首次明确讨论了准市民即
从农村到城镇从事非农产业的农民的市民化影响因素问题，提
出了人口素质的高低、生产社会化程度及按什么样的方式生活
等三个方面；认为生产社会化是基础，人口素质的提高是关键，
生活方式向城市化发展是重要维度；并在生产社会化命题下进
一步提出了农业发展水平、城市容纳能力与需要等因素。十多
年后，刘传江与周玲[3]正式提出了农民工市民化命题。此后，
直接研究农民工市民化影响因素的文献逐步增长，目前已形成
多视角研究：

第一，马克思主义视角，即运用唯物史观分析农民工市民
化相关因素。除吕世辰外，李红梅[4]发现：经济发展水平是农
民工市民化的客观决定因素，制度演变的渐进性是体制性影响
因素，社会融合难易程度是社会条件，文化文明素质是农民工
的主观因素。

第二，中间障碍视角，即认为一系列障碍影响了农民工市
民化。邹农俭[5]较早从这一视角讨论，发现有社会条件如就业
压力与城乡二元结构包括社会制度形成的福利差别与排斥等两

〔1〕 黄祖辉、顾益康、徐加："农村工业化、城市化和农民市民化"，载《经
济研究》1989 年第 3 期。
〔2〕 吕世辰："论我国准市民的城市化进程"，载《山西师大学报》（社会科学
版）1989 年第 4 期。
〔3〕 刘传江、周玲："农民工：城市经济发展的内在需求"，载《理论月刊》
2003 年第 4 期。
〔4〕 李红梅："马克思主义方法论考察我国农民工市民化问题"，载《求索》
2013 年第 8 期。
〔5〕 邹农俭："论农民的非农化"，载《社会科学战线》2002 年第 1 期。

种障碍。姜作培[1]较完整地提出了认识、政策、制度、信息、素质等五个方面。樊轶侠[2]根据陈欣欣[3]的调查，在姜作培论述基础上，增加了住房障碍。何晓红[4]率先提出组织障碍。钱正武[5]提出了社会资本缺乏问题。

第三，比较视角，包括中外比较与农民市民比较。代表性的，前者如蔡昉[6]的研究，提到了经济发展提供的机会、制度与政策的调控作用及社会资本形成的迁移能力等方面，强调制度是主要因素。后者如文军的研究，将农民与市民放到"传统－现代－后现代"与"农村－城市"的连续统中进行类型化比较，发现市民化是政府与农民工共同作用互动的结果；现代化中的城乡差异、制度条件与农民工人力资本与社会资本，以及政策与制度起着重要作用。

第四，内外部视角，即从农民工与外部环境相结合角度考察。陈欣欣运用"推－拉"理论对影响农民工市民化的城乡环境分析，发现户籍、就业、住房、计生、农地等制度是障碍因素，教育、社保、医疗、农村非农产业吸纳能力下降及人均耕地减少等是拉力因素；还发现农民工的劳动技能素质等内部个

〔1〕 姜作培："城市化进程中农民市民化问题"，载《国家行政学院学报》2003 年第 4 期。

〔2〕 樊轶侠："加快农民市民化进程的理论分析和政策研究"，河南大学 2004 硕士年学位论文。

〔3〕 陈欣欣："农业劳动力的就地转移与迁移——理论、实证与政策分析"，浙江大学 2001 年博士学位论文。

〔4〕 何晓红："农民工市民化的障碍及其对策研究"，武汉大学 2005 年硕士学位论文。

〔5〕 钱正武："农民工市民化问题研究"，中共中央党校 2006 年博士学位论文。

〔6〕 蔡昉："劳动力迁移的两个过程及其制度障碍"，载《社会学研究》2001 年第 4 期。

性特征也有影响。魏杰与谭伟[1]认为外部包括提供农民自我选择的人权原则、就业竞争原则、生活福利的公平原则、观念上的平等原则；内部或自我指素质，包括遵守城市规则、保护公共产品、改变原有生活文明准则、提升技术能力素质等方面。刘传江[2]主张外部有制度因素，内部为农民工市民化的意愿与能力等二因素，其中能力包括人力资本、社会资本、权利资本与财力资本等方面。

第五，城市化视角，即从城市发展的角度探讨。曾芬钰[3]将城市化的本质定位为以人为本、农民进城市民化享受更高级物质文化需要的过程，提出城乡二元户籍制度、农民工经济能力、农村经济发展等因素。程姝[4]从城镇化农村人口向城市聚集的角度发现了农民工市民化的三个基本因素，即城镇化发展水平、制度与农民工素质。

第六，主客观视角，即区分影响农民工市民化影响因素中的主观与客观部分。孙承杰[5]较早从这一角度分析，提出了主观上的市民化意愿与客观上的制度、观念与素质、经济成本等因素。但这种主客观因素的区分存在一定逻辑问题，如他把观

〔1〕 魏杰、谭伟："我国城市化进程中的农民市民化问题"，载《经济纵横》2003 年第 6 期。

〔2〕 刘传江："迁徙条件、生存状态与农民工市民化的现实进路"，载《改革》2013 年第 4 期。

〔3〕 曾芬钰："论城市化的本质与'农民工'的终结"，载《当代经济研究》2003 年第 10 期。

〔4〕 程姝："城镇化进程中农民工市民化问题研究"，东北林业大学 2013 年博士学位论文。

〔5〕 孙承杰："我国市民化的相关因素分析"，西南交通大学 2005 年硕士学位论文。

念视为客观因素就不合理。王竹林[1]也从这一角度分析，并克服了相关逻辑问题，将制度安排的稳定预期、城市化发展水平和农业现代化发展等视为客观基础条件，农民工自身的市民化意愿和能力——包括劳动、生存、发展、学习、信息等能力当作主观内在条件。

第七，成本视角，即从农民工市民化需要支付的成本来分析。段学芬[2]认为市民化需要承担城市最低生存成本、转移成本与对更好生活预期的补偿成本，支付这些成本，必须具有城市生活能力，而城市生活能力的形成又离不开人力资本、社会资本与权利资本等城市生活资本。张国胜[3]则将农民工市民化的社会成本区分为私人生活成本、智力成本、城市住房成本、社会保障成本与城市基础设施成本五种。其他研究一般将市民化成本区分为农民工承担的私人生活成本、企业承担的工作条件与福利及政府提供的公共成本即公共服务等。[4]

第八，宏微观视角，即将农民工市民化影响因素区分为宏观的与微观的因素。王桂新、沈建法与刘建波[5]将农民工市民化的影响因素区分为宏观的二元户籍、城乡经济发展与生活水

---

〔1〕 王竹林："城市化进程中农民工市民化研究"，西北农林科技大学 2008 年博士学位论文年。

〔2〕 段学芬："农民工的城市生活资本与农民工的市民化"，载《大连理工大学学报》（社会科学版）2007 年第 3 期。

〔3〕 张国胜：《中国农民工市民化：社会成本视角的研究》，人民出版社 2008 年版，第 130～131 页。

〔4〕 金三林、许召元："我国农民工市民化的成本究竟如何测算？"，载新京报网 http://epaper.bjnews.com.cn/html/2013-03/30/content_421641.htm? div = -1，最后访问日期：2016 年 5 月 9 日。

〔5〕 王桂新、沈建法、刘建波："中国城市农民工市民化研究：以上海为例"，载《人口与发展》2008 年第 1 期。

平、生活方式、迁出地迁入地文化历史传统关系与相似性，微观的农民工个人属性因素如年龄、性别、婚姻状况、受教育水平等与行为因素如在城市居住时间、是否参加过职业培训、有没有签订劳动合同等，以及城市居民因素。这种对农民工微观因素的划分，在实证研究中得到较多应用。

第九，城市性视角，即将农民工市民化视为城市性获得的过程，并进而分析相关因素。主要见于王兴周[1]的研究，提出了影响农民工城市性的社会联结方式、越轨、宽容、疏远感和社会心理健康等因变量，以及流入地人口规模、社会人口特征、城市流动经历等自变量。

第十，社会互构论的视角，即把农民工市民化的过程视为一种作为行动者的农民工与社会结构密切互构共变的过程，然后讨论其影响因素。主要见于胡杰成[2]的研究，提出影响农民工市民化的社会结构因素主要包括制度安排、经济环境和舆论态度，个人行动因素包括农民工的市民化意愿和能力。

第十一，博弈论视角，即将农民工市民化视为政府与农民工博弈过程并分析相关因素。周密[3]就市民身份供求中政府与农民工的博弈展开分析，发现农民工市民化受到政府对市民身份的供给与农民工对市民身份的意愿与能力等制约。马卫东与张一丹[4]，从农民工与政府或监督部门之间博弈角度，提出区

---

〔1〕 王兴周：“农民工城市性及其影响因素研究”，上海大学 2009 年博士学位论文。

〔2〕 胡杰成：“农民工市民化研究”，华中师范大学 2009 年博士学位论文。

〔3〕 周密：“新生代农民工市民化程度的测量及其影响因素”，沈阳农业大学 2011 年博士学位论文。

〔4〕 马卫东、张一丹：“新型城镇化背景下农民工市民化动态博弈分析”，载《淮阴工学院学报》2015 年第 6 期。

域经济发展水平、市民化意愿强度、行为一致性、监督部分效率等因素。

第十二，社会角色视角，即把农民工市民化看成角色转换过程并分析其因素。主要见于陈菊红[1]的研究，认为农民工的市民角色转换受到他们的先赋角色——主要由制度形成、主客观角色认同、角色扮演能力和我国城市发展水平等多因素影响。

第十三，制度非制度视角，即将相关因素区分为制度与非制度二者。这种提法主要见于郭倩倩[2]的研究，认为农民工市民化除受制度因素影响外，还有非制度的个体基本特征因素、经济层面因素、社会层面因素、心理层面因素等因素的制约。

以上研究，为人们理解农民工市民化影响因素提供了较开阔的视野，但是，也有严重局限，具体表现在：一是宏观与微观脱节。在农民工市民化影响因素的研究上，社会学与经济学介入较多，但社会学多谈微观因素、经济学多谈宏观因素，具有某种程度的学科分裂症，[3]以致相关的对策研究缺乏宏观与微观相统一的规划。二是规范与实证脱节。相关宏观因素的研究多理论论证，微观因素多实证分析，割裂了逻辑与实践的关系，科学性存在疑问。三是一些视角内涵重叠，有逻辑问题。如宏观与微观、内部与外部及主观与客观等视角之间，基本上讲的都是农民工自身与外部社会环境因素，本质上趋同，但却被分成三种视角来阐述，有重复的问题。四是农民工市民化影

---

〔1〕 陈菊红："农民工角色转换的制约因素分析"，载《湖南人文科技学院学报》2012 年第 3 期。

〔2〕 郭倩倩："农民工城市融入影响因素研究"，西南大学 2014 年硕士学位论文。

〔3〕 韩玉梅："新生代农民工市民化问题研究"，东北农业大学 2012 年博士学位论文。

响因素揭示不全面、缺乏因素间逻辑关系建构。[1]现有任一种研究对农民工市民化影响因素的研究都是不完整的，如缺乏将农民工的市民化意愿与能力跟城市的市民化需要与容量相统一的揭示等。又如虽然现有研究大都认为有个体、制度、经济、社会、心理等因素，但相互之间是什么关系，特别是对它们如何共同作用于农民工市民化过程缺乏理论建构。五是农民工主体性的、互动实践视角的研究不足。在现有文献十三种视角中只有社会互构论与博弈论两种互动视角，前者讲农民工与社会结构互动、后者讲农民工与政府互动，在互动对象上都存在科学性问题，因为实践中的互动对象主要是与农民工互动的城市居民及政府。由于现有研究多强调制度因素，对农民工主体性地位认识不够，对农民工与相关主体互动实践的因素缺乏认识，难以提出有操作性的主体实践策略，影响到了相关研究的应用价值。

造成现有研究缺陷的一个重要原因，是学术界对农民工市民化影响因素的研究投入不足。尽管相关研究已开展二十多年，但到目前仅形成 40 篇左右的专门研究农民工市民化影响因素的文献，约占农民工市民化研究文献总量的千分之一。在知网上，以农民工市民化影响因素为主题检索，跳出来的多是农民工市民化意愿影响因素的研究。[2]由于农民工市民化意愿不过是国家提出新型城镇化决策后在实践中暴露出的一个现实问题，体现了学术界紧跟实践的倾向，但同时也折射出现有研究对基础

---

〔1〕 谢胜华："区隔与融合：农民工市民化的演化逻辑及其治理机制研究"，华中师范大学 2013 年硕士学位论文。

〔2〕 曹小霞、李练军："我国农民工市民化影响因素研究进展评述"，载《当代经济》2012 年第 15 期。

性的农民工市民化影响因素的研究缺乏重视。

总之，如何全面探索农民工市民化的相关因素并建构这些因素间的逻辑关系，需要学术界关注与进一步研究。

三、农民工市民化影响因素的理论建构

（一）研究假设与方法

鉴于现有流行的经济人假设之下的研究，对农民工市民化影响因素的揭示存在不全面、宏观微观脱节等科学性问题，有必要寻求新的研究前提；加之农民工市民化与我国特殊社会条件相关的事实；以及马克思社会人思想特有的可以通过实践将宏观与微观相统一的属性，[1]有利于全面发掘农民工市民化相关因素；本文拟用马克思的社会人思想为研究假设。同时，为了建构起相关影响因素间的关系，拟应用前沿的系统分析方法，即一种结构能动辩证分析的方法，将社会生活看成相关主体在特定社会结构下、展开行动并具有相应后果的现象。[2][3]

马克思的社会人思想有如下基本观点：人是现实的有生命的个体，为了生存需要面向自然进行物质生产；同时，这种生产又必须以社会为条件展开，即要与他人交换与共同活动；由此形成一定的社会关系及与之适应的上层建筑。[4]

---

〔1〕 ［英］安东尼·吉登斯：《社会学方法的新规则：一种对解释社会学的建设性批判》，田佑中、刘江涛译，社会科学文献出版社 2003 年版，第 231 页。

〔2〕 ［英］大卫·马什、格里·斯托克编：《政治科学的理论与方法》，景跃进、张小劲、欧阳景根译，中国人民大学出版社 2006 年版，第 286 页。

〔3〕 刘小年："矛盾分析方法与系统分析讨论"，载《系统科学学报》2011 年第 3 期。

〔4〕 中共中央马克思、恩格斯、列宁、斯大林著作编译局编译：《马克思恩格斯选集》（第 1 卷），人民出版社 1995 年版，第 73、79、344、84 ~ 85 页。

上述思想直接告诉人们，人的发展的本质是人的需要的实现过程，也是人的自由扩展的过程。正如马克思讲的，人类理想的未来就是一种自由的联合体即共产主义。[1]而且，人的发展还受到几种基本因素的影响，即物质生产、社会关系即社会结构条件、上层建筑与相关主体。

系统分析马克思人的发展思想包含的因素的关系，可以有两个重要发现：一是人的发展具有历时性机制。这也是人们常说的唯物史观，即物质生产方式决定人类社会进程；不过它是在特定的社会结构条件下展开的，且受到上层建筑的调节即通常讲的反作用。从系统方法来分析，就是一定社会结构之下的人们的物质生产活动，在上层建筑调节下，推动人类发展。从现实的社会生活来看，经济是社会发展的基础，经济活动又是以各种社会关系即社会结构为条件的，并在上层建筑即国家政策调节下展开。二是人的发展具有共时性机制。关于这一条机制，学术界罕有论述与发掘。以致人们常常困惑如何才能将宏观的马克思主义社会发展原理付诸实践。但是认真阅读马克思阐述物质生产的必要条件，即通过人与人互动，也即人们之间的共同活动与相互交换其活动的论述，可以发现马克思在论述历史发展规律的同时，还阐述了其实践路径，即物质生产对人的发展的历时性作用，是通过共时性的人们之间的互动交换实现的。从系统分析来讲，就是在历时性的社会结构条件之下，人们之间的交换互动实现了人的需要与发展。

（二）农民工市民化的本质及其影响因素界定

从马克思人性思想出发，可以对农民工市民化形成一种新

---

〔1〕 中共中央马克思、恩格斯、列宁、斯大林著作编译局编译：《马克思恩格斯选集》（第1卷），人民出版社1995年版，第294页。

的界定，并由此得到相关影响因素。首先，就农民工市民化来讲，它是农民工的发展过程，是农民工的需要满足即其自由扩展的过程，结合农民工的生存现状与马克思关于人的发展相关的经济、政治、社会等内容，在内涵上可以找到农民工变市民即其市民化的四个方面：经济市民化——获得跟城市市民一样的经济地位，从事非农产业、变成现代产业工人；社会市民化——获得城市市民身份，落户城镇，享受跟城市市民一样的公共服务；政治市民化——参与体制内的城市治理，找回因乡城流动而失落的政治参与权；以及生活市民化——像市民一样在城镇定居生活，融入城市社会。

其次，可以初步发现农民工市民化的五种基本因素：城乡二元结构——农民工乡城流动及其市民化的社会条件，经济现代化——农民工市民化的经济动力，国家政策——农民工市民化中上层建筑的具体作用方式，农民工与城市——农民工市民化过程中互动的基本主体。

归纳起来，农民工市民化就是在城乡二元结构条件下，由经济现代化推动，受国家政策调节，通过农民工与城市等相关主体互动，由农民工变市民，实现其经济、社会、政治、生活等方面市民化的发展过程。具体分析如下：

1. 城乡二元结构——农民工市民化的社会条件

根据马克思的思想，社会是人们为了利益生产而互动形成的共同体，因此，必然具有组织即各种正式与非正式的关系、制度即引导人们追求利益的互动行为的规则、文化即人们互动的观念等层面。也即，城乡二元结构可以是一系列与城乡发展差距相应的组织、制度与文化安排。其中，制度是学术界公认的影响农民工市民化的重要因素，如通常讲以户籍制度为核心、包括农地制度、社保制度、教育制度、就业制度、住房制度等在内的制度形成的城乡二元结构，制约了农民工市民化进程；观念也是一个基本方面，因为人的行为都是在观念引导下展开的，对农民工市民化来讲，既有城市歧视如视农民工为抢饭碗的盲流、影响城市治安的犯罪嫌疑人、分配福利的人等，造成城市对农民工流入与落户的社会排斥，如 2011 年城市抵制放开户籍一个基本原因就是对农民工落户后分配利益的担忧；[1]也有农民工先天落后的观念，如重土轻迁、农村生活习惯与重亲缘轻业缘的社交倾向等，由此带来许多城市适应与心理健康问题，需要培养理性化人格、宽容、创新与反常规、适应次级社会关系、超负荷交往模式、亚文化环境；[2]此外，组织即农民工拥有与面对的各种社会关系也有重要影响，如学术界发现组织的封闭影响到了农民工市民化对社会资本的积累，甚至形成了典型的内卷化现象，如各种农民工将其在乡村形成的社会关系及行为模式在城市居住地复制形成的城中村，以及对城市正式组织如工会、社区等的低度参与等。[3]

2. 经济现代化——农民工市民化的历史动力

也即经济发展要求社会关系调整即城乡二元结构变迁，为农民工在城市就业与市民化提供了机会，其中既有农业发展形成的推力，也有城市发展形成的拉力。从农民工流动历史来看，改革开放早期，农村率先发展，农民从繁重的农业劳动力中解

〔1〕 叶檀："市长们为什么反对户籍改革"，载手机凤凰网 http：//ucwap. if-eng. com/finance/fopinion/caijingshidian/news? aid = 42353139&mid = 1R2bU8&rt = 1&p = 2，最后访问日期：2016 年 9 月 2 日。

〔2〕 王兴周、张文宏："城市性——农民工市民化的新方向"，载《社会科学战线》2008 年第 12 期。

〔3〕 刘小年："农民工的组织状况研究"，载《中国劳动关系学院学报》2008年第 5 期。

放出来，变成剩余劳动力，并利用随后国家进行城市改革、搞市场经济与引进外资等形成的劳动力需求机会，进城务工经商变成农民工；然后进入21世纪，随着经济发展方式转变的需要，社会开始关注农民工在城市的权益与市民化问题，并最终在国家新型城镇化规划中将亿万农民工落户城镇作为主要任务。从这种历史中可以发现，经济现代化有其阶段性，也使农民工流动及其市民化呈现出相应历史性。

3. 国家政策——农民工市民化的调节机制

依据唯物史观，上层建筑耸立在经济基础之上，又对这种基础产生反作用。从现实的社会生活来看，上层建筑通过公共政策，既调节经济生活又调节社会关系。国家政策对农民工市民化也在这两个方向起作用，即同时对经济现代化与城乡二元结构进行调节，其中对前者主要是一种政策规划，对后者则是一种资源安排与管理。使农民工市民化呈现出特有节奏。如适应农村改革与城市开放需要，国家允许农民进城务工经商；后来农民工涌入太多，又提出就近就地转移控制盲流。改革开放以来的农民工管理政策的变迁经历了由放开到扶持等四个阶段[1]；农民工也随着这种政策调节，或入城或返乡或落户，走在自我发展与市民化的道路上。

4. 农民工与城市——农民工市民化的两个基本主体

农民工市民化是农民工变成市民的过程，因此农民工是天然的主体。但现有学术研究常常忽视了这一点，总是在城市户籍改革上做文章，以致当新型城镇化提出亿万农民工落户城镇决策而调查发现与农地挂钩九成左右农民工都不想将户口迁移

---

〔1〕 刘小年："农民工政策的阶段新论——兼与胡鞍钢教授商榷"，载《探索与争鸣》2006年第3期。

到城镇时，才惊觉这一点。从逻辑上讲，农民工市民化一要农民工有落户意愿、二要城市有吸纳需要。所以，这两者都是主体，都应重视。或者像以前农民要进城，城市却排斥；或者现在城市在国家政策引导下想农民工落户，农民工却意愿不足，是难以顺利展开市民化过程的。换句话说，农民工市民化的有序推进，需要农民工与城市在利益和谐共生的基础上平等合作。

（三）农民工市民化影响因素间的关系分析

上面指出，农民工市民化是农民工利用城乡二元结构的社会条件，依靠经济现代化的推动，在国家政策调节下，与城市互动交换实现自我发展即变成市民的过程。那么这些农民工市民化影响因素的关系到底是怎样的呢。在前面文献综述中可以发现，学术界通常从宏观与微观、外部与内部、客观与主观、环境与个性等视角来论述，不言而喻这些区分有一定道理，因为人的生活本身是面向自然环境、又在社会中生存的，农民工市民化也不能例外。但是这些区分，还只是初步的、形式上的，因为它们没有进一步指出这些视角下相关因素在农民工市民化上的相互区别又相互关联的作用。

从系统分析的方法来看，事物是由因素组成的系统，这些因素互动形成的结构决定了系统的功能。将此向农民工市民化引申，可以说农民工市民化是相关因素的系统，其发展变化的过程是由相关因素的关系决定的。所以，进一步探讨农民工市民化影响因素的关系具有重要的学术价值，它有利于说清楚农民工市民化的过程。

根据马克思的人性思想，人的发展包含的因素可以区分为历时性因素与共时性因素。据此，可将农民工市民化影响因素区分两种基本类型：决定农民工市民化发展过程的历时性因素，具体包括城乡二元结构、经济现代化与国家政策；以及形成农民工市民化具体实践路径的共时性因素，即农民工与城市等相关主体。进一步分析如下：

1. 历时性因素

经济现代化是宏观动力、城乡二元结构是社会条件、国家政策是调节力量，它们共同作用推动农民工市民化进程。对此，学术界曾从城乡二元结构、特别是其中制度因素角度予以阐述。如，蔡昉认为制度因素导致我国现代化中的农民市民化进程与西方发达国家不一样，即在进城后没有同步定居下来，形成了我国农民市民化特有的两阶段路径；刘传江则认为城乡二元结构与渐进改革的制度变迁、导致我国农民市民化不能一步实现，要先经过进城务工经商的农民工阶段，再市民化，具体包含农村退出、城市进入与城市融合等三环节。这些论述表明，学术界多从制度的障碍作用来论述农民工市民化。但社会条件对人的行为的作用不光有限制，也有支持。如农民工市民化过程中，城乡二元结构不光有限制如学术界讲的障碍情形，也是农民工的支持力量，如农民工到城市务工经商早期大多是借助农村的亲缘、地缘因素实现的。

在农民工市民化历时性因素阐述上的另外一个问题是，学术界多谈论制度因素，而忽略了其他因素，如对经济现代化的作用在学术界的研究中常常是隐而不见的，对国家政策的作用又常常与制度放在一起论述。如果从制度变迁的时滞机制来看，[1]需要进一步区分这些因素在农民工市民化上的功能，即三者之间首先具有经济现代化发展提供的相关主体获取新利益

---

〔1〕〔美〕R. 科斯、A. 阿尔钦、D. 诺斯等：《财产权利与制度变迁：产权学派与新制度学派译文集》，刘守英等译，上海人民出版社1994年版，第321～323页。

即利润的机会，然后是人们的认识变化整合形成政策，最后才有制度变迁农民工市民化的演进。从农民工流动史来看，正好体现了这一纵向关系：一方面在利益上，经济现代化初中期农民进城是以城市劳动力补充资源的身份实现的，当经济现代化向中后期演进，即突破劳动力密集型向技术、资本密集型转变时，才提出进城务工人员的权益与市民化问题；另一方面与利益发展相应，社会对农民工的认识也由外来劳动力向新市民化转变，相应的国家政策也由早期的管住外来劳动力到服务与促进其发展即市民化转变；此外，伴随国家政策变化，先是20世纪80年代末出现农民进城务工的"民工潮"，率先在经济与就业领域冲破二元分割的城乡体制，接着21世纪后，随着居住证的推行与新生代农民工市民化问题的提出，农民工落户城镇与城乡公共服务均等化呼声日高，城乡二元结构遭受前所未有的冲击，新型城镇化与农业现代化同步发展成为时代追求。

2. 共时性因素

对于农民工，学术界主要探讨了代际变化情况，[1]其中又主要分析了新生代农民工问题，也分析了不同农民工的社会分层与资源情况，[2]以及随着实践中农民工市民化意愿低现象的暴露而探讨农民工市民化的意愿方面，[3]此外与意愿相应还研究了农民工市民化的能力问题。对于城市，学术界早年多谈城市排斥，近年又聚集成本问题；此外，还讨论了城市经济发展

---

〔1〕 王春光："新生代农村流动人口的社会认同与城乡融合的关系"，载《社会学研究》2001 年第 3 期。

〔2〕 谢建社："农民工分层：中国城市化思考"，载《广州大学学报》（社会科学版）2006 年第 10 期。

〔3〕 王桂新、陈冠春、魏星："城市农民工市民化意愿影响因素考察——以上海市为例"，载《人口与发展》2010 年第 2 期。

水平、城市规模、城市公共服务供给等方面。整体上看，学术界对这两个主体的研究大多是分而论之，极少将农民工的需要与城市的供给相统一的研究；相关实践策略的讨论也是不是谈农民工应该如何，就是讲城市应该怎样。由于现实的农民工市民化，农民工与城市是相互作用的，因此，应持一种新的共时性视角。从马克思的人性思想来讲，就是要将农民工与城市看成市民化中进行社会交换的主体。由此，可以发现农民工市民化的共时性因素实际上包括四种具体事物，即农民工的市民化意愿与能力，及城市的市民化容量与需求。在实践中，只有这两个主体的四种要素相互对接，才能使市民化顺利进行。如，新生代农民工市民化意愿相对较高，但在新型城镇化战略出台前，城市市民化需求与主动性不够，因此实际落户城镇的农民工并不多；又如，当前国家提出新型城镇化战略后，农民工市民化意愿不足就成为一个重要的现实问题。所以，从共时性来讲，农民工市民化的实践路径，应该考虑如何化解农民工与城市在市民化上的矛盾。

另外，由于共时性因素是在历时性因素形成的社会宏观环境下起作用的，因此，农民工市民化的共时性因素形成的主体实践路径，还会受到历时性因素决定的农民工市民化分阶段渐进演进机制的制约。所以，在讨论农民工市民化主体实践路径时，不能仅就共时性因素来分析。从实际来看，由于农民工与城市在历时性背景下，并不是天然平等的主体，因此，在市民化中其地位会随着经济现代化的进程与城乡二元结构的消解而变化，农民工入城即其市民化之路，有一种由排斥到接纳柳暗花明的特点。

四、本文结论与政策建议

（一）本文结论

农民工市民化影响因素是农民工市民化研究的一个基础性课题，对实践中的农民工市民化有重要价值。学术界尚未全面揭示相关因素并建构这些因素的关系。本文从马克思的社会人思想出发，利用前沿的结构、过程与后果相统一的系统分析方法分析，发现它有七个基本因素，即城乡二元结构、经济现代化、国家政策、农民工的市民化意愿与能力及城市的市民化容量与需求。其中，前三者是历时性因素，决定了农民工市民化的发展过程；后四者是共时性因素，形成了农民工市民化主体的实践路径。

本文的发现，一方面有助于全面认识农民工市民化的影响因素；另一方面也有助于科学理解相关因素之间的关系，并深入研究农民工市民化的历史演进过程与主体实践路径。其中在历史演进过程上，由于学术界现有研究只是指出了城乡二元结构之下，农民工市民化具有二步转变路径，即要先变成农民工、然后再市民化，而没有揭示农民工如何变成市民的具体阶段，考虑到国家政策在现代化上的规划与资源管理作用，这里提出一个需要学术界关注的问题，即能否在区分城乡二元结构与国家政策作用的前提下、重新考虑国家政策在农民工市民化历史演进上的功能，探讨它在设置农民工市民化演进阶段上的作用。另外一个值得学术界思考的问题是，如何利用农民工市民化主体共时性因素，进一步探讨具有操作性的市民化实践模式。

（二）政策建议

第一，建议开展农民工市民化专门规划。从相关因素特别是历时性因素，可以发现农民工市民化的阶段性与系统性，为了克服当前研究与实践中存在的就事论事，如就农民工落户城镇谈市民化的倾向，统筹兼顾农民工市民化落户前后阶段的发展与城乡现代化，需要展开农民工市民化专门政策规划问题，以改变有总体目标无具体规划状况，提升决策的科学性与执行力，使各项工作有计划展开，顺利达成预期目标。[1]

第二，建议采取务实的市民化实践路径。学术界一般主张提升农民工的人力资本、社会资本、改善社会组织与管理等来推进农民工市民化，难以满足个性化的农民工与城市的市民化实践需求。本文从交换视角对农民工市民化因素的揭示，可助相关主体根据自己的需要与能力来选择、将宏观层面的国家政策转变成操作性的实践路径。[2]

第三，建议修正市民化成本问题对策。一般讲农民工、企业与政府分担市民化成本，但分担首先要有分担的物质，在经济持续下行财政趋紧的前景下，是个难题。从本文经济现代化动力因素出发，提出一个生产性新思路，即将农民工市民化与现代化中经济转型升级相结合，通过把农民工培养成技术工人，提升生产效率，保持中高速增长，形成更多财富积累，来为成本筹集问题的解决提供必要条件。[3]

第四，建议重视市民化中的农民工发展问题。本文的交换视角，有利于回归以人为本的科学发展观，在政策研究上改变过去重制度改革轻农民工发展倾向，研究市民化实践中暴露的

---

〔1〕 刘小年："政策执行视角下的农民工落户城镇过程中的问题分析"，载《农业经济问题》2015 年第 1 期。

〔2〕 ［美］保罗·A. 萨巴蒂尔：《政策过程理论》，彭宗超等译，生活·读书·新知三联书店 2004 年版，第 80 ~ 83 页。

〔3〕 刘小年："适应性市民化：农民工市民化的新思路"，载《农村经济》2009 年第 11 期。

第一代农民工发展、农民工参与城市社区分红、农民工落户城镇时家庭半迁移等农民工发展问题[1][2][3]，通过回应农民工需要来提升农民工的市民化意愿，以应对当前农民工市民化意愿不足矛盾在国家政策实施上的挑战。

第二篇　农民工市民化的历时性与政策创新*

一、引言

现代化中，农民会由农村向城市迁移并市民化。发达国家农民市民化的职业转换与身份转变是同步实现的；在我国，由于城乡二元结构制约，需要先变成农民工，再市民化。[4]

作为我国现代化提出的特有农民发展命题，研究农民工市民化过程具有重要价值：一方面，揭示农民工变成市民过程，可以补充国外农民市民化理论不足，在西方发展经济学一步转变的农民市民化理论之外，形成二步转变的中国农民工市民化理论，一种有中国特色的理论贡献；另一方面，在新型城镇化亿万农民工落户城镇决策背景下，揭示农民工市民化过程，有利于人们认清农民工市民化规律、科学筹划农民工落户城镇及

---

〔1〕 刘小年："农民工市民化与户籍改革：对广东积分入户政策的分析"，载《农业经济问题》2011 年第 3 期。

〔2〕 刘小年："农民工市民化参与城市社区分红：新型城镇化应正视的一个重要问题"，载《兰州学刊》2014 年第 7 期。

〔3〕 刘小年："家庭半移民、代际市民化与政策创新——基于城市社区农民落户家庭的调查"，载《农村经济》2014 年第 7 期。

* 本篇原载《经济学家》2017 年第 2 期。

〔4〕 朱宇等："农民工：一个跨越城乡的新兴群体"，载《人口研究》2005 年第 4 期。

相关事项、争取实践主动权、使农民工市民化能顺利有序推进，以服务整个新型城镇化战略与国家现代化进程。

从时间角度看，完整的农民工市民化过程研究，既要在时间的纵向坐标上建构农民工变成市民的历史阶段；又要在时间的横向坐标上呈现农民工与城市等相关主体具体互动实践的模式。前者即是人们常说的历时性研究。历时性研究，对建构有中国特色的农民工市民化理论与有序推进农民工市民化实践，具有关键价值，是农民工市民化过程研究的主要任务。

按照索绪尔的界定，历时性是"联系各个不为同一集体意识所感觉到的连续的成分之间关系，这些成分一个代替一个，互相间不构成系统"[1]。本文拟对农民工市民化的历时性进行研究，以揭示农民工市民化的发展阶段，并尝试提出改善实践的政策建议。

二、相关文献述评

由于农民工现象的特殊性，国外无直接的农民工市民化研究，主要形成了农民市民化的系列成果，如城乡二元结构理论、推－拉理论、人力资本与社会资本理论等；这些成果为国内学者研究农民工及其市民化，提供了理论前提。

国内研究，从知网的文献看，黄祖辉等提出农业转移劳力市民化问题，揭开了农民工市民化研究序幕；[2]在历时性研究

---

〔1〕 崔柳、李雄："共时性、历时性时空观于风景园林学设计研究的启示"，载《中国园林》2014年第9期。

〔2〕 黄祖辉、顾益康、徐加："农村工业化、城市化和农民市民化"，载《经济研究》1989年第3期。

上，蔡昉率先提出了农民工市民化二阶段论。[1]此后相关研究逐渐多了起来，但一直未形成热点。目前，主要在四种视角下形成了数种二阶段论与三阶段论。

二阶段论，[2]主要见于蔡昉的研究。他在劳动力转移视角下讨论问题。在他看来，劳动力由乡村向城市迁移是经济发展与产业结构变化的必然结果，包括两个阶段，即从迁出地转移出去，然后在迁入地定居下来。国外两个阶段是同步进行的；国内受城乡二元结构，特别是其中户籍制度的影响，只走完了第一个阶段，即在城乡经济体制改革与户籍制度的松动下，许多农民离开农村到城市务工变成了农民工；进一步转移则受阻碍，包括直接的地方政府政策与规制形成的流动成本、社保制度改革不到位使农民工享受不到必要的社会服务等约束，根本的则是户籍制度，既使农民工在城市难以获得永久居住的法律地位，也成为城市对农民工提供歧视性待遇的根源，而且还形成了相关劳动力流动政策反复的可能性。预期随着劳动力市场的进一步发育，在制度阻碍清除后，劳动力转移的两个过程将会同步。

三阶段论，主要有三种视角两种代表性观点。其中，第一

---

〔1〕 蔡昉："劳动力迁移的两个过程及其制度障碍"，载《社会学研究》2001年第4期。

〔2〕 冷向明与赵德兴将农民工市民化的二步转变路径看成二阶段论，如果从农民变市民的角度讲，这是合理的，但从农民工市民化来讲，则不科学：一方面，因为二步转变只是指出了我国农民市民化具有农民工市民化过程，但并未具体划分农民工市民化的阶段；另一方面，学术界对农民工市民化过程的研究大多在秉持二步转变路径的同时，又提出相应的阶段。所以，本文采取将农民工市民化的二步转变路径与二阶段论相区分的立场。冷向明与赵德兴的观点，详见冷向明、赵德兴："中国农民工市民化的阶段特性与政策转型研究"，载《政治学研究》2013年第1期。

种代表性观点，由邹农俭提出。[1]他在农民非农化视角下探讨问题，认为农民转变成市民包括职业转换、地域转换与身份转换三个内容。在西方发达社会，三个转换是同步实现的，在我国则是一种特殊的分阶段演进路径。即以职业转换也即非农化为起点，然后地域转换，由农村向城镇迁移，最后通过户口性质与制度设定的改变在身份上变成市民，即形成包括劳动方式、生活方式、社会地位等向市民稳态的改变。造成此种农民变市民路径差异的原因，在于社会条件的不同，即西方发达社会农民向城市迁移时，农村的推力与城市的引力是基本平衡的，因此，农民有动力并顺利进城找到工作；在我国，由于人口总量增长与劳动力剩余的双重长期趋势，农村的推力大与城市的引力弱，加之城乡不同的经济社会体制，特别是户籍制度的限制，使农民市民化只能分阶段完成。邹农俭的三阶段论，在文军[2]、钱正武[3]、王桂新与张得志[4]、段学芬[5]、王兴周[6]等的研究中有直接体现。

第二种代表性观点，由刘传江从农民工市民化视角提出。从现有文献看，他在国内最早提出农民工市民化及其二步转变

〔1〕 邹农俭："论农民的非农民化"，载《社会科学战线》2002 年第 1 期。
〔2〕 文军："农民市民化：从农民到市民的角色转型"，载《华东师范大学学报》（哲学社会科学版）2004 年第 3 期。
〔3〕 钱正武："农民工市民化问题研究"，中共中央党校 2006 年博士学位论文。
〔4〕 王桂新、张得志："上海外来人口生存状态与社会融合研究"，载《市场与人口分析》2006 年第 5 期。
〔5〕 段学芬："农民工的城市生活资本与农民工的市民化"，载《大连理工大学学报》（社会科学版）2007 年第 3 期。
〔6〕 王兴周："农民工城市性及其影响因素研究"，上海大学 2009 年博士学位论文。

的中国路径命题，[1]即由于中国城乡二元结构制度变迁与渐进改革模式相结合，中国农民变成市民的过程与西方市场经济社会不同，不是那种由农民（村民）向市民（工人）在职业与地域上同步彻底的改变，因此，发展经济学农村人口城市化一步转变的理论不能适应中国现实，需要用"农民非农化理论＋农民工市民化理论"的"两步转移理论"取代农民市民化命题。农民工市民化有三个环节，即农村退出、城市进入与城市融合；受到三个因素的影响，[2]即外部制度因素、农民工的市民化意愿与能力，其中体制改革与制度创新是决定性的方面；具体到农村退出环节的核心问题是农地制度的创新，城市进入环节的主要问题有户籍制度改革、农民工人力与社会资本提升及城市住房供应等，城市融合环节需要解决农民工生存保障的社会化和生存环境的市民化。为此，应放开城市劳动力市场、进行农地产权改革与将农民工纳入城市社保体系等。[3]刘传江的三阶段论，散见于王竹林与王征兵[4]、李博[5]、程姝[6]与刘海

〔1〕 刘传江、周玲："农民工：城市经济发展的内在需求"，载《理论月刊》2003 年第 4 期。

〔2〕 刘传江："迁徙条件、生存状态与农民工市民化的现实进路"，载《改革》2013 年第 4 期。

〔3〕 刘传江："当代中国农民发展及其面临的问题（二）——农民工生存状态的边缘化与市民化"，载《人口与计划生育》2004 年第 11 期。

〔4〕 王竹林、王征兵："农民工市民化的制度阐释"，载《商业研究》2008 年第 2 期。

〔5〕 李博："推进第二代农民工市民化问题的探析"，载《太原城市职业技术学院学报》2008 年第 10 期。

〔6〕 程姝："城镇化进程中农民工市民化问题研究"，东北农业大学 2013 年博士学位论文。

鑫[1]等的研究。

此外，还有数种三阶段论，都聚集农民工身份转换的意义，不是以身份转换为起点、就是视身份转变为重大环节或者完全从身份转变来划分农民工市民化过程。这里统称为身份视角的研究。主要包括：陈国权的研究，认为农民市民化根源在于城乡户籍福利差距及由此引发的农民对城市户籍渴望，因而首要的是实现户籍或身份市民化，同时逐步追求福利权益市民化，最后是观念素质或生活方式等整体内涵市民化。[2]刘小年的研究，认为农民工的发展包括身份转移、行为升级、自由增进三个环节，其中身份转移是前提，行为升级是关键，自由增进是目的。[3]张春龙的研究，从户籍改革与农民工流动历史角度，提出市民化的暂住证、居住证、本地户籍等三阶段。[4]冷向明与赵德兴的研究，认为农民工获得城市户籍只是成为新市民，还需要经过价值市民化，才最终完成，因此，市民化就不是流行的农民到农民工再到市民的二步转变过程，而是在农民工到市民中间插入一个新市民阶段，即为农民到农民工、农民工到新市民、新市民到市民等三阶段论；实践中，改革开放到20世纪末是职业地域转换的第一阶段，与第一代农民工相关，目的是解决经济权益；然后到2030年为身份转换的第二阶段，与新

---

〔1〕 刘海鑫："新生代农民工市民化的社会管理制度研究综述"，载《中国集体经济》2013 年第 25 期。

〔2〕 陈国权："对推进'市民化'问题的认识"，载《上海农村经济》2002 年第 12 期。

〔3〕 刘小年："中国农民工的行为分析：政策过程的视角"，南京大学 2005 年博士学位论文。

〔4〕 张春龙："农民工市民化的渐进式策略——市民化的三步骤设计"，载《唯实》2011 年第 3 期。

生代农民工有关，目的是解决公民权相关综合权益；最后到
2070 年，为价值市民化的第三阶段，与新市民相关，目的是解
决社会与文化融合。[1]

　　文献表明，现有研究取得了一定进展，主要表现在：其一，
从中外比较视角发现了农民工市民化的特殊性，即二步转变路
径；其二，发现了一些重要的决定农民工市民化历时性演进的
因素，如动力因素——经济现代化或工业化，与阻碍因素——
如城乡二元结构特别是对其中的户籍制度作用进行了重点关注；
其三，对农民工市民化的历时性演进划分阶段，提出了几种代
表性的二阶段论与三阶段论。

　　但是，客观地讲，农民工市民化历时性的研究还只是破了
题，还没有发现它的内核，即没有形成科学的逻辑与事实相统
一的农民工市民化历史阶段划分。具体表现：一是现有的阶段
论未能科学揭示农民工市民化历时性演变的逻辑。如二阶段论，
将定居城市作为农民工市民化的最后阶段，就是不科学的，因
为定居城市不等于落户城市，而且就算落户城市了，也还有生
活方式市民化等问题。又如代表性的三阶段论，将地域转换或
城市进入作为农民工市民化的第二个阶段，在逻辑上就存在将
横向的内容与纵向的过程相混淆的问题，也即地域转换是农民
工市民化的一个内涵，但它在逻辑上可以与职业转换相伴生，
因此，严格地讲，不能作为农民工市民化历时性上与职业转换
相区分的一个阶段。再如身份视角的三阶段论，既存在完全从
身份转变角度划分市民化阶段存在的对市民化内涵理解片面性
如忽视价值与生活方式市民化问题，也有以身份转变为起点否

　　[1] 冷向明、赵德兴："中国农民工市民化的阶段特性与政策转型研究"，载
《政治学研究》2013 年第 1 期。

定其前提条件即职业转换问题，还有将取得城市户籍的新市民到实现社会文化融合的市民作为最后阶段存在的忽视农民工市民化政治内涵即政治参与的问题。二是现有的阶段论存在明显的事实支撑不足缺陷。蔡昉的二阶段论是从中外对比中发现的，受成文时间限制，在事实层面未关注农民工定居城市后的市民化状况，如定居不落户的情形；类似的邹农俭三阶段论，主要利用了改革开放早期农民工流动状况即由农村向小城镇、再向城市迁移的事实，来支撑他提出的农民市民化"三部曲"，缺乏对身份转换事实的把握，相关第三个阶段在逻辑上的论证也就显得空洞含糊；刘传江的三阶段论则表现得更加突出，他从未利用农民工历史来验证自己的三阶段论，在理论上也未论述过三阶段论的依据；至于以身份转变为起点或内容或重要环节的三阶段论，总体上只是对农民工市民化历史的部分解读，即以身份转变为起点忽略了改革开放至今农民工大多数未落户城镇的基本事实、以身份转变为内容则忽略了农民工市民化的其他方面如作为起点的经济市民化、以新生代农民工身份转变为重要环节则忽视了第一代农民工市民化现象。

造成这种研究现状的原因，可以从系统论初步分析。农民工市民化作为一种社会系统，是由相关因素构成的，并且这些因素的关系决定了它的功能包括历史演变。现有研究未能揭示其历时性，在于：一方面，没有完整建构农民工市民化的因素。学术界在研究农民工市民化时通常会涉及其影响因素，如刘传江提到了制度、农民工的市民化意愿与能力，邹农俭提到了社会条件与体制限制，但都像其他学者一样都没有将农民工的市民化愿意与能力、跟城市的市民化容量与需求结合起来考虑，而现实的农民工市民化却是特定社会历史条件下这四个因素的直接对接。另一方面，也没有提出过农民工市民化历时性因素即决定农民工市民化历史进程的因素的概念，并在农民工市民化因素中区分出相关因素与建构这些因素的关系。在其背后，则是过于重视城乡二元结构特别是强调其中的户籍等制度因素在农民工市民化过程发展包括二步转变路径形成上的作用，以致忽视了其他农民工市民化历时性因素的研究。如对影响农民工市民化过程的现代化因素，现有研究一般把它作为一个天然的动力条件，没有展开进一步分析，如没有探讨现代化的非直线进程的影响；对城乡二元结构，极少探索其内在成分，一般只讲制度层面的阻碍作用，有忽略这种社会结构对农民工进城与市民化支持性功能的倾向；对政府政策，现有研究一般与城乡二元制度放到一起论述，基本上没有区分作为条件的社会结构与作为上层建筑的政府行动的功能差异；由此，也难以发现农民工市民化历时性因素间的关系，并形成对农民工市民化历史发展阶段的科学划分。

总之，如何界定农民工市民化的历时性因素，并科学建构这些因素的关系，然后合理划分农民工市民化的发展阶段，是农民工市民化历时性研究的努力方向。

三、农民工市民化历时性机制建构

（一）本文的研究思路

鉴于农民工市民化的中国路径与我国特有的社会条件相关，以及历时性研究探讨社会发展进程的性质。本文对农民工市民化历时性机制的研究，拟利用反映人的社会性与社会发展规律的马克思人性思想为假设：首先，从马克思的社会人思想出发，界定农民工市民化本质，并揭示相关因素；接着，进一步根据马克思人性思想中有关历史发展的原理，区分出农民工市民化的历时性因素；其次，系统分析农民工市民化历时性因素之间的关系，以发现农民工市民化历时性演变的机制与具体阶段；最后，用改革开放后的农民工流动史来验证建构的历时性机制。

（二）农民工市民化历时性因素的建构

马克思认为：人作为现实的有生命的个体，为了创造历史，必须能够生活；为了生活，需要面向自然进行物质生产，以获取衣食住行等物质资料；而生产又必须以社会为条件展开，即要与他人交换与共同活动；由此形成一定的社会关系及与之适应的上层建筑。[1]

可见，人的发展是人的需要实现形成的自由扩展过程，[2]是自我与他人在社会结构即社会关系下相互作用、发展生产，并受上层建筑调节的过程。换句话说，人的发展包括了社会主体即自我与他人、物质生产、社会结构、上层建筑等四种基本因素。

进一步运用马克思的唯物史观即生产力决定生产关系、经济基础决定上层建筑或者说社会物质生产决定社会与政治等历史进程的思想来分析，可以发现：物质生产、社会结构、上层建筑三者，是人的发展的宏观历时性因素。至于互动的主体，则是微观的具体的共时性实践因素。

据此可推断农民工市民化的本质，即它不过是农民工在与城市互动中变成市民、追求其在经济生产、社会关系、政治参与等方面自由扩展、进而在生活上过得更好的一种过程。有农民工、城市等相关主体、物质生产即经济现代化、社会关系结

---

〔1〕 中共中央马克思、恩格斯、列宁、斯大林著作编译局编译：《马克思恩格斯选集》（第 1 卷），人民出版社 1995 年版，第 73、79、344、84～85 页。

〔2〕 ［印］阿马蒂亚·森：《以自由看待发展》，任赜、于真译，中国人民大学出版社 2002 年版，第 1 页。

构即城乡二元结构、上层建筑——以国家政策具体体现等因素的参与。由相关主体互动交换，可以进一步细分出农民工的市民化意愿与能力、城市的市民化容量与需求等因素。除去这些微观主体因素，其他三个方面即为农民工市民化的历时性因素。

具体来看，经济现代化，是农民工市民化的历史动力，一方面，经济现代化为农民工进城与市民化提供机会，如改革开放早期城镇通过发展乡镇企业与引进外资提供的大量工作机会，使农民能够洗脚上岸进厂进城镇成为农民工；当前新型城镇化战略的实施，又为农民工提供了落户城镇的空间。由此也可发现，农民工市民化是随着经济现代化的进程而发展的，当现代化建设出现波动时，农民工市民化进程也会形成起伏。如 89 年风波后西方对我国制裁，经济发展受影响，农民进城就业也受到阻碍。另一方面，经济现代化也为农民工市民化提供社会变革要求。农民工市民化本质上是要冲破城乡二元结构，根本的动力就是经济现代化。如我国 20 世纪 80 年代放松城乡分割体制、允许农民进城务工经商，就是适应城乡经济发展采取的措施。

城乡二元结构，是农民工市民化的社会条件。根据马克思的人性思想，社会是由人们的互动形成的，故可区分为组织即人与人互动建构的关系、文化即人与人互动形成的观念、制度即人与人互动产生的规则、利益即人与人互动生产的财富等维度。对城乡二元结构，学术界多从阻碍的角度分析，如讲城乡不同的户籍制度与发展程度、农民工落后的观念与城里人的歧视、农民工非正式的社会资本等限制了农民工的市民化进程。其实社会结构不光有约束功能也有支持功能，因为它是活动在其中的人们的行动条件。实践中，城乡二元结构对农民工市民化也发挥着支持作用：如"民工潮"时期，人们多利用乡村的熟人关系到城市找工作与解决在迁入地遇到的问题；又如新型城镇化时期，国家号召农民工将户口迁入城镇，面对城市生活的巨额成本，农民工农村户籍享有的土地等权益又是一种可资利用的资源；等等。

国家政策，是农民工市民化的公共管理因素，作为上层建筑的现实表现，它可以对社会生产即经济现代化与社会条件即城乡二元结构起调节作用。就我国实践来看，具体可分为两种功能：一是规划功能，即制定国民经济与社会发展规划，对经济现代化进行前瞻性政策引导；二是配置功能，即通过分配社会资源来追求政策规划的实施。体现在农民工市民化上：一方面，国家政策引导经济现代化进程，由此直接规定作为劳动者的农民工能否进城、以何种方式进城、什么时间进城，农民工早中期流动时的政策典型反映了这一点；另一方面，国家配置资源，调节城乡关系，决定农民工进城后的待遇。如能否同工同酬、能否购买社保、能否加入工会、能否落户城镇，等等。[1]

（三）农民工市民化历时性机制的发展

依据一般系统论，系统要素形成系统结构，系统结构产生一定的功能。这就为分析农民工市民化历时性因素间的关系及由此形成的历时性机制提供了基本方向。对于社会生活系统的分析，当代学术研究进一步形成了结构功能的辩证观点，如代表性学者吉登斯的"结构的二重性"指出：社会结构既被人类

---

[1] 刘小年："农民工政策的阶段新论：兼与胡鞍钢教授商榷"，载《探索与争鸣》2006 年第 3 期。

能动行为建构也是这一建构的现实媒介。[1]由于农民工市民化是一项社会系统工程，下面就从结构功能辩证统一的视角讨论。

首先，从结构决定功能的角度，可以发现农民工市民化历时性的第一重机制，即我国特殊的城乡二元结构之下的经济现代化活动，推动农民进城务工经商，最终实现市民化。也即学术界讲的农民工市民化二步转变中国路径：一方面，我国改革开放后的经济现代化进程，与西方发达社会曾经的现代化一样，开启了农民进城与市民化历程；另一方面，经济现代化是在我国特有的社会条件即城乡二元结构下展开的，所以农民的发展又只能分步走，即先变成农民工，再市民化。具体来说，城乡二元结构既是一种生产条件，即经济现代化的支撑条件，又是一种分配结构，即对社会资源配置的基础。作为生产条件，它要实现经济现代化产生的农民进城工作与实现更好生活的机会；作为分配结构，它又要照顾生产关系情况，如所有制情况及相应的人们在生产与社会中的位置情形。当城乡二元结构与经济现代化结合到一起，农民工市民化就只能是一种渐进过程。进一步分析，有两种分机制发挥作用：其一，是经济现代化的阶段性，致使城乡二元结构的调整与农民工的市民化只能分阶段演进；正如刘易斯的经典理论揭示的，在经济现代化即工业化的早期，劳动力无限供给，农民进城主要是补充城市工业化的劳动力缺口；当工业化进入中后期，劳动力出现短缺，城市才会重视劳动者的权益。其二，是社会结构变迁的后发性。这种后发性，一方面体现为它不会提出超越社会生产阶段的变革要求，另一方面基于利益、制度、文化、组织等惯性，它的变

---

〔1〕〔英〕大卫·马什、格里·斯托克编：《政治科学的理论与方法》，景跃进、张小劲、欧阳景根译，中国人民大学出版社 2006 年版，第 279~298 页。

化有一个过程，因而相比经济现代化的要求有一定的滞后性。体现在农民工市民化上，就是经济学家通常讲的各种阻碍，或社会学家讲的城市排斥。就农民工市民化的具体内容来说：一是资本与劳动的关系不对等，使农民进城就业后不能立即获得全部工人权利，虽然职业转换在城市找一份工作变成农民工、在经济现代化中是件相对容易的事，许多农民都可做到，但这只是一个起点、市民化的起点，要完全成长为城市产业工人、实现经济市民化则还需要一个历史过程；二是城市与乡村的分割及由此形成的城乡不同的福利与管理制度，使农民进城后改变社会身份的努力不能与职业转换同步实现，并造成农民工参与体制内的城市政治生活缺乏必要条件；三是农民与工人的生活方式差别，使农民进城后要像市民一样生活，在价值观念与行为模式上必须做出根本改变，需要以经济、社会、政治等市民化为条件，只能在日常生活中逐步养成。可见，农民工的市民化是农民在城市就业后，再逐步实现经济、社会、政治、生活等方面市民化的过程。当然，经济现代化与城乡二元结构决定的农民工市民化二步转变路径，在实践中是通过国家政策的调整而体现出来的。即一开始，国家政策只是根据经济现代化的需要与城乡二元结构条件，允许农民进城务工经商，成为农民工；后来到新型城镇化时期，才决策与推进普通农民工落户城镇。所以，农民工市民化历时性第一重机制的完整表述，就是经济现代化在城乡二元结构下推进农民进城与市民化的过程，通过国家政策变迁的外在形式，由农民到农民工、再由农民工到市民的二步转变路径实现。可见，农民工市民化二步转变的路径，并不是流行观点讲的，单纯由城乡二元结构如户籍等的阻碍作用形成，它是农民工市民化历时性三因素相互作用的后果。

其次，从功能重建结构的角度，可以发现农民工市民化历时性的第二重机制，即国家政策对农民工市民化具体发展阶段的设置功能，也即我国农民工市民化的历史进程是由国家政策主导与具体规划的。具体来说，就是为了追求经济现代化，国家通过政策规划与管理，调节城乡二元结构，使农民工分阶段发展与市民化。国家政策能产生这种功能，第一个方面，在于我国的市场经济是政府主导下的社会主义市场经济，政府可以通过公共政策的形式，对经济社会发展有计划的规划引导，也可以主动配置社会资源、调节社会关系来追求政策规划即经济社会发展目标的实现。第二个方面，在于我国政府是马克思主义政党共产党领导的，制定政策时必然要遵循马克思的社会发展原理，即社会生产是决定性的力量、服务社会生产的社会关系又是政治等上层建筑的基础、政治上层建筑则可通过政策对社会生产与经济基础实施调节。第三个方面，在于党通过政府领导人民建设特色社会主义形成了分步走的国家现代化战略筹划，农民工市民化作为现代化的一个实践组成部分，会打上中国经验烙印，产生路径依赖。第四个方面，在于我国政府秉持的渐进主义改革模式，摸着石头过河，由易到难，决定了政府对农民工市民化相关政策安排不会一步到位，而是要根据农民工发展的实际分步走，渐次追求目标的实现。

通过国家政策设置阶段的功能，实践中的农民工市民化二步转变路径，会依经济、社会、政治、生活等四个方面市民化的顺序发展。具体分析：一是农民工市民化历时性呈现的内容可认定为经济、社会、政治、生活四者。虽然党的十八大提出现代化包括经济、社会、政治、文化、生态五位一体，但其中生态是前四种的场域、也会伴随前四者的变化而变化，就像在农民工市民化中地域会随着职业转移而转移一样，在对农民工市民化历时性研究时，生态不需要单列；加之，文化不过是人的生活模式，如习俗、价值观等，所以，就农民工市民化的历时性来讲，可以回到本文前面从马克思人性思想界定的四方面内容，然后探讨它们的出场顺序。二是四个阶段的出场顺序，可以从我国政府对现代化路径的总结与社会发展的战略筹划中发现。我国政府通过对社会主义初级阶段国情的深刻洞察，提出以经济建设为中心、坚持四项基本原则、坚持改革开放的总路线，以及发展是目标、改革是动力、稳定是前提的管理方略，以追求有步骤的现代化。由此表明：经济方面会优先，因此，农民工市民化首先是经济市民化，即职业转换，由农民成长为现代产业工人；同时，在经济发展推动下或者为了经济发展，会改革开放进行社会政治生活等方面变革；基于稳定的压力及坚持四项基本原则，政治方面现代化进程会滞后于社会领域的变革；[1]加之生活是目标，如建设小康社会，需要以经济、社会、政治等的发展为条件。故农民工市民化，在经济市民化后，紧接着会在社会方面市民化，即改变农民身份获得城市户籍；此后则会有政治市民化，即利用城市户籍改变多年来体制外参与局面，正式参与体制内城市社区治理；最终实现生活市民化，即习得市民生活方式，完全融入城市社会。三是这样规划农民工市民化的阶段顺序，体现了马克思人的社会发展原理，即就农民工市民化来说，经济市民化，在城市获得稳定就业，成长为现代产业工人，是其生存发展的基础，即马克思讲的人为了创造历史、首先需要生活，为了生活需要参与开展生产活动，

---

〔1〕 苏联在现代化中追求经济、社会、政治同步激进改革，导致国家解体，使国际共产主义陷入低潮。我国党与政府在现代化中追求政治稳定发展，应该说有吸收苏联经验的成分。

因而是第一步；由于生产关系是服从生产力发展要求与服务于生产的，因此，在经济变化即农民工成长为城市产业工人后，必须要在社会关系上变化，即丢掉旧的农业劳动者的农村农民身份、换上新的产业工人的城市市民身份，取得城市户口，所以第二步的市民化，只能是社会市民化；另外，当生产关系即经济基础变化时，上层建筑也须与之适应，故在农民工先后成长为产业工人与取得城市户口后，政府为了巩固自己的政治基础即凝聚作为主体的当代产业工人阶级即新落户城镇的农民工队伍，必然要完善与执行相关法律规定，让农民工在城市实现政治参与权利，参加体制内的城市社区治理，因而，农民工市民化的第三步就是政治市民化；第四步，当生产发展、经济基础调整与上层建筑变革时，社会生活也会或快或慢的变化，因此，在前三步市民化实现的过程中，并以前三者的实现为条件，农民工的生活方式包括价值观念都在慢慢改变，逐步适应城市生活，并最终融入城市生活，实现生活市民化，这样，最后会完成市民化。四是此种阶段顺序论符合农民工自我发展的历史要求，是政府反映民意以渐进主义方式逐步修正政策的必然结果。在"民工潮"爆发时，第一代农民工主要的目的是打工赚钱，因此，经济市民化符合其发展要求；当农民工完成经济市民化，开始举家迁移与形成新生代时，面对新生代不同于父辈的发展要求及农民工家庭子女就读等生活实际需要，改革城市户籍是必然的选择；在取得城市户籍后，基于公平要求，农民工自然会提出参与城市社区体制内治理问题，从而实现其政治市民化；最终，在经济、社会、政治等方面全方位融入城市后，农民工在生活上也会与市民看齐，习得市民生活方式，最后实现市民化。

四、农民工市民化的现实进程

（一）改革开放以来的农民工流动史

据中国农民工问题研究总报告起草组的研究，[1]改革开放以来，我国农民工的流动史可区分为三个大的阶段：第一，20世纪80年代，以离土不离乡为主。由于农村实施家庭联产承包责任制，生产力得到解放，农村经济大发展，农村劳动力大量剩余，此时乡镇企业异军突起，大量农民洗脚上岸进厂，就地转换，成为农时种田、闲时打工、离土不离乡的农民工。统计显示：1983～1988年，乡镇企业共吸纳农村劳动力6300万人。

第二，20世纪90年代，形成离土又离乡模式。在20世纪80年代中期，随着城市改革的启动与对外开放的深入发展，城市产生大量劳动力需求，农民工改变离土不离乡模式，开始跨地区迁移，至20世纪90年代形成新的离土又离乡模式。同时流动规模也显著扩大，据调查，1989年，农村外出务工劳动力由改革开放初期的不到200万人迅速增加到3000万人，"民工潮"现象开始出现。1993年时，全国农民工达到6200多万人，比1989年增加了3200多万人；其中跨省流动的约为2200万人，比1989年翻了一番多。到20世纪90年代中后期，城市就业变得紧张，出现了农民工回流现象。

第三，21世纪初以来，进入"民工荒"与农民工权利扩张时代。2003年下半年，广东东莞发生"民工荒"，预示农民工无限供给的时代开始走向结束。农民工总量虽然仍在增加、但

---

〔1〕 中国农民工问题研究总报告起草组："中国农民工问题研究总报告"，载《改革》2006年第5页。

增速逐步回落；[1]同时，出现了全职非农、举家流动及不单纯以赚钱为目的的新生代等变化。与农民工的发展相应，社会与政府对农民工权益维护也日益重视，取消农民工就业与流动限制、争取同工同酬、纳入工会组织、享受社保福利等在20世纪头十年如火如荼地展开；进入第二个十年，亿万农民工改变农民身份落户城镇被写入国家新型城镇化规划，广东普通农民工积分制入户城镇则早在2010年展开，同年国家还提出对农民工要实施新的居住证管理与服务；在广东积分制之前，各地对农民工入户主要采取择优方式，即选择城市发展需要的有资本、文凭、技术或年龄、道德等方面优势的少量优秀农民工落户。

（二）流动中的农民工市民化进展

一方面，农民工市民化确实沿着二步转变路径，即先经过职业转换由农民变成工人，然后才提出权利发展要求，进一步向市民转变。另一方面，农民工市民化确实是经济方面先行，接着又开始了社会即身份市民化过程。在经济市民化方面，农民工经历了由农民到城市产业工人的转变。具体先是成为兼业的农民工，即就地转换、离土不离乡；然后才是跨地域流动就业，离土又离乡，变成全职非农。从这里也可发现，农民工市民化的职业非农化与地域转换是同步的，地域转换是伴生于职业非农的。另外，农民工的经济市民化，除兼业农民工到全职农民工外，还有第二种变化，即由体制外的工人向体制内的工人发展。在2003年之前，农民工大都排除在正规的城镇劳动就业部门之外，不能享受同等工资与福利待遇，也不能参加工会

---

[1]　国家统计局："2015年农民工监测调查报告"，载国家统计局网 http://www.stats.gov.cn/tjsj/zxfb/201604/t20160428_1349713.html，最后访问日期：2016年11月15日。

组织。2003 年开始，农民工开始逐步享受与城镇户籍人口同样的就业与社保权利，并被国家定性为工人阶级新成员。农民工成为工人阶级中的一员，反映了不光社会舆论，而且政府也开始重视农民工权益，学术界更是在这个时候提出了农民工市民化研究任务。于是改革户籍制度，让农民工享有城市户籍人口的同等公共服务，逐渐成为社会共识。农民工的社会市民化即落户城镇取得市民身份，正式提上实践日程。从实际来看，农民工社会市民化走过了早期农民工优秀分子落户阶段，近年开始向普通农民工扩展。可以预期，随着农民工落户城镇，取得参与城市社区治理的正式权利后，国家政策将顺势而为，规范与引导农民工参与城市治理、实现政治市民化；并继续帮助农民工适应城市生活，最终使他们习得市民生活方式，实现生活市民化，完成市民化。

在以上农民工市民化的二步转变路径及分阶段发展中，可以看到三个历时性因素的身影：一方面，农民工市民化在经济现代化中提出：它是农村城市先后改革发展达成的一种农村劳动力在乡城之间的重新配置，即农民向城市迁移变成农民工；然后，在经济现代化发展到新阶段即工业化中后期后，以"民工荒"为重要标志，推动农民工进一步改变身份落户城镇。另一方面，农民工市民化也是在城乡二元结构下展开的：既作为条件，以乡土资源包括人际关系和土地财产支撑了农民到城市寻找工作及进一步转变农民身份；又作为限制，城市排斥农民进城就业同步变成市民。同时，农民工市民化还是国家政策根据经济现代化的需要调整城乡二元结构做出的安排：农民进城务工经商，就是国家根据城乡经济发展形势与就业供需情况而做出的直接针对城乡分割的就业制度改革；普通农民工落户城镇，也是国家根据经济发展方式转换需要提出新型城镇化战略、改革城乡不同户籍制度的一项重要安排。

将这三个因素联结起来观察农民工市民化，可以发现，它是农民工在城乡二元结构的社会条件下，依靠经济现代化的推动，通过国家政策的安排，由农民到农民工、再到市民的过程，也即具有二步转变路径。同时，还可以发现，它是经济现代化形势下，通过国家发挥其政策功能，变革城乡二元结构而发展的，也即具有国家政策设置阶段的机制。

国家政策作用的具体方式：一是根据经济现代化的阶段、需要与城乡二元结构的现实条件来安排农民工市民化进程，使农民工市民化总体呈现二步转变路径，其中经济市民化，在政策上一开始是根据工业化初期城乡经济发展与就业的变化，对农村劳动力转移做出的主动安排，主要反映在允许农民自理口粮到城镇务工经商的文件中。亿万农民工落户城镇的决策则是国家把握工业化中后期内外环境变化、经济发展方式需要转变到扩大内需与产业创新升级上来的形势，在新型城镇化战略中提出的一个主要任务。二是利用马克思讲的经济、社会、政治等方面的关系来安排农民工市民化，即以经济生产为中心，配合变革社会关系，然后在社会关系改变的基础上，进行政治发展，并最终回归生活主题，呈现出四阶段演进轨迹；实践中已展开的行动，包括先让农民进城变成农民工，以满足城市经济发展在劳动力上的需求，然后进一步让农民工落户城镇获得市民身份。三是以渐进主义模式来操作农民工市民化，表现为有步骤地推进农民工市民化及逐步解决农民工市民化面临的问题；有步骤也即分阶段推进，逐步解决问题，即每阶段都有一个自己的过程，如前所述，经济与社会市民化都走过了一些特定的环节，并分别解决相应问题。

五、结论与政策建议

本文发现，农民工市民化的历时性受到经济现代化、城乡二元结构及国家政策的制约，在二步转变与政策设置阶段的机制下，沿着经济、社会、政治、生活等顺序实现市民化。目前已初步完成经济市民化，正向社会市民化即落户城镇改变农民身份迈进。

本研究的学术贡献，主要是在建构农民工市民化历时性因素的基础上，全面发现了农民工市民化历时性机制，即二步转变路径与政策的阶段设置机制，提出与确定了农民工市民化经济、社会、政治、生活等四个阶段的先后顺序。由此，也提出了农民工市民化共时性研究任务，即农民工、城市等相关主体如何互动实践以实现历时性发展的问题。

根据本文的发现，在农民工市民化上，可以提出三方面政策创新建议：

第一，统筹农民工市民化的前后阶段。根据农民工市民化客观存在的经济、社会、政治、生活等四个阶段顺序与现实进程，将农民工落户城镇与其前后阶段即落户前的经济市民化与落户后的政治市民化、生活市民化等统筹考虑，改变现实工作中存在的就落户谈落户倾向。通过解决落户前阶段的遗留问题为农民工市民化增能：一方面，国家应加大农民工技能培训、尽快改变大多数农民工无一技之长局面，以与初次人口红利下降下经济转型升级对技术工人的需求相适应，[1]在服务经济发

---

〔1〕 李彤：“中国应开发人口红利'升级版'（热点聚焦）”，载北方网 http：//news. enorth. com. cn/system/2013/01/12/010515066. shtml，最后访问日期：2016 年 9 月 7 日。

展的同时为农民工市民化提供更多可分配财富、为建立农民工市民化成本分担机制提供前提条件；另一方面，应妥善处理农民工在农村的土地财产等问题，改变与农民工全职非农不相适应的农地关系，为农民工落户城镇解除后方牵挂，也为新的市民身份的获得增加成本支付能力。通过前瞻落户后的阶段，争取市民化的主动权，使市民化能有序展开：落户城镇，意味着农民工可以享有城镇户籍人口同等经济、政治权利，意味着城镇社区要向新落户的农民工进一步分享城镇各项福利，因而在实践中会受到城镇原户籍人口的排斥。这样，就会影响农民工落户城镇的意愿与进程。因此，应前瞻性地考虑广东等地方实践中出现的农民工落户后参与城市社区分红与社区治理等矛盾，[1]建议将落户农民工在农村土地权益的处理与落户后参与城市社区分红挂钩及根据农民工落户城镇进度与由此产生的城镇社区新老市民人口结构变化、设置城镇社区治理中少数人保护机制，打消农民工落户顾虑与降低农民工落户对城镇社区经济社会秩序的冲击，使落户农民工顺利融入城镇治理体系，更好地保障农民工生活与建设城镇和谐社会。

第二，发挥好政府主导作用。农民工市民化由政府主导，发挥好这种主导作用对农民工有序市民化十分重要：一则，农民工市民化涉及社会资源再分配，政府握有行政权力，又在市场经济中占主导地位，积极发挥政府法定功能，有利于调配各方面资源、筹措农民工市民化巨额成本；二则，农民工市民化涉及劳资、工农、城乡、政社等方方面面关系，其有序展开需要政府发挥好有权威的领导者角色，居中协调、平衡利益、形

---

[1] 刘小年："谨防农民工市民化政策实施中的五大误区"，载《现代经济探讨》2015 年第 3 期。

成合力;[1]三则，农民工市民化涉及经济、社会、政治、生活等方面变革，每一方面都有自己的难点，如当前社会市民化即落户城镇阶段就面临农民工市民化意愿低、巨额成本难筹措、农地改革突破难、城市社会排斥等系列挑战，需要政府科学决策、有效执行、分步骤解决。从实践来看，新型城镇化是我国当前阶段现代化的重要动力，农民工市民化作为其中的一项主要任务，从决策到实施已有近三年时间，但在实践中尚未出现农民工成规模向城镇迁移户口现象，对于规划中提出的到2020年完成1亿左右农民工落户城镇的目标来说，必须提升进度。按照政策执行的过程模型，面临既定的问题时，政策实施的效率主要与政策的科学性与执行者包括目标群体等相关。建议中央政府进一步完善政策，如要将单一的户籍改革政策发展成农民工市民化规划，以统筹安排相关进程、有步骤推进工作；也要加大相关领域改革力度，如加快研究与推出农民工市民化成本分担及农地制度改革等配套措施，为基层处理相关难点问题提供及时指引。同时，也需要调动地方政府的积极性：其中，对城市政府，除加快推出成本分担制度减轻城市吸纳农民工经济压力外，还要有政绩考核方面的激励约束，要将农民工市民化作为地方政府的一个重要政务来考核，建立问责制，以保障中央决策的有效执行、使其主动抑制城市社会排斥、积极推进户籍制度改革并向农民工提供均等公共服务；对农村政府，既要从现代化一盘棋的高度认识农民工市民化，配合中央推进农地制度改革，妥善处理农民工在农村的财产权益，为农民工市民化增加物质资本，协助农民工向城镇迁移户口，以助力农民

---

[1] 刘小年："政策执行视角下的农民工落户城镇过程中的问题分析"，载《农业经济问题》2015年第1期。

工市民化进程，也要适当照顾他们在农民工市民化上产生的农村发展关切，从农业现代化角度，加强农村建设，同样也需要纳入政绩评价与问责体系。

第三，进一步将农民工市民化与现代化相结合。农民工市民化是经济现代化的产物。因此，从现代化角度推进农民工市民化应贯彻始终。一方面，要进一步将农民工市民化与城乡现代化相结合，解决当前农民工市民化中对城镇化与农业现代化一头重一头轻问题，特别是在当前农业现代化处于短板的形势下。[1]既要重视农民工落户城镇在新型城镇化及扩大内需与转变经济发展方式上的积极作用，也要重视农民工落户城镇彻底离开农村，对农村农业农民发展带来的影响，如现实的劳动力流出与种田农民的老龄化问题、农地收益随农民工落户城镇向城市转移与农民工彻底离开农村带来的农村收入减少问题、亿万农民工彻底离开农村带来的农村空壳村及农民工落户城镇的过程性形成的农民家庭部分迁移问题等。需要针对性加大职业农民与新生代农民培养、整合农村土地资源、加大财政向农村转移支付力度、促进现代农业发展、提升农民收入与调整农村社区设置、改善村民自治等。另一方面，由于历时性的农民工市民化发展是由农民工、城市等主体共时性的互动实践完成的，因此，在农民工市民化过程中，除前面讲的需要调动城市的积极性外，还要与农民工的现代化相结合，更加突出农民工的发展主题，研究如何通过满足农民工发展需求来调动农民工市民

---

〔1〕 戚伟："习近平眼中的'三农短板'"，载新华网 http://news. xinhua-net. com/fortune/2016－02/07/c_128709372. htm，最后访问日期：2016 年 8 月 3 日。

化的积极性，解决当前农民工落户城镇意愿不高问题，[1]如要创新政策处理好农民工落户城镇面临的成本支付能力不足、大中城市对农民工落户的社会排斥、农民工落户后的后续发展如职业稳定与生活贫困的担忧及相关的第一代农民工发展与农村土地房屋等财产处理等问题。

第三篇　农民工市民化的共时性研究：理论模式、实践经验与政策思考*

一、引言

农民工是我国现代化进程中伴随工业化、城市化出现的特有社会现象。农民工的市民化在历时性上具有与西方发达国家不一样的二步转变路径，即一种由农民到农民工，再由农民工到市民的发展过程。[2]由于历史是人们在社会中相互作用创造的。因此，农民工市民化特有的历时性过程在实践中也是由农民工、城市等相关主体的共时性互动实践完成的。农民工市民化过程的研究，除了学术界讲的历时性阶段研究外，还要研究它的共时性即相关主体的互动实践。这也是实践提出的在农民工市民化政策研究上有重要意义的课题。国家新型城镇化规划提出了近年亿万农民工落户城镇的决策，如期实现这一决策，需要在理论上先弄清楚农民工在市民化中与城市等相关主体互

---

〔1〕　王红茹："1 亿人在城镇落户如何实现？"，载《中国经济周刊》2016 年第17 期。

*　本篇原载《中国农村观察》2017 年第 3 期。

〔2〕　刘传江："城乡统筹发展视角下的农民工市民化"，载《人口研究》2005年第 4 期。

动实践的模式，并由此形成规划实施的具体政策，以科学引导相关主体的行动，协同应对农民工市民化实践中的问题，有序推进市民化。

从现状看，学术界对农民工市民化政策的研究主要有三种思路：一是从因素－对策的路径探索，二是从过程－对策的路径讨论，三是从现状－对策的路径分析。在因素－对策研究上，学术界一方面一般性地探讨了影响农民工市民化的因素，如文军[1]从宏微观角度分析，较早指出了这种研究途径的可行性，认为确定农民工市民化影响因素，可以形成可行的市民化方向，并主张市民化初期政策与制度是主要方面，由此形成了在农民工市民化对策研究上得到较多共识的宏观的制度改革、中观的农民工社会资本积累、微观的农民工人力资本提升等市民化策略。又如，姜作培[2]较早从中间障碍角度指出了农民工市民化面临的思想障碍、政策障碍、制度障碍、信息障碍、农民素质障碍等障碍，提出应实现农民市民化的认知统一、大中小城市并举发展的方针统一、城乡户籍制度统一、市场化就业机制统一、社会保障待遇统一，以加快进程。另一方面具体探讨专门因素，如李强[3]研究市民化相关的制度特别是户籍制度，认为它是东西方人口流动推拉作用上最大的区别，需要突出户籍制

〔1〕　文军："农民市民化：从农民到市民的角色转型"，载《华东师范大学学报》（哲学社会科学版）2004年第3期。

〔2〕　姜作培："城市化进程中农民市民化推进方略构想"，载《深圳大学学报》（人文社会科学版）2003年第2期。

〔3〕　李强："影响中国城乡流动人口的推力与拉力因素分析"，载《中国社会科学》2003年第1期。

度的改革；郑杭生[1]研究农民工的市民化能力，提出为农民工
市民化赋权与增能的建议；刘传江与周玲[2]研究农民工的社会
资本，提出要改变农民工边缘人处境；张国胜[3]研究成本问
题，提出相关成本分担策略；钱正武[4]研究政府责任，提出要
重视发挥政府职能、完善农民工的社会政策支持系统；此外，
近年学术界还对农民工市民化意愿低的问题进行了较多关注。

在过程 - 对策研究上，主要形成了以蔡昉[5]的研究为代表
的两阶段论，即从劳动力转移角度将市民化划分为从农村迁移
出去然后在城市定居下来的两个阶段，强调要改革户籍制度，
并据此统一城乡劳动力市场，促进农民在城乡自由迁徙就业；
以及以刘传江与邹农俭[6]等的研究为代表的三阶段论。刘传江
主张农民工市民化具有农村退出、城市进入与城市融合等三个
环节，受到外部制度因素、农民工的市民化意愿与能力等三因
素影响，其中体制改革与制度创新是决定性的方面，应放开城
市劳动力市场、进行农地产权改革与将农民工纳入城市社保体
系等。[7]邹农俭则在农民非农化视角下探讨问题，认为农民转
变成市民包括职业转换、地域转换与身份转换三个内容。在西

---

〔1〕 郑杭生："农民市民化：当代中国社会学的重要研究主题"，载《甘肃社
会科学》2005 年第 4 期。

〔2〕 刘传江、周玲："社会资本与农民工的城市融合"，载《人口研究》2004
年第 5 期。

〔3〕 张国胜："基于社会成本考虑的农民工市民化：一个转轨中发展大国的视
角与政策选择"，载《中国软科学》2009 年第 4 期。

〔4〕 钱正武："农民工市民化与政府职责"，载《理论与改革》2005 第 2 期。

〔5〕 蔡昉："劳动力迁移的两个过程及其制度障碍"，载《社会学研究》2001
年第 4 期。

〔6〕 邹农俭："论农民的非农化"，载《社会科学战线》2002 年第 1 期。

〔7〕 刘传江："当代中国农民发展及其面临的问题（二）：农民工生存状态的
边缘化与市民化"，载《人口与计划生育》2004 年第 11 期。

方发达社会，三个转换是同步实现的，在我国则是一种特殊的分阶段演进路径。即以职业转换也即非农化为起点，然后地域转换，由农村向城镇迁移，最后通过户口性质与制度设定的改变在身份上变成市民，即形成包括劳动方式、生活方式、社会地位等向市民稳态的改变。造成此种农民变市民路径差异的原因，在于社会条件的不同，特别是户籍制度的限制，使农民市民化只能分阶段完成。

在现状－对策研究上，形成了刘传江与周玲的边缘性、王春光[1]的"半城市化"、陈丰[2]的虚城市化等三种代表性见解；在刘传江看来，由于城乡二元结构特别是户籍制度的制约，农民工进城务工被迫成为外来边缘人口，在工作性质、居住分布、社会地位、社会心态及代际流动上都表现出边缘性；应通过农民工自身、城市社区与政府的共同努力，来增加农民工的社会资本，促进农民工的社会融入，解决其边缘人问题。王春光发现"半城市化"是一种介于回归农村与彻底城市化之间的状态，它表现为各系统之间的不衔接、社会生活和行动层面的不融合，以及在社会认同上的"内卷化"，只能在城乡一体化的发展中才能逐步解决。陈丰认为，进城务工的农民工群体游离在城市的边缘，职业与社会身份的分离、城市认同感和归属感的缺失均表明他们未能真正融入城市，呈现为一种"虚城市化"；需要农民工提高素质与创造良好社会氛围来改变。

总之，在农民工市民化政策的研究上，取得不少进展，形

---

〔1〕 王春光："农村流动人口的'半城市化'问题研究"，载《社会学研究》2006 年第 5 期。

〔2〕 陈丰："从'虚城市化'到市民化：农民工城市化的现实路径"，载《社会科学》2007 年第 2 期。

成了根据农民工市民化的影响因素来施策、根据农民工市民化客观过程来推进与针对农民工市民化的现状来寻求对策的思路。这些成果，对实践中人们解决面临的具体问题，完善公共政策是有启发与帮助的。但仍然有待拓展与深化，以提升科学性，如现有研究大多为一种主体行动与外在社会结构相脱节的状态。[1]最典型的是，学术界通常将户籍等制度改革作为农民工市民化的主要抓手，忽略了户籍等制度改革背后相关主体的行动与选择。实践中新型城镇化战略实施的一个重大挑战是：国家放松城镇户籍门槛，号召农民进城，农民工却入户意愿不足。特别是农民工市民化作为农民工与城市在特定社会环境下互动发展以变成市民的过程，学术界缺乏对这种共时性互动模式的理论研究与实践总结，影响到了所提政策建议的应用性。为此，本文拟聚焦农民工市民化共时性研究，在理论上探索相关主体互动模式，并结合实践经验，提出有操作性的政策建议。

二、农民工市民化的共时性模式建构

（一）研究假设

本文拟从马克思的人性思想出发研究农民工市民化的共时性问题。理由在于：其一，现有研究多以西方农民乡城迁移理论为参照，而西方理论建立在个体主义的经济人假设之上，忽略了农民工市民化的共时性问题，从学术创新的角度提出了寻求新的研究假设的任务；其二，马克思的人性思想强调人的社会性，这一点正好与西方农民研究假设不一样，可以反映我国农民基于特殊社会条件形成中国路径的个性；其三，马克思的

---

[1] 单菁菁："农民工市民化研究综述：回顾、评析与展望"，载《城市发展研究》2014 年第 1 期。

人性思想又从人的现实肉体生命出发，主张人是在社会下生存的，有利于建构人与社会互动的机制；其四，农民工市民化是中国特色社会主义建设中提出的特殊命题，在理论上需要马克思主义包括马克思人性思想的指导。

马克思人性思想的基本观点有：人是现实的有生命的个体，为了维持生命，需要面向自然开展物质生产；同时，由于个体的弱小，又需要与他人互动交换，以社会方式进行生产，并在其中产生一定的社会关系结构与政治生活。[1]换句话说，人的社会生活是人的发展即人的需要实现过程，与经济、政治、社会、生活等方面相关，是以社会生产为基础，在具体的社会条件下，通过社会交换机制完成的，并受到政治上层建筑的调节。

（二）农民工市民化的本质、影响因素与历时性

依据马克思人性思想，可知农民工市民化的本质是农民工的发展，是农民工与城市互动交换，由具体社会条件即城乡二元结构之下的社会生产也即经济现代化推动，并通过上层建筑即政府政策调节而实现的农民工需要即转变成市民的过程，涉及经济、政治、社会及生活等方面的变化。

从农民工市民化的本质可以发现，它受到经济现代化、国家政策、城乡二元结构，以及相关主体即农民工与城市等因素的影响。其中，经济现代化是农民工市民化的动力，这也是马克思的思想，社会发展耸立在社会物质生产之上；城乡二元结构是农民工市民化的具体社会条件，正是由于特殊的城乡二元结构，农民工在经济现代化的乡城迁移，才呈现出中国路径，即需要由农民到农民工、再由农民工到市民的二步转变；国家

---

[1] 中共中央马克思、恩格斯、列宁、斯大林著作编译局编译：《马克思恩格斯选集》（第 1 卷），人民出版社 1995 年版，第 73、79、344、84~85 页。

政策是政治上层建筑的产物，也是它调节社会的工具，在实践中提供农民工乡城迁移的规范；农民工与城市则是农民工市民化即变成市民过程中的两对基本的互动交换主体，农民工市民化就是通过农民工与城市的互动交换实现的。

分析一下这些影响因素的关系，可以发现，经济现代化、国家政策与城乡二元结构都是宏观的外部环境因素，农民工与城市则是在这种外部环境下活动的主体。根据系统必须适应其环境的原理，农民工市民化的发展变迁是由其外部宏观因素决定的，具体则是由相关主体的互动行为完成。也就是说，可以将这些外部宏观因素看成决定农民工市民化历史演进即分阶段发展的因素，即历时性因素，并由此初步讨论其历时性过程。从马克思的人性思想来看，这样探索也是合理的，因为社会发展在马克思看来本身是由物质生产即经济、上层建筑即政治、经济基础即社会关系结构等之间矛盾运动的结果。沿着这样的思路分析，首先可以得到学术界讲的农民工市民化二步转变路径，即由经济现代化推动的农民乡城迁移转变成市民的过程，在城乡二元结构的作用下，只是先变成农民工，即先成为城市需要的劳动力，然后再逐步变成市民、获得市民同等待遇。其次，这种二步转变路径的具体实现又是受国家政策调节的，由此可以发现农民工市民化历时性演进的第二种机制，即国家政策设置农民工市民化阶段的机制。从实践来看，正是如此：一开始，国家根据农村率先改革、农业生产力显著提升、农民大量剩余的现实与城市开始改革开放引进外资不断增长的劳动力需求，放开农民进城务工经商的口子，农民开始冲破传统的城乡分割的二元经济结构，走向城市找工作，变成农民工，即实现经济市民化，也即职业非农化；然后，国家又根据城乡一体化发展的需要，实施新型城镇化战略，在其中提出亿万农民工落户城镇的任务，开始农民工身份转变过程，也即进入社会市民化阶段。可以合理预期，在农民工落户城镇后，国家会帮助他们以合法身份参加城市社区自治，实现政治市民化；在经济、社会、政治等方面转变后，最终政府会扶持农民工满足其像市民一样生活的愿望，在生活上彻底融入城市，实现生活市民化。

由于农民工的历时性发展是由相关主体共时性互动实现的，下面进一步探索农民工市民化的共时性模式。

（三）农民工市民化的共时性模式

农民工市民化的共时性实践是相关农民工与城市等主体的互动，这种互动，从马克思人性思想来看，就是一种社会交换。从社会交换的常识来说，交换要顺利进行，双方必须都要有真实的交换意愿即需要，也要有能满足对方意愿的交换条件即供给。具体到农民工市民化，要顺利实现城市接纳农民工成为市民，农民工必须要有市民化的意愿与能力，同时，城市要有市民化的需求与容量。[1]也即，农民工市民化，从社会交换角度来说，是这四种因素的互相作用。由此，可以得到农民工市民化的共时性模式图，即表1：

---

〔1〕 到目前为止，实践中的农民工市民化主要经历了经济市民化即职业非农化阶段，正处于社会市民化即改变农民身份落户城镇的阶段，本文对农民工市民化共时性四因素的内涵界定，也依照这种实践进程而定，即农民工的市民化意愿指农民工的城市就业或落户需要，能力指农民工的就业或落户的能力；城市的市民化需求指城市设置的农民工就业或入户条件，容量指城市提供的农民工就业或入户指标或相关公共服务。

表1　农民工市民化的共时性模式

	农民工	城　市
需　要	市民化意愿	市民化需求
供　给	市民化能力	市民化容量

从上图，可以得到三种基本模式：

一为平衡模式，即农民工市民化中，农民工的市民化意愿与城市的市民化容量对接、农民工的市民化能力与城市的市民化需求匹配。

二为主观模式，即农民工的市民化意愿与城市的市民化容量不相匹配，是一种农民工或城市在市民化中互动的主客观矛盾状况：如实践中的特大城市、农民工市民化意愿高，但在控制大城市规模的政策下，城市紧闭农民工落户的城门；或者如广东积分制中，政府一厢情愿下达农民工入户指标，但实际操作结果许多城市的指标经常用不完。[1]

三为自利模式，即农民工市民化的能力与城市的市民化需求不相匹配，实践中常直接通过城市设置市民化条件的形式表现出来；城市设置市民化条件，自然是为了城市自身的利益：如农民工中的极少数农民优秀分子在城市积分制户籍改革中，因其能力或贡献大大超过城市设置的积分入户条件，在户籍改革中往往享受优待，甚至可以不受指标限制直接落户；又如城市造城运动中大多数被上楼与城市化而面临城市就业与适应难

---

〔1〕　刘小年："谨防农民工市民化政策实施中的五大误区"，载《现代经济探讨》2015年第3期。

题的农民工，其能力达不到正常城市市民化条件——如稳定就业与维持城市平均生活水平等。

这三种模式，除第一种达到市场供需均衡外，其他都是非均衡状态；均衡状态，作为理想的市场格局，是一种主体间利益和谐共生的关系，需要主体平等，而这离不开外部国家政策法规与经济社会环境的支撑。在农民工市民化实践中，由于相关主体农民工与城市地位存在天然差别，加上外部宏观的经济现代化进程、城乡二元结构条件以及国家政策并不一定总是导向平等，因此，在农民工市民化的历时性演进中，会出现各种具体的均衡或非均衡模式。进一步形成农民工市民化实践路径的科学知识，需要对实践经验进行解读与总结。

三、农民工市民化的共时性实践：经验、问题与对策

（一）分阶段的农民工市民化共时性实践

农民工市民化从实践来看，经历了早期的经济市民化即职业非农化由农民转变成城市产业工人的阶段，目前随着国家新型城镇化规划的实施，亿万农民工正处在获得城市户籍、改变农民身份的社会市民化阶段。总体情况如表2所示，下面分别阐述：

表2　农民工市民化共时性实践的具体模式

农民工市民化的阶段	农民工市民化的实践	农民工市民化的实践特点	农民工市民化的实践模式
经济市民化	离土不离乡	农民工与城市在就业上供需相互匹配	总体上为平衡模式
	离土又离乡之民工潮	在农民工的就业意愿高于城市提供的就业容量的形势下，城市排斥农民工就业	主观模式与自利模式
	离土又离乡之民工荒	在农民工就业由供给大于需求走向供给小于需求的背景下，城市开始善待农民工，给予同工同酬权利	走向平衡模式
社会市民化	自理口粮户	农民工在务工地集镇落户，既满足了集镇经济发展要求，又实现了农民工身份转换的愿望	总体上为平衡模式
	蓝印户口及买卖户口	城市抽取农民工的经济资本	自利模式兼主观模式
	农地换户口	城市涉嫌廉价获取农民工的土地资源	主观模式
	成都城乡一体化	在城乡公共服务均等化基础上满足农民工自由迁徙意愿	总体上为平衡模式

续表

农民工市民化的阶段	农民工市民化的实践	农民工市民化的实践特点	农民工市民化的实践模式
经济市民化	广东积分制	选择性吸纳农民工落户城镇	主观模式为主，局部有自利模式影子
	上海居住证入户	面向中高级人才的户籍改革	自利模式兼主观模式
	新型城镇化以来的举措	特大及以上城市限制农民工入户	自利模式兼主观模式
		大中小城市放开户籍	主观模式
		居住证模式	总体上为平衡模式

1. 经济市民化阶段

经济市民化有两个阶段，一是 1980 年代早中期，离土不离乡、进厂不进城；二是 1980 年代末期到新型城镇化战略实施前，离土又离乡、进厂又进城。先看第一个阶段，随着十一届三中全会将国家重心转向经济建设与改革大幕在农村率先拉开，农业生产率迅速增长，农村形成了大量剩余劳动力。农民产生了向非农产业转移获取更多经济收入的愿望；同时，在农村经济发展中乡镇企业异军突起，生成了巨大的劳动力需求。这样，两者自发对接，就形成了农民工早期流动的离土不离乡模式。在这种流动方式中，农民工的意愿，通常是获取兼业收入，即农时务农、闲时做工，其能力表现为有一定文化的体力劳动者；集镇的需求是有一定文化的体力劳动者，容量方面体现为乡镇企业迅猛发展提供的大量劳动力岗位。可见，早期农民工流动的模式，是一种农民工与城镇之间在农民工市民化的职业非农化上达到的一种大致平衡模式。据统计，1983～1988 年，乡镇企业共吸纳农村劳动力 6300 万人。[1]

第二个阶段，离土又离乡，包括两个小阶段，其中，第一个小阶段为"民工潮"时期，即 1980 年代末到 2003 年之前，主要体现为主观模式，即总体上进城找工作的农民工数量大于城市向农民工提供的就业容量；以及在此形势下的自利模式，即城市设置限制性管理与招聘农民工条件，使进城农民的就业能力与城市的招工要求有一定的差距。其背景是：随着国家改革重心转身城市，城市较高的收入对农民工产生了巨大吸引力，加之乡镇企业吸纳能力下降，农民工潮水般涌向城市就业；同时，城市随着改革开放、引进外资，也在不断增强就业吸纳能力。但是由于长期城乡二元经济社会结构的影响，特别是此时我国人口绝大多数为农民，农村累积了数以亿计的剩余劳动力，城市刚改革开放吸纳能力总体有限，也由于传统城乡分治的社会管理体制刚开始改革，为了维护城市秩序，城市对前来就业的农民工挑肥拣瘦，在政策上以管理农民工为理念，如限制农民工的找工作时间、就业岗位，要求提供各种证件，甚至在极端情况下禁止农民工进城找工作等。[2]此时，农民工的意愿就是进城找到一份稳定的相比务农收入高的工作，其能力总体上是初中及以下的文化、以青年人为主各种年龄阶段的人参差不齐的体力劳动者；城市则希望从进城的农民中招聘有一定文化如通常招工要求初中毕业、年轻如通常要求 25 岁以下的体力劳

---

〔1〕 中国农民工问题研究总报告起草组："中国农民工问题研究总报告"，载《改革》2006 年第 5 期。

〔2〕 刘小年："农民工政策的阶段新论：兼与胡鞍钢教授商榷"，载《探索与争鸣》2006 年第 3 期。

动者，以满足它引进外资与发展私人经济产生的劳动力需要，也包括国有企业、集体所有制企业产生的小量临时工需求。第二个小阶段，为 2003 年民工荒爆发到新型城镇化战略实施前，为经济市民化逐步走向平衡模式的阶段。主要是劳动力供求结构由此前的供大于求开始向供小于求变化，因而开始突破前一阶段的主观模式，迫使城市主动调整就业需要包括务工要求，使农民工的能力与城市的需求逐步走向匹配。相关背景，除劳动力市场供求变化外，还有两个基本事实：其一，城市工业化由初中期向中后期发展，经济转型升级需要善待农民工、以培养形成更高素质的劳动力；其二，国家提出科学发展观、以人为本，自上而下推动城市落实农民工合法经济权益，主动实现了农民工政策的转向，即由管理农民工走向管理与服务农民工并重，开始重视农民工务工权益。这样，经济上对农民工进城就业的排斥被逐步消除。此阶段，农民工的意愿主要是追求平等就业权利、同时与农民工代际变化相应开始孕育发展要求，主要表现在岗位选择上；能力方面开始在民工荒下用脚投票及代际变化产生了更高文化素质与不同要求的新生代。城市的需求主要是要有充足的劳动力，同时与城市经济发展相应在劳动力素质上也产生更高期望；其容量主要是多年经济发展后有条件逐步解决农民工的社保、教育培训等权益问题，同时城市经济转型升级也在服务业发展及市场深度开放等方向提供了可供农民工挑选的新岗位。

2. 社会市民化阶段

社会市民化，即农民工改变社会身份，将户口由农村迁往城市的过程。实践中主要涌现了以下七种形式：

（1）自理口粮户。1984 年 10 月，国务院下发《关于农民进入集镇落户问题的通知》，规定：凡申请到集镇务工、经商、办服务业的农民和家属，有固定住所、经营能力或在集镇企事业单位长期务工的，准予落户常住户口，发给《自理口粮户口簿》，统计为非农业户口；要求粮食部门做好加价粮油供应，并要求地方政府为他们建房、买房、租房提供方便。

此种实践中，农民工的意愿是转变农民身份，能力是在集镇稳定就业——包括务工、经商、办厂等；集镇的需求，包括稳定吸纳农村劳动力与形成新的城镇消费者、促使城镇发展，其容量主要是乡镇企业快速发展形成的经济支撑。无疑这属于平衡模式：它考虑到了人口大量迁徙的事实，及对城乡经济发展有促进作用，同时又对大城市不构成压力。据统计，到 1986 年，全国办理自理口粮户口 163 万多户，共 454 万多人。[1]

（2）蓝印户口及买卖户口。蓝印户口为 1990 年代，城市以投资、购房等形式向农民提供的一种可转为常住户口的户口类型。如 1993 年 12 月，上海市政府发布《上海市蓝印户口管理暂行规定》，规定在上海投资 20 万美元或 100 万人民币，或购买 100 平方米外销住房，可申请蓝印户口，按规定年限可申请转为常住户口。蓝印户口人员在子女教育、计划生育、医疗卫生、就业、申领营业执照等方面享受当地常住城镇居民户口人员同等待遇。

1992 年起，地方还掀起以集资为由公开向社会出售"城镇户口"的热潮，一般地级市户口售价 0.5 万元~1 万元，县级户口 0.2 万元~0.5 万元，据估计，全国卖出户口约 300 万个，收入 250 亿元。

在这些以经济能力为条件的户籍改革中，农民工的意愿，

---

〔1〕 陆益龙：《户籍制度：控制与社会差别》，商务印书馆 2003 年，第 148 页。

是获取城镇户口与身份相应的公共服务，其能力除少数经济实力拔尖者外大多数农民工都达不到；城市的需求，则是获得经济资本或财政收入；其容量在收取巨额入户费用后不是问题。这是一种自利为主要特征的模式。因为绝大多数农民工的能力达不到城市的需求，是城市基于自己的需要选择性的吸纳农民工。由于这种自利特征，实际上限制了农民工落户城市的容量，使普通农民工只能望城兴叹，也即又有主观模式色彩。

（3）农地换户口。1990 年代初，浙江最早为失地农民购买保险，变一次性的补偿为终生保障。10 年后，学界提出土地换社保的农民工市民化模式。[1]此后，这一模式在全国各地逐步流行，最典型的是 2010 年重庆统筹城乡改革试验，农民工在交出土地后可换来城市户口及一定的现金补偿。

在这种改革试验中，农民工的意愿是城市社保与户口，其能力则是农村承包的土地与宅基地；城市的需求则是农地，其容量主要是提供一定的社保支出与一张城镇户口。城市涉嫌在土地换户口中剥削农民土地权益，造成农民工的意愿不强，甚至在实际政策实施中因农民抵制不得不暂缓入户农民交出土地，如重庆的实践。是一种典型的农民工的入户意愿小于城市提供的落户容量的主观模式。

（4）成都城乡一体化。2010 年，成都出台《关于全域成都统一城乡户籍实现居民自由迁徙的意见》，在成都行政区划内实施户口在居住地凭合法固定居住证明登记的制度，以求户籍城乡统一、自由迁徙。该政策明确农民工迁移户口不会改变其承包农地的权益，并以多年逐步投入形成的城乡一体化就业、社

---

〔1〕 曾祥炎、王学先、唐长久："'土地换保障'与农民工市民化"，载《晋阳学刊》2005 年第 6 期。

保、住房保障、教育、计划生育等公共服务均等化为条件，保障改革与公民的政治参与等各项平等权利的实现。[1]

这种实践中，农民工的意愿是追求自由迁徙与享受平等公共服务，其能力包括公民的权利与劳动者的生产能力等；城市的需求则是追求城乡一体化，如通过人口自由流动提升资源配置效率、统一城乡公共服务促进乡村发展进而带动城乡协调发展，以及和谐社会建设——公共服务均等化与自由迁徙权利的实现都有利于达到这一目的，其容量则是通过不断的财政投入形成城乡公共服务均等化的条件。无疑，这是具有平衡模式性质的试验。

（5）广东积分制。2010 年广东出台政策，在全省专门针对农民工群体、推行以总量控制、积分轮候的落户城镇政策。目标是扩大内需、服务城镇化。入户者可享受城市市民的公共服务，未配套解决农地改革、住房保障、城市社区分红等问题。[2]

积分制中，农民工的意愿是获得城市户籍身份与享受城市公共服务，如解决子女在公立学校就学问题等，其能力大多数为普通劳动者；城市的需求是应对 2008 年美国次贷危机的影响、通过城镇化扩大内需、启动消费，容量在入户指标总量控制下有保障。

这是一种主观为主要特征的模式，一方面城市想吸纳的年轻或有资本的优秀农民工落户意愿不足，另一方面有小孩的农民工想落户、城市又在积分分值标准上予以限制。以致实践中

---

〔1〕 刘鹏宇："农民工市民化的地方经验比较研究"，浙江大学 2012 年硕士学位论文。

〔2〕 刘小年："农民工市民化与户籍改革：对广东积分入户政策的分析"，载《农业经济问题》2011 年第 3 期。

出现了有限的落户指标还用不完的现象。同时，对有小孩的农民工来讲，又呈现为他们的能力小于城市需求的状态，即有自利模式的影子。

（6）上海居住证入户。2002 年，上海对大专以上学历外地来沪就业人员推出居住证制度，2009 年又进一步实施持有居住证人员申办上海户口办法：对领证 7 年，有中级以上职业资格或在沪获得高级职称的人才，及其他投资纳税等做出特殊贡献人员，准予落户。

这种入户方式中，农民工的意愿是城市户口及相关公共服务等福利，能力上大多为普通劳动者、达不到政策要求；城市的需求则是外来人口中各类中高级人才，容量上通过总量控制及人才贡献可提供相应公共服务。无疑，这是一种自利模式，实践中大多数农民工的能力远低于城市需求。从另一角度讲，大城市户口对普通农民工还是有含金量的，只是这些城市提供的指标不足限制了人们的落户行动，即又带有主观模式特点。

（7）新型城镇化以来的举措。2013 年，国家推出新型城镇化战略，在规划中将普通农民工落户城镇作为主要任务进行安排，就政策内容来看，对农民工市民化采取了两条腿走路，一是落户方式，二是居住证方式。在落户方式上，实施城市梯度户籍改革政策，即总体上在控制超大及特大城市户口的同时，放开其他城市户籍。在居住证方式上，于全国全面推行，将持证年限与公共服务挂钩，即通过居住证渐进式向农民工提供公共服务。

具体分析：落户方式中，超大与特大城市中农民工与城市的交换互动跟上海曾经实施的居住证入户一样，是一种自利为主兼有主观色彩的模式。大中城市，从各省公布的相关户籍改革政策来看，是一种有条件准入制，通常是规定几年社保加上稳定就业与居所，满足条件就可迁入户口，未认真讨论如何为农民工提供公共服务、解决其住房等问题，其需要主要是表现在对稳定的劳动力供应与扩大消费者方面；农民工则意愿不足；就目前的实践来讲，是一种主观模式。至于小城市是无条件放开户籍，希望各类农民工投入劳动力与资本，但在容量上未配套好产业与政策；农民工对小城市落户通常意愿不足，就业与生活能力总体上不存在问题，也是一种主观模式，农民工的落户意愿低于城市的入户容量。

居住证方式中，城市主要追求稳定的劳动力，容量可在经济发展中逐步配套公共服务；农民工的意愿是稳定就业、改善生活、逐步分享城市发展成果，其能力作为一种已长期在城市就业的群体不存在大的问题；即具有平衡模式特点。

（二）农民工市民化共时性实践的经验与问题

通过以上实践模式的梳理，可以得到如下几条基本经验：第一，市民化中的农民工与城市都是理性的主体，都会有自己的需要，应相互尊重，平等合作，追求利益和谐共生。否则，难以达成普通农民工市民化进程有序展开的较理想的平衡模式。如实践中社会市民化阶段的买卖户口、农地换户口、广东积分制、上海居住证等，都没有尊重普通农民工的需要、反映他们的现实条件与维护他们的权益，因而，不是普通农民工积极性不高，就是对他们进行排斥，达不到城市和谐或广泛吸纳农民工扩大内需与新型城镇化的目标；又如经济市民化阶段之民工潮，城市对农民工不但在社会上排斥，在经济上也未能实现市场经济之平等权利，在政策上将农民工当作廉价劳动力来管制，产生了被学术界广泛讨论的城市病与农村病，最终只能在形势变化即民工荒后让位于平衡模式，即逐步实现农民工在城市就业上与户籍人口的同等权利，如同工同酬、同地位即接纳为新的产业工人阶级、准许加入工会。

第二，农民工与城市在市民化中都有各自条件，应根据这种客观条件，逐步实现市民化目标。正如学术界讲的农民工市民化具有过程性。这种过程性更现实地表现在农民工与城市等相关主体的市民化条件上，如农民工现实的市民化能力与城市的客观的市民化容量。只有逐步创造条件，提升农民工能力与扩大城市容量，才能顺利完成亿万农民工落户城市的任务。也即农民工市民化不能再搞传统的掐尖的市民化，如蓝印户口、上海居住证等曾在实践中让大多数农民工望而却步；也不能是地方政府不作为的市民化，如新型城镇化中，各种大中小城市都基本放开了户籍，但未主动配套相关就业与公共服务，因而农民工意愿不高，进展缓慢。

第三，农民工市民化作为农民工融入城市的过程，虽然直接只有农民工与城市两个基本主体，但由于农民工来自农村、这种过程处在城乡二元结构之下，因此，既不能单从农民工或城市的需要出发考虑问题，也不能局限在城市空间与城市发展范围内分析问题，必须将城市与农村联系起来观察，放到城乡关系调整的背景下来处理，追求城乡协调发展与一体化。实践中的平衡模式，如经济市民化的离土不离乡与社会市民化的自理口粮户、成都城乡一体化试验与新型城镇化中的居住证方式等，因适合相应的城乡关系，农民工与城市形成了利益共生关系；反之那些非平衡模式，如经济市民化中的民工潮实践、社会市民化的蓝印户口、农地换户口、广东积分制等，都存在一定程度上的城市利益偏好，存在从农村抽取资源或忽略城乡发展上的协同关系等问题，因而普通农民工不是直接抵制、就是意愿不足，政策实践的效果也有限。

从农民工市民化的共时性实践中也可发现如下两个主要的

相互关联的问题：一是城市自私自利的问题，二是人口城市化滞后于土地城市化问题。这两个问题，第一个可以看成原因，第二个可以说是结果，即由于城市在实践中长期实施自私自利的市民化策略，致使绝大多数农民工被阻挡在城市大门之外，造成了人的城市化落后于城市经济扩张即地的城市化的后果。从前面梳理的农民工市民化共时性实践可以发现，农民工市民化长期以来、在大多数地方、针对绝大多数农民工，都是非理想的非均衡模式。其中，经济市民化阶段，除 1980 年代的离土不离乡与民工荒到新型城镇化之前是大致均衡的平衡模式外，1989 年到 2000 年离土又离乡的民工潮是非均衡的以主观为主兼自利的模式；社会市民化阶段，除 1980 年代的自理口粮户与 2010 年的成都局部城乡一体化试验、新型城镇化中居住证方式是大致均衡的平衡模式外，1990 年代的蓝印户口、从 1990 年代发端延伸到 2010 年代的农地换户口、2010 年的广东积分制、从 2009 上海居住证落户到新型城镇化中控制特大城市户口等实践，分别是自利为主兼主观、主观、主观为主兼自利、自利兼主观等非均衡模式。这些非均衡的农民工市民化实践，都是城市根据自己需要来操作，设置就业或落户的限制性门槛以排斥普通农民工或者以落户的名义变相掠夺农民工的土地、资本等资源的自私自利活动。[1] 其中：经济市民化阶段的"民工潮"时期，农民工未能实现同工同酬，主要是城市根据劳动力市场供大于求的形势、利用城乡不同的户籍制度维护城市户口就业人员的

---

〔1〕 城市自私的市民化模式长期占统治地位，主要是实践中农民工的主体地位不受尊重，城市与农民工不平等，城市高高在上，占有主动权；在其背后，则是城乡二元结构对农民工市民化的障碍作用，经济现代化的阶段性特别是其波动发展对农民工市民化产生的不利影响，以及国家政策长期偏重城市与资方利益带来的后果。

利益；社会市民化阶段的蓝印户口与买卖户口，主要是城市利用其控制的户籍资源从农民工那里获取经济资源；农地换户口，存在城市利用城乡不同户籍制度廉价掠夺农民工土地的嫌疑；广东积分制，城市的目的是通过吸纳农民工落户将农民工可能寄回农村的钱用来增加城市消费，即扩大内需，同时选择性地吸纳城市经济发展需要的在年龄、能力、资本、道德等方面较优秀的农民工，稳住城市劳动力队伍；上海居住证入户，更是选择性地面向农民工中的极少数上层人才与资本所有者；目前的新型城镇化，特大城市入户跟以前的上海居住证模式一样，大中小城市总体上都只是空谈放开户籍、并未在公共服务配套上采取实质行动，都还是从城市利益出发的。

由于长期以来，作为农民工主要流向的大中城市只有少数优秀的农民工能够符合城市落户条件，这样带来的一个实践中的严重后果，就是人的城市化落后于地的城市化。如2000～2011年，城镇建成区面积增长76.4%，远高于城镇人口50.5%的增长速度；农村人口减少1.33亿人，农村居民点用地却增加了3045万亩。城市自私自利的非均衡市民化，一方面使城市难获得稳定的合格劳动力，与经济转型升级的形势不相符合，另一方面也使农村人户大量分离、农民工难以彻底从农地转移出去、农地改革与规模化经营受到障碍，也即农业现代化与新型工业化发展双双受到不良影响，因此，新型城镇化战略在实施中必须直面这一问题，并采取可行办法解决这一问题。

（三）改善农民工市民化共时性实践的对策

新型城镇化下的农民工市民化实践，面临被城市自私自利的非均衡路径锁定的风险，需要从相关环境条件、主体关系、互动模式、突出问题处理及路线安排等方面创新政策，具体有如下建议：

第一，认真落实城乡一体化。农民工市民化共时性实践要达到农民工与城市利益和谐共生的平衡状态，实现有序推进，需要城乡一体化发展环境的支撑。由此需要克服农业现代化发展的短板，并由此推进城乡公共服务均等化，为农民工在城乡自由迁徙户口创造必要条件。其中一个重要方向，是根据农民工代际变化、老一代农民工返乡的需要，加强小城市包括县城及其他城镇产业配套，为农民工返乡就业与市民化创造经济条件。

第二，切实尊重农民工的发展权利。长期的农民工市民化实践基本上都可以看成城市自私自利活动：其一，没有将农民工作为这种活动的基本主体，为其提供市民化的制度化表达渠道；其二，也没有给予必要的尊重，在政策制定中反映农民工的需要；其三，也没有为大多数农民工的发展去积极提供有效的教育培训及组织建设等公共服务，以帮助农民工克服其在人力资本与社会资本上的弱点；其四，反而在各种经济与社会政策中常常排斥绝大多数农民工，使农民工长期处于边缘化境地，由此也制约了农民工的市民化意愿与能力。实施新型城镇化、让普通农民工顺利落户城镇，必须改变这种城市自私自利的、轻视农民工发展权利的市民化模式，核心是要尊重农民工的发展需要与帮助农民工在新型城镇化中实现他们的需要。要结合农民工的分层现实，根据农民工的需要，在市民化中分类施策：对有市民化意愿的，要根据他们的能力与条件，引导与帮助他们落户城镇；对没有市民化意愿但愿意在城市长期就业的，要改善城市就业环境，保障其就业权益，逐步提供与市民一样的公共服务；对想返乡的农民工，则要帮助他们在流出地就业创业或回家务农。在这种分类施策的市民化过程中，要特别关注老一代农民工的回流问题、新生代农民工的市民化能力问题及农民工落户城镇过程中的入户手续等现实问题。

第三，积极探索各种平衡的市民化模式。农民工市民化的平衡模式中，农民工与城市的需要与条件能够相互匹配，达到利益和谐共生的结果，在实践中有利于农民工市民化的有序展开，以顺利达到新型城镇化目标。而过去长期以来的农民工市民化实践大多是非平衡的非均衡模式，如何创新模式以突破这种路径锁定局面，是新型城镇化中农民工落户城镇必须面对、在工作上必须予以创新的基本方向。建议将农民工的意愿与城市的类型相结合进行探索，具体建议：第一个方向，考虑对有市民化意愿且在家乡中小城市就近就业的农民工实施就地市民化，这样，农民工有意愿与就业及生活能力——一般中小城市生活成本不是很高，这些城市本身的产业发展需要吸纳农民工而农民工在现有产业能稳定就业也表明有必要的容量。第二个方向，考虑对有市民化意愿在大城市就业的农民工，采取流入地负责任的准入式市民化与居住证模式，前面已讨论过居住证模式的平衡性，主要针对市民化能力较弱达不到城市要求的农民工，准入式市民化是新型城镇化后地方公布的方案中的表述，即大家都讲以一定的社保年限、稳定就业与居所为标准，允许农民工入户，但未提到如何配套公共服务，因此需要补上这一政策短板，以形成必要的市民化容量，即变成负责任的模式，这样，也能基本达到农民工的意愿、能力与城市的需要、容量的对接。第三个方向，考虑对有市民化意愿在特大及以上城市就业的农民工，除其中极少数精英按国家控制特大城市规模的户籍政策入户外，绝大多数农民工因无法负担融入城市的巨额成本，建议选择在这种城市周边的规模小一些的城市市民化，这样，就有可能达到农民工与城市在市民化的需求与供给之间的匹配，只是需要国家打破农民工市民化按行政区划配置资源如财政资金的方式，以区域与城市群协作方式提供资源。第四个方向，考虑对无市民化意愿的农民工，如其中想长期在城市就业的农民工实施居住证管理，对想返乡创业的农民工则在新农村建设中提供创业生活帮助，让他们各得其所，都有所发展。

第四，创新解决市民化容量问题。农民工市民化当前面临突出的农民工意愿不足矛盾，在其背后实质是城市提供的容量不够问题，由于城市容量不足，对农民工吸引力下降，甚至出现了逆城市化现象，这也与新型城镇化背道而驰，必须正视与解决。基本的方法，当然是要提高城市的市民化容量，如突破当前城市在一定程度上空谈放开户籍，却不想办法为农民工提供好的公共服务问题。如果能有好的公共服务，农民工落户后能在城市过上比未落户前那种农村户口城市打工更好更稳定的生活，自然会增强入户意愿。而要提供好的公共服务，显然需要解决成本问题。对此，流行的思路是建立农民工市民化的成本分担机制。这是一种分配的思维，在当前经济景气下行、政府财政赤字增加的情况下，显然不能通过这种独木桥的方式有效解决。在此，建议换一种思路，从生产角度考虑，通过增加社会财富形成农民工市民化巨额成本支付的坚实基础，即将分配与生产的思路结合起来。具体可以考虑与经济发展转型升级对白领即技工经济的呼唤，[1]通过将大多数农民工纳入职业培训转变为技工的方式，推动产业升级、经济稳定发展，从而为农民工市民化成本问题的解决创造条件。

第五，坚持有规划分步骤渐进的市民化。农民工市民化是

---

〔1〕 厉以宁、魏倩、夏晓伦："厉以宁：中国低素质劳动力要转向技工时代"，载人民网 http://finance.people.com.cn/GB/16703905.html? qeiqgmplufbjjqgt，最后访问日期：2016 年 8 月 20 日。

一个过程，有客观的条件约束，应该分阶段有步骤展开，因此，相关主体的共时性实践必须反映这种渐进的过程机制。在实践中一方面，需要细化新型城镇化的目标与路径，建议制定农民工市民化的具体规划，形成有进度安排、资源配置、责任划分与监督约束的目标达成路线；另一方面农民工市民化涉及城乡现代化与政府、市场与社会等主体，是一项系统工程，基于我国政府支配型市场经济社会的特点，需要政府发挥主导作用，引导协调各种事业与相关主体，协同发展，因此，要针对新型城镇化规划颁布后，地方行动较缓慢、整体农民工落户进度在规划颁布后无明显起色的状况，将农民工市民化纳入各级政府绩效评价的重点事项，通过绩效考核来推动，以加快进程，保障新型城镇化规划之亿万农民工近年落户城镇目标的顺利实现；此外，在农民工市民化工作的推动中，要注意农民工市民化前后发展阶段工作的统筹，如当前亟须将社会市民化的落户工作与此前的经济市民化即职业非农化如提升农民工职业能力结合起来，并前瞻落户后参与城市社区治理可能面临的矛盾、做好预案、以保障城市和谐，等等。

四、结论与创新点

（一）本文结论

农民工市民化具有不同于西方发达国家一步转变的过程，研究它的实现需要探索相关主体互动实践的共时性机制。这也是新型城镇化规划亿万农民工落户城镇战略的达成，在政策研究上提出的必须回答的重大课题。

学术界对农民工市民化政策的研究，虽然从因素、过程与现状等路径讨论的很多，但缺乏对农民工市民化相关主体即农民工与城市互动实践的共时性探索。

本文从马克思关于人的发展的社会互动交换本质的人性思想出发，发现农民工市民化是由经济现代化、城乡二元结构、国家政策等因素影响之下，由农民工与城市等相关主体互动交换实现的，直接受到农民工的市民化意愿与能力、城市的市民化需求与容量等的制约，在理论上具有平衡、主观、自利等基本模式。以此检讨实践中的农民工市民化，发现长期以来在总体上都是一种城市自私自利的非平衡的、非均衡模式，产生了使人的城市化滞后于地的城市化的不良后果。因此，如何突破以往农民工市民化自私自利模式的路径锁定，成为政策研究的重要方向。为此，提出了五个方面的政策创新建议，即认真落实城乡一体化、切实尊重农民工的发展权利、积极探索各种平衡模式、创新解决市民化容量问题及坚持有规划分步骤的渐进道路。

（二）创新点

本研究的贡献，主要是：一方面，在理论上建构了农民工市民化互动实践的模式；另一方面，总结实践、提出了在实践中有重要应用价值的公共政策创新建议。具体来说，有如下学术创新点：

第一，系统梳理学术界关于农民工市民化政策研究的文献，在学术界现有历时性阶段研究的基础上，提出农民工市民化共时性研究课题。

第二，运用马克思关于人的发展的社会互动交换思想，重新界定了农民工市民化的本质、揭示了它的影响因素与历时性阶段，并在此基础上对农民工市民化相关农民工与城市等主体互动交换的共时性实践模式进行探讨，指出了农民工市民化共时性实践的四个基本因素，即农民工的市民化意愿与能力、城市的市民化需求与容量，建构了农民工市民化共时性实践理论上的三种基本模式，即平衡、主观、自利模式；在农民工市民化过程基础理论研究上实现了重大创新。

第三，在历时性视角下分阶段检讨实践中的农民工市民化，对农民工市民化的初始阶段即经济市民化也即职业非农化、与递进阶段即社会市民化也即农民工转变身份落户城镇的实践，运用理论上的农民工市民化共时性实践模式分析，较全面与科学地总结了农民工市民化历史上的具体实践模式、取得的经验与存在的问题，为推动实践中的农民工市民化取得突破与进展，提供了操作方向。

第四，针对性地提出了当前实践中应进行的重大政策创新建议，特别是其中对可供采纳的农民工与城市在市民化中利益和谐共生的平衡模式的讨论、对农民工市民化城市容量主要是成本问题生产视角的研究，在学术上是完全有新意的，这些建议与对农民工市民化中农民工发展权利与城乡一体化环境营造及有步骤渐进推动思路的呼吁等，对突破长期以来农民工市民化的非均衡格局、解决农民工市民化意愿不足难题、推进农民工市民化有序发展、顺利实现新型城镇化规划的亿万农民工落户城镇的任务，有重要的公共管理价值。

第四篇　农民工市民化：路径，问题与突破
——来自中部某省农民进城的深度访谈[*]

一、问题的提出

十七届三中全会判断我国总体上已进入着力破除城乡二元

---

* 本篇原载《经济问题探索》2009 年第 9 期。

结构、形成城乡经济社会发展一体化新格局的重要时期，决定到 2020 年基本建立城乡经济社会发展一体化体制机制。为此，需要统筹城乡劳动就业，加快建立城乡统一的人力资源市场，引导农民有序外出就业，鼓励农民就近转移就业，扶持农民工返乡创业；加强农民工权益保护，逐步实现农民工劳动报酬、子女就学、公共卫生、住房租购等与城镇居民享有同等待遇，改善农民工劳动条件，保障生产安全，扩大农民工工伤、医疗、养老保险覆盖面，尽快制定和实施农民工养老保险关系转移接续办法；统筹城乡社会管理，推进户籍制度改革，放宽中小城市落户条件，使在城镇稳定就业和居住的农民有序转变为城镇居民。[1]这种判断、目标与政策，吹响了加快农民工市民化的号角。在各地实践中，对于农民工市民化都是采取的一种渐进策略，实行的是有条件地让农民工转化为市民的政策。由此提出的一个重大现实问题是：地方的选择性市民化政策能否顺利为实现中央的加快战略服务？要回答这个现实问题，在学术上提出的任务是观察实践中的地方政策的实施情况与绩效，观察现实的农民工市民化的渐进路径。并由此探讨其中的矛盾与问题，提出解决问题的思路。本文的研究，是农民工市民化政策的一个质性研究，以深度访谈的方式来反映与解剖农民工市民化道路上的问题，力图通过典型的分析来建构整体的特征，得到一些有益的发现与结论。

---

〔1〕 中共中央：《授权发布：中共中央关于推进农村改革发展若干重大问题的决定》，载新华网 http：//news. xinhuanet. com/newscenter/2008 - 10/19/content _ 10218932_ 3. htm，最后访问日期：2008 年 11 月 15 日。

二、访谈过程与结果

（一）农民工市民化观察的方法

观察农民市民化可以有两种基本的方式，一是量化研究，进行统计调查，其中又可以是对全体农民工进行整体的调查与有选择性的抽样调查；二是进行质性研究，如从事深度访谈。这两种方式，又可以依据观察样本的多少区分为一种整体的研究与局部的研究。从农民工研究的历史与现实来看，搞全体的调查是不切实际的，一是样本规模太大，调查的成本与时间都难以承担；二是样本的流动性特征，无法掌握绝对的总体样本数据。因此，从农民工现象在当代发生以来，在国内外还没有整体的调查。所以，对农民工的研究，对农民工情况的把握，只能采取一种以局部推断整体的方式，由具体的案例走向学术的一般。由此，也见证了农民工研究上抽样调查的盛行。这种量化研究的流行，一方面利用了研究者与被研究者身份的差别，另一方面也得到了大量外在的客观资料。不过，考虑到农民工市民化是农民工的市民化，是农民工在一定条件下通过发挥其主体作用展开的。所以，通常的抽样调查难免产生认识的误差：难以把握被观察者的内心，难以重建被观察者市民化行为的过程细节，其结论在应用时在得到农民工的内在呼应上会产生一定的困难。基于这样的原因，本文对农民工市民化的观察，选择的是质性研究的深度访谈方法。这种方法的本质是参与被访谈对象的生活，与其进行内在的互动，进行被访谈者的生活的诠释与建构。[1]选择这种方法的一个便利条件是，作者与要观察的对象存在一种长期的亲属或朋友关系，同时作者来自农村，也是从农村实现市民化的一员，因而具有与要观察的对象互动的客观基础。

（二）访谈操作的过程

决定采取深度访谈方法观察农民工市民化后，下一步是确定访谈的对象。从便利访谈与访谈案例的代表性出发，将相关访谈对象锁定为中部某省三位跟自己熟悉的进城农民。选择这样的地域，一方面，这里是农业大省，农民转移为市民困难多；另一方面，又是人口大省，转移的任务重。如果这里能够取得突破，一是可以促进东部发达地区相关工作，二是可以为西部后发展地区提供经验。这是从农民工市民化的价值层面看，从它的工作条件看，中部地区，一方面农业发达，需要转移农民；另一方面其工业化也有了较大发展，具备一定的转移基础；所以，在中部推进农民工市民化工作不光有重大价值，还有取得预期成果的较大可能性。至于具体选择的三个对象，一个是向乡镇转移的，一个是到城里购房的，一个是在城市长期就业的，涵盖了农民工市民化的基本方式，而且又是作者的熟人，在代表性与便利性上兼备。

由于作者跟访谈对象十分熟悉，对他们从学校进入社会的经历，包括就业、婚姻、社会关系等方面都基本了解。因此，采取了缩短一般的深度访谈前期跟被访谈对象建构关系的阶段，直入主题，于 2008 年 8 月中旬住进被访问对象家，每个对象用

---

〔1〕 对质性研究与访谈方法的知识，以及量化研究与质性研究的区别，来源台湾政治大学东亚研究所副教授耿曙在 2008 年 7 月 20 日至 8 月 2 日复旦大学与杜克大学政治学研究方法论讲习班上的讲座"社会科学经验研究：质性与量化"。

三天时间探讨了其市民化过程，主要是挖掘了他们进入城市的内心轨迹，并依此在理论上重建其模型。

（三）访谈结果

1. 案例一

刘某，现年43岁，初中文化，机动三轮车车主兼司机，家有老婆及2个子女，在中部某省某县城以车载客为生。家庭每月毛收入约2500元。暂居该县城已经3年多。由于在县城买不起房，一家人仍为农业户口，在老家有3亩水田。刘某市民化的进度是一种典型的半城市化状态，即就业与生活都长年待在城市，但因经济原因与制度原因，在户籍上仍是农村人口。

其职业经历如下：初中毕业后先后拜师学做扇匠、石匠，因改革后工业化伴随的小手工业衰落而未能学有所成，便由家里集资500元参加镇常石厂招工，开启近三十年的入城之路。但这条路一开始就不平坦，由于技术与资金双重困难厂子倒闭，厂长到外地逃债，自己借的500元本钱都没要回来。当时，可以说是前路茫茫，学艺不成，到乡镇企业上班又断了路，只好跟着一些有关系的基建老板到城里开始搞副业，如挑土、做小工等。因为身单力薄，这也不是长久之计。这样，1991年婚后，因一同年出生的邻居在城里贩小菜赚了钱便经他介绍打了一摊位学做生意，一开始也赚了些，但后来换了一个位置不好的摊位，又没经验，亏本了，生意也做不下去了。因当时已经有了一个小孩，为了家里的生计。听说到广东打工一月能挣几百块，便由早年外出的亲戚介绍到东莞一家玩具厂打工。半年后将老婆也接来打工，在一家电子厂做事。打工收入合起来1000元，扣除开支每月可余600元。到1995年6月，已经打工一年半，不仅还掉了结婚欠账8000元，还节余了约2000元。由于工厂经理是老家人，关系好，本来准备在此长期做下去，老板也说要加工资，但因老婆生病，回了老家。且老婆的病一时也没治好，便不能外出打工了。正好一个亲戚在市一医院搞卫生，准备到市卫校去做饭，便介绍刘某接替其岗位。后来，更由医院一个亲戚——护士长引见，把老婆也搞来弄卫生。由于肯吃苦，一个人做两个人的活，又有亲戚照应，便赚了一些钱，前后做了7年，积攒了约7万元。后来，因为医院搞基建，在一工地上搬医疗器材被砸，其中在理赔与住院时，因基建方跟亲戚有关系，交涉时跟亲戚弄僵了，加上随后医院要求裁减临时工，便离开了医院。由于当时砸伤了腿没治好，种田不得力，打工没劳力，便重新尝试做生意，租了一门面做包子馒头。恰逢非典发生，只好关门回家。然后经人介绍买摩托营生至今。

家庭生活方面：在婚姻上是一种典型的由媒人介绍相识的农村结婚方式，并按照农村计划生育的政策生育2个子女。在从事摩托客运前，小孩一直留在农村由父母抚养。此后，在县城租房，小孩也都接到县城上学。

社区互动方面：老家的田地因长年在外，一直转包给别人种；也很少回家参加村里与生产小组的活动；没有入党，也基本不回家参加选举等事务；回家主要走亲戚人情。在城里，因户口原因，也没有参与社区管理活动；跟城里人除房东外极少交往，主要是跟工友、一起开摩托的人，以及在城里的亲戚等往来。

2. 案例二

李某，现年45岁，高中文化，在乡政府所在集镇经营一家个体照相馆，建有160平方米两层下面带门面的住房。因为户口没有迁移，在村里仍有田地，主要由父母耕种，属于洗脚上岸就近向城镇转移的农民。

就业变动情况：1977年高中毕业因家乡修水库需要向湖区

迁移，便参加了队里组织的基建，主要是学做砖匠、煮饭等，工分7.6，相当于一个正式男劳力的76%。期间下半年曾参加高考一次，未录取。一年后，以第一名成绩从生产队推荐的20名竞争人员中脱颖而出，成为大队学校民办教师。工资6元一月，还可在队里记一个全劳力的工分。当上老师后，由于虚心向有经验的教师学习，敢于严格要求学生，很快成为学校骨干，所教班级成绩一度位居所在公社学校第一名。后来水库移民到湖区后，开始出任大队学校教务主任。这段经历一直持续到1985年。期间，曾2次参加中专函授考试，成绩都过线了，第一次政审因教龄不足3年未通过，第二次即老婆计划生育不能结扎取消了录取资格，也因为这个原因，离开了学校。此后一直到1991年，主要是做生意，从个人贩棉花贩菜，到合伙贩鱼。做生意时，个人做赚了些钱，便想合伙搞大，但因为没经验，合伙的熟人没签合同，自己向渔场交了钱，后来因停电鱼运不出去，死鱼，合伙人提前支取了部分款项走了，自己一个人将鱼贱卖，亏损了10 000多元。在这段时间，1987年因生意有时不好做，又由熟人推荐在一个农场教过一年书，后来又听到农场建筑公司招工，因为收入比教书高1/3，便找关系进来做办公室工作。做了半年，因经理贪污被查，自己在办公室做账说不清，又是临时工，为了脱离干系，只好走人。1992年，开始在村里开照相馆干个体户。照相的技术则完全是忙里偷闲学出来的，是一个断续的过程：高中毕业后在区供销社学了一个月，因未经大队批准，无法安排取得工分，便中断了。1980年利用教学空隙跟一相馆老板学照毕业照。1986年看到照相易来钱，又跟一个姨夫学了16天。到此为止，照相限于拍照成像阶段，对于冲洗还是一窍不通。同年，在外地贩鱼，跟另一相馆师傅学了洗相的初步技术。最后在农场教书时跟一个江苏师傅学到布光与洗相配药诀窍。开相馆后，当时乡里还有 5 家竞争，因自己的技术好，照相的都往自己这边跑，最后其他的相馆都退出了。一开始是黑白照相，后来发展了彩照，并根据生意业余拓展的需要于 2000 年迁到集镇，并拓展了电脑数码快相业务。通过精心经营，这几年相馆都能赚到纯利 3 万元以上。

家庭生活方面：也是传统的农村介绍婚姻，小孩一直由自己带，由于父母只有一个儿子，为了生男孩，出现了超生，生育 3 胎。长女中专毕业后在乡里中学教书，现已出嫁，其余 2 个高中毕业在广东打工，目前只有夫妻二人在家开照相馆。

社区互动方面：搞基建与做生意包括躲结扎时，基本上不参与村里的公共事务。教书期间与开照相馆后，则正常参加。主要的关系，包括派出所——照身份照，教育部门——过去教书，同学——带老高中生的底子有一批有出息的同学，及社区与村里的亲戚朋友。因自己过去教书的经历与照相建构的人际关系，曾经有党组织劝说自己竞选村委会主任，考虑自己要兼顾生意，便婉拒了。搬到集镇生活后，一方面要参与村里的活动，因为户口未迁移，另一方面也要涉及集镇复杂的人事与事务，但都能本着守法、自主、互利的原则予以处理，在社会关系上，跟集镇上一条街做生意的邻居互动的也多起来。

3. 案例三

王某，现年 38 岁，初中文化，投资 20 万在城里开一针织加工厂，员工 30 人。自己负责技术，老公管理业务，一家四口，在市里买有一套加装修 30 万的 4 室 2 厅的住房，户口全部由村里迁入市里，属于经打工途径基本完成市民化的类型。

就业发展情况：在复读两届没有考取高中的情况下，在家干了半年农活，然后经亲戚介绍进入区里的缫丝厂学织布，在厂里待了半年，因为效益不好，然后介绍人又生二胎走了，便离开工厂回家务农约半年。当时到了 1989 年底，听劳动服务公司介绍到广东打工回家过年的人讲在那边做有 200～300 元一月，多劳多得。便跟父母商量外出打工。起初父母不同意，因自己一个姑娘家，从未出过远门，恰好当时有一个堂姐也想去，她的哥哥在广东当志愿兵可以照应，加之当时家里经济超支，便答应了。到了正月十五，便跟着同村在广东打工的熟人一同坐火车到广东番禺进了一家针织厂，学拉机，属计件工资。刚进厂，有点不适应，一方面水土不服，感冒，另一方面厂子小经常换货，常常刚学会这种又要做新货。于是产生了转厂的念头，向堂哥写了一封信，堂哥赶来后，看到他妹与我在广东比较苦，一度要送我俩回家。不过，最后还是没回家，因为出来就是要找赚钱的路，没弄出什么名堂就回去，舆论不好，而此时感冒也好了。这样坚持下来，过了近四个月，基本的货都学会了。当时可以一天做半打货赚 7 元钱。不料此时发生男老乡跟本地人打架事件，因怕本地人报复便集体转厂到另一家针织厂。在新厂做了 1 年零 2 个月，也是做拉机，工资增加了 2 倍多，主要是自己做事认真，自觉听从厂里的安排，不挑肥拣瘦，难做的与容易做的货都做，由一名新手转变成比较全面的熟练工。1991 年 8 月 1 日，因老乡讲东莞某针织厂做样板计时 18 元一天，可以学技术，便转了厂。刚进厂因没机位，便做拉机，做到年底，工资 1000 元一月。次年到板房做样板。当时不会调机，便向一同事学，并且利用在板房的机会，偷偷学算图。当时是在做完正事后学算图，利用在板房的机会算图后自己去拉样品，然后修正。后来出现一个机会，厂里招一个算图的，因自己在工厂表现好，被当时的经理称为模范员工，能吃苦，严守纪，肯钻研，不讲价钱，便提拔来正式学算图。到 1995 年，完全掌握了算图的技术，成为工厂技术师傅，月工资 1500 元。

后来，因结婚生小孩，便离开了工厂。生小孩后，又经熟人介绍到另一家外资企业做算图。月工资提升到 4000 元，做了 5 年。到 2000 年，因熟悉的前一个工厂经理再三要求自己回去，便再次转厂，做技术主管，工资 5000 元。做到 2007 年，因工厂经理换了人，且老公在厂里做业务受到新经理的排挤，便在老家城里租了 60 平方米的厂房，买了 30 台机器，招用一起出来打工的熟人，办起了针织加工厂。自己做技术，老公利用原来的渠道搞业务抓订单。基本上，每月可以赚 3 万元左右纯利。

家庭生活方面：1996 年跟同一县在外打工的老乡相识结婚，属于自由恋爱，现生育有 1 子 1 女。在未办厂前，小孩由父母在老家带，现在在城里读书。

社区互动方面：因长年在外，基本不参加老家村里的公共管理活动，1996 年结婚，在城市买房，自己出了 1/3 的钱。当时所在城市搞扩城兴市战略，两夫妻的户口也就随着买房迁入。2007 年卖掉它换了现在的房子。办厂后，因就在当地生活，一般社区开会通知了都参加，如选举活动等。社会关系上，认识了一些邻居，其他与政府互动方面则由老公处理。主要问题是跟社区互动还是不多，没有农村那种熟人社会的氛围。由于办厂事情多，空闲时间不多，主要还是跟亲戚、回乡的打工朋友交往较多。

三、分析与结论

（一）分析

得到上述农民工市民化的现实案例后，需要进行合理的解读，以形成农民工市民化的结构模型。在此之前需要理清农民工市民化的概念。

对于这个概念，一般将它看成一个动态的历史进程，即农民随着中国现代化转变为市民的过程。但在这种过程的解读、在对市民的认识标准等方面还是存在不同的表述。较早研究农民工市民化的学者刘传江教授主张，农民工的市民化可以区分为农民从农村退出、城市进入与城市融合等阶段，具有四个层面的涵义：一是职业由次属的、非正规劳动力市场上的农民工转变成首属的、正规的劳动力市场上的非农产业工人；二是社会身份由农民转变成市民；三是农民工自身素质的进一步提高和市民化；四是农民工意识形态、生活方式和行为方式的城市化。[1]刘传江教授的主张从时间与空间的角度对农民工市民化的进程与内涵进行了比较完整的有价值揭示。但在运用它来理解农民工市民化的现实进程上可能仍然存在或引起一些问题：一方面，是对农民工市民化历史进程的描述上，应该指出他讲的三个阶段只是一种逻辑上的区分，在现实中三者之间并不是绝对的分离关系，而是既相互独立又相互包容的。现实的农民工市民化行为——外出打工，就同时包括了从农村退出、进入城市及融入城市等内涵。另一方面，在农民工市民化具体内涵的理解上，刘传江教授的主张可能是从农民与市民的对比中概括的特征。因此，也可以根据不同的角度对现实的农民工市民化的内涵进行归纳。本文主张，农民工市民化也是人的一种生活的转换与发展。因此，从一般的常识的对人的生存内涵的解读来讲农民工市民化的内涵，可能更有现实性与操作性。这种通常的对人的生存内涵的解读，包括人的职业生活或事业方面，人的家庭生活或爱情方面，人的社区生活或参与公共管理方面。而且应该明确，农民工市民化的纵向的退出与进入行动，与农

---

[1] 刘传江、徐建玲："第二代农民工及其市民化研究"，载《中国人口·资源与环境》2007 年第 1 期。

民工市民化的横向的就业生活与社区参与等二者是相互作用的。纵向的市民化发展，需要以横向的农民工生存空间与内容的拓展为基本条件与判断标准。

下面就依照上面的理解来分析得到的三个案例。首先，三个案例中的对象都进度不等地开始或基本走完了纵向的从农村退出的这个市民化步骤。户口迁移的在农村已经没有承包地了，也从农村公共管理中退出了，只是在社会关系上仍然有亲朋往来；没有迁移户口但在城镇拥有住房的，农地由亲属种，在社会关系与公共管理上处于一种跨界治理状态——两边兼顾；没有迁户口，但在城镇没有住房的，则对农地进行了转包，在农村公共管理与城市社区治理上都没有什么参与，在社会关系上则以业缘、亲缘等为主的方式存在。这三种形态中，第一种与第三种形态，学术界以完全城市化及半城市化的话语进行了较多的研究与关注，并主张农民工市民化有一个从农民、半城市化到城市化的过程。第二种形态，则较少关注与讨论，它既不是第一种城市接纳的市民化，也不是城市排斥的半城市化的市民化，作为一种跨界现象，值得进一步研究。[1]

其次，从三个案例市民化的内容来讲，可以发现一点：职业发展决定了案例中主体市民化的进度。第一个案例中的主人公，形成一种半城市化状态，在于其职业发展困难，没有学成什么技术，学艺与做生意都不成功，长期只能靠出卖体力维生。

---

[1] 跨界现象的产生，既在主观上是没有迁移户口，在客观上在于居住的集镇仍在形成之中，是农村乡政府所在地，但没有在行政上成为一个建制镇，所有公共事务是乡政府委托乡里建设公司管理的，在一般农村行政事务上则仍将居民纳入原行政村范围治理。可能这也是一种农村城镇化进一步发展中的一个过渡现象。但应该在农村是大量存在的，其管理体制与公共事务上如何理顺原行政村与集镇关系，值得探索。

因而没有钱在城镇安家，户口也迁移不进来，处于一种典型的城市排斥状态。这种生存状态，也是中国大多数农民工生存状态的写照，由于没有在城镇安家，又长期在城镇就业，因而造成了城镇生活边缘化生存状态，以及农村生活的候鸟生存状态——除年节外很少回家。第二个案例中的主人公，通过拜师与自觉学照相技术，成为有一门具有现代性的生存技术的专业个体户，不仅送长女读完中专，还在集镇建房，初步完成向城镇居民的过渡。第三个案例中的主人公，在打工过程中学到一门工业技术，并成长为单位技术管理人员，因而在提升自己的经济地位的同时，几乎同步扩大了自己的社会资本网络，[1]为进阶城市，办厂、买房、迁户口等提供了坚实的基础。因而，在三个案例中在市民化道路上走得最远，完成进入城市、步入融入城市阶段。

最后，在三个案例主人公市民化的进程与职业发展中，有三种因素发挥重要作用：一是主体素质，包括体力、智力、知识、经验、技术等构成的一种主体市民化能力，主要是表现为一种职业发展能力，起到了主导作用。在三个案例中，主要表现是，有两个主体掌握了一门具有现代性的技术，因而在市民化中占得先机。相对的，第一个案例中的主人公，则因为没有形成这种职业技术，一直靠体力生存，因而市民化进程中受到城市排斥。二是社会关系成为辅助工具。三个主体走向城市，都有亲友熟人的帮助，其职业转换与发展过程都有朋友熟人的参与。三人都有学技术的经历，都有打工熟人介绍的情形，在

---

〔1〕 关于农民工内部管理技术阶层与普通农民工阶层之间的分化，可参见刘小年："农民工阶层分化机制功能与政策研究"，载《安徽农业科学》2008 年第 17 期。

社会关系上亲戚与朋友都是一个基本成分。这再次印证相关农民工社会资本重要性研究的结论。但没有支持那种主张通过社会资本扩张来决定农民工市民化的主张，一方面，在于农民工的社会资本少，另一方面，社会资本需要由农民工主体素质的发挥来进行建构与扩展。三是社会政策与制度成为农民工市民化进程中一个门卫机制：一方面作为门槛，通过购房投资等户口迁移政策发挥作用，另一方面作为窗口，如允许农民进城务工经商与购房、迁户的政策使农民工能够洗脚上岸。

（二）结论

通过以上分析与诠释，可以得到一个现实中农民工市民化的路径结论，即以职业发展为中心，以主体素质的培养与发挥为主导力量，以社会关系为辅助条件，以制度与政策为门卫机制，通过农村退出、城市进入与城市融入等阶段完成的一个农民变成市民的过程。

通过上述结论，可以发现农民工市民化在现实中实际上陷入了双重困境：一方面，在政策绩效上，由于农民工市民化上长期以来多数地区都是实行一种选择性激励的政策，即通过规定农民工户口迁移的技术、文凭、资产与税收条件，将农民工队伍中极少数优势者纳入城市社会主体与治理体制之中，因而在现实上将大多数农民工排斥在城市化进程之外，延缓了农民工市民化。另一方面，在政府责任上，中央尽管多年前就出台了相关以稳定居住与职业为基本条件的准许普通农民工迁移户口加入市民队伍的政策，[1] 但并没有制定相关规划与时间，没有具体的对地方政府的约束措施，而地方政府大都从本地利益考虑，从维护户籍人口利益出发，制定了一系列与中央政策意图相左的具体的土政策，形成了限制普通农民工入城的门槛。这样，地方政府落实中央决策的责任与中央政府加快城乡一体化的社会责任都虚化了。广大农民工的市民化进程，成了一场基本上只有农民工自己负责与主动的独角戏，成了一种自生自灭的东西。长期以来，农民工市民化的渐进模式，变成了普通农民工市民化的难进模式。[2]

面对农民工市民化现实渐进路径上的局限，这里提出一个改进的方法，即通过实质性扩大与形成一种普通农民工人人都可以享受的技能与素质培训，将普通农民工变成技能型劳动力，利用渐进模式中农民工主体素质在市民化中的主导功能，推动农民工市民化进程。这样做的优点：一是坚持了原有的渐进路径。由于中国农民工绝对规模大，农民工市民化的复杂性，各地经济社会发展条件参差不齐，在一夜之间解决农民工市民化的激进主张不现实，因此，需要继续坚持渐进思路。这体现了中国的国情。二是回应了农民工渐进路径中农民工主体素质制

---

[1] 1984 年中央即有如下农民户口迁移政策条文："凡申请到集镇务工、经商、办服务业的农民和家属，在集镇有固定住所，有经营能力，或在乡镇企事业单位长期务工的，公安部门应准予落常住户口，及时办理入户手续，发给《自理口粮户口簿》，统计为非农业人口"，详见《国务院关于农民进入集镇落户问题的通知》，载人民政府网 http://www.gov.cn/zhengce/content/2016–10/20/content_5122291.htm，最后访问日期：2008 年 11 月 19 日。

[2] 陈映芳从户籍制度改革的角度指出了中国农民工问题长期存在的原因——中央的放责放权与地方的自利自保（参见陈映芳："农民工——制度安排与身份认同"，载《社会学研究》2005 年第 3 期）。本文则进一步指出了阻碍农民工市民化政策操作的现实机制——选择性激励。

约下主导力量不足，因而，使地方政府的选择性激励成为选择性门槛的问题，并能有效解决这一问题，有利于落实中央加快城乡一体化的战略，也有利于推进地方实体经济与社会的转型升级，有望解决政策上的责任与积极性问题。三是利用了当前的国内外经济社会形势，有利于解决城乡利益之间的长久紧张。这种紧张，一方面城市规模性吸纳农民工存在财政与公共资源的约束，存在市民利益重新分配上的阻力；另一方面在城市经济与社会纷纷提出升级转型的情况下，大多数的初级劳动力——普通农民工面临在城市生存空间的挤压难题。如果能让普通农民工通过技术与素质培训变成城市转型升级需要的各种层次的技工，则会受到城市欢迎，既可以创造更多财富来缓解城市吸纳农民工带来的公共资源与财政的压力，也可以通过创造新财富、提升自身素质与形象的前提下，融化市民对农民工排斥的态度。

所以，在当前对待农民工市民化的路径选择上，不是要走激进的城市化与市民化之路，而是要在渐进的模式下，直面农民工生存现状，从提高农民工素质与市民化能力出发，夯实农民工市民化的基础。并通过这种路径的修正，落实政府责任，形成实在的绩效。当然，在农民工培训与素质教育的同时，可以着力扩大参与城市社区治理、推进农民工与城市社区和谐相处。在相关资源包括资金上，建议主要由政府财政支出，并且根据政府财政实际与政策实施与监控，考虑主要由中央承担，以解决当前农民工培训上资金不足、培训面太窄、培训内容定位太低、效果不理想等问题。

第五篇　适应性市民化：农民工市民化的新思路
——来自某厂农民工的调查*

一、问题的提出

在工业化与现代化中农民进城是一种历史趋势。在当代中国现代化进程中，农民进城已经基本走过第一步，即由农民变成农民工的职业转换阶段，接下来，则是如何由农民工变成市民的问题。这种分阶段市民化，可以说是中国特色，是对西方发达国家一步到位在农民职业转换的同时进行身份转换的一种模式突破。但是在理论上，如何实现农民工市民化这个第二阶段的任务，学术界却由不同的看法[1]：一种主张激进的路径，即马上在全国范围内推行以户籍制度改革为中心的制度变迁，让农民工迅速转换为市民。其理由一般是：市民化是历史规律，中国当前已经具备大规模推进农民工市民化的条件，这些条件如政府财力与负担公共服务的能力，总体上农民工作为社会价值的创造者而不是城市的负担，以及推进城乡一体化对城市与乡村发展的必要性与好处，等等。另一种主张渐进的路径，即要求让农民工顺其自然地实现市民化，在理论上某个农民工达到条件则接纳这个农民工入城，一个地方达到条件则这个地方先行。其依据是农民工既然是历史规律就要尊重历史规律，根据农民工市民化的条件来运作，考虑其规模、需求、城市的能

---

* 本篇原载《农村经济》2009年第11期。

〔1〕　王红茹等："拆除户籍藩篱：滞后还是超前？"，载《中国经济周刊》2005年第44期。

力，以及社会发展的不平衡性等。在现实的实践中，激进的敞
开大门接纳农民工进城的实验出现了挫折，渐进的有条件将农
民工转换成市民的政策却形成了普通农民工现实地排斥在城市
化进程之外的尴尬境地。这样，提出的一个重大学术问题是，
如何对两种农民工市民化的学术观点进行评价，并在这种评价
中进行学术创新，找到突破实践中农民工市民化困境的新路子。
对于这个题目，可以从多种角度来研究，如从理论上来分析，
也可以从实践中来总结。无论是理论阐释，还是实践说明，都
可以有两种研究的态度，即从外部介入的方式，也就是从社会
与政府责任等角度来探讨农民工市民化问题，也可以从内部发
展即以农民工为主体自我发展的角度来讨论农民工市民化问题。
鉴于以往研究多是一种外部介入的写作，农民工市民化是农民
工的市民化离不开其主体性的发挥。这里就从农民工主体性的
视角进行写作。在这种写作中，又考虑到理论与实践的关系，
考虑到学术创新必须要有实践的依托，故又从一种具体调查的
实证研究来展开。

二、调查及结果

（一）调查方式：问卷调查

首先是问卷设计，根据农民工市民化是农民工的市民化、
是农民工随着中国当代中国现代化进程而走向现代化的过程的
观念，从农民工的现代化的角度设计问卷。由于人的现代化不
过是人的生活与生存模式的变迁。所以，问卷设计的具体问题
就从对农民工生存状态的描述入手，以便在调查后通过这些问
题掌握农民工市民化的现状，并透过这种现状分析农民工市民
化的路径选择。就人的生活与生存状态来说，一般可以分解为
三个层面：一是人的就业或工作，也就是人获取生活资料的方

面；二是人的生命延续相关的方面，即家庭生活；三是人的社区生活，也就是个人参与社会公共事务与社会交往的方面。显然，这三个层面是相互依赖与相互作用的，一起形成了人的生存具有的个体性与群体性交织的现实状态。考虑到本研究的政策取向，在这三个层面的调查上，总体上都设置包括农民工在这一层面生存的现状或问题、解决办法、发展目标及政策需求等问题。每一个问题，则根据在调查前对农民工的掌握与其他文献的描述，提供若干选择答案供被调查的农民工挑选。由于农民工生存的整体性，在这三个层面的问题前还设计了一项一般性的关于农民工社会经济情况的问题，主要包括年龄、文化、性别、职业等。

其次在调查操作上，选定一家体现进厂农民工所有制与行业分布特点的台资劳动密集型企业某针织厂农民工为调查对象，具体操作，为保证调查到资料的真实性与调查进程的顺利性，于2008年9月将设计打印好的问卷交由作者的一名长期的农民工朋友，由她根据自己的圈子随机找熟人填写。当时共发放问卷35份，一个月后实际回收35份，其中有效问卷32份。在正式进行问卷调查前，利用作者多次进行同类调查的经验，找熟悉的农民工对问题进行了测试，并对个别问题表述与选项进行了修正，保证了问卷的质量。

（二）调查结果

1. 样本社会经济情况

年龄29岁及以上的占59.4%，其他80后的占40.6%；文化初中包括未毕业的占71.9%，高中专的占28.1%；性别中男性占64.5%，女性占35.5%；岗位中75%的是熟手，18.8%为师傅，主管与生手都占了3.1%。这种状况说明农民工人口学上的自我更新不明显，这与前几年的民工荒可以相互印证，也从侧面印证了中国劳动力红利时代即将终结。

2. 样本就业状态

在就业途径上依赖亲戚的占 43.8%、老乡的 18.8%、朋友的 6.3%、自己找的 31.3%；就业问题上 75% 的反映不按规定发放加班工资，50% 的选择工作时间太长周末不放假，其余反映工资低的占 46.9%，缺少文娱活动的占 37.2%，反映管理不公及以罚代管的分别占 28.1% 与 21.9%，其他反映升职机会、工伤、职业规划与工资发放时间等方面的比例都在 10% 以下；解决就业问题的方式上，向亲戚、老乡、同事、朋友等求助的比例分别为 46.9%、37.5%、21.9%、18.8%，其他途径都在 10% 以下；职业发展规划上，46.7% 的选择做生意，16.7% 的想学一门技术，13.3% 的为回家务农，其他如开厂、从事现岗位及在本厂发展的等都不到 10%；职业发展工具上，选择自己努力工作赚钱的占 53.1%，找朋友帮忙的占 28.1%，遵纪守法踏实工作的占 25%，跟工作管理方搞关系创造机会的占 6.3%；就业政策需求上，靠前的是加强劳动执法与办理社会保险都占到 46.9%，要求定期提高最低工资与每周放假一天的也都占到了 40.6%，然后是建立统一开放的劳动力市场占 34.4%，提升打工者做生意或开厂贷款优惠的占 21.9%，要求技能培训的占 18.8% 排在最末。这种状况反映农民工就业在多年之后仍然处于低端的劳动力市场，就业权益保护仍然有待加强。

3. 样本生活方面

反映的问题中排在第一位的是不能在家照顾父母与子女占 65.5%，看病贵占 53.1%，社会保障不健全占 40.6%，开支压力大占 37.5%，两地分居占 21.9%，治安占 15.6%，买不起房占 12.5%，其他如子女读书与找对象都在 10% 以下；解决生活问题的手段中自助的占 84.4%，向亲友求助的占 18.8%，没有人选择向政府或其他途径；在生活方面的政策需求上，50%的要求统一城乡社会保障，46.9%的要求控制物价，要求提供面向农民工住房体系的占34.4%，解决子女读书的占31.3%，要求建立夫妻探亲假的占28.1%，在家乡建立帮扶留守父母与子女制度的占25.8%，要求解决户口迁移的排在最末占21.9%。这些体现了农民工候鸟式生活模式，以及提升生活保障的愿望。

4. 样本社区参与方面

交往互动对象上排在第一、二位是亲戚朋友与房东，分别占65.6%、43.8%，其次是老家的生产小组与村分别占12.5%、9.4%，城市社区与管理机构中只有派出所达到12.5%，其他如居委会、劳动与社会保障局、工会等都在10%以下；交往互动中涉及的事项，亲戚朋友的人情往来占65.6%，租房占40.6%，如计划生育、子女读书、治安、劳动争议、保险、承包地等都不到10%，其他如参与培训、党团工会活动、社区与村里的治理活动等都是0%；在互动交往的阻碍上，反映城里人冷漠的占46.9%，政府未能主动服务的占40.6%，劳动法执法不力的占37.5%，其他因户籍原因不能参与城市社区自治与利益分配的都不到5%；在克服阻碍上，自己努力的占75%，求助亲友的占37.5%，求助政府的占6.3%；在社会交往政策需求上，排在第一位是要求城里人改变冷漠态度占50%，要求官员主动为打工者服务的占43.8%，要求在社区分红的占15.6%，要求参与社区会议及享有选举与被选举权的都达到12.5%，要求在打工地入党的占9.4%。这种社区生存状态表明：城市对普通农民工处于排斥状态，农民工与城市及农村社区之互动凭借的是一种利益交换模式。

三、分析与结论

（一）分析

通过样本资料，可以推断与发现中国农民工市民化的生态具有三个特征：

1. 生存中发展的需求

马克思曾将人的需求区分为生存、发展与享乐等内容，其中生存可以说一种低端的层次，发展则是耸立在生存之上。[1] 就农民工的需求来看，还总体上处于一种生存的低端，同时又有向上延伸即发展方面的需求这样一种状态。农民工需求的生存性体现在：他们面临与希望解决的问题，包括就业、生活与社区交往等层面，都是一种大体上与个体维持生命延续相关的，如就业方面排在第一位的是加班工资发放没有达到法定标准问题，生活方面排在第一位的是对家人的照顾问题，社区交往方面排在第一位的是城里人的冷漠。这三个问题直接影响的是农民工的生存：生命的维持——通过工资发放形成对物质资料占有的状态，生命的延续——通过家人照顾对生命延续质量，生命的社会条件——通过与城里人互动生成农民工城市社区社会资本等。在这样低端的生存之下，农民工发展的需求也是有限的、低层次的，如在就业方面，虽然合起来一半以上的人想做生意或学技术，但其政策需求中排在前列的还是维护就业权益及通过社会保障与劳动力市场建设保障自己的劳动力与职业安全。从生活方面来看也是如此：排在相关政策需求前列的都是关于生活安定与生活保障有关的，至于政府与学界讨论很久的

---

[1] 中共中央马克思、恩格斯、列宁、斯大林著作编译局编译：《马克思恩格斯全集》（第 1 卷），人民出版社 1972 年版，第 163 页。

户籍问题则现实性地排在末位。从社区参与来看，主要的政策需求也是改善城里人对农民工的态度与政府公共服务的主动性。

2. 半封闭自助的资源

农民工市民化的资源来源可以分为三种：一是农民工自己拥有的资源，如作为具体的社会主体拥有的体力、智力、经验、技能、资产等，这些也是形成农民工市民化主体能力的资源；二是农民工通过社会交往而形成的资源，主要是社会资本，即可以从自己的社会关系网中获取的资源；三是作为社会宏观环境的政策制度与社会经济形势等提供的资源。从这些资源来看，第一个资源是农民工自己可以创造与自主使用的，第二个资源是农民工可以主动建构的，第三个资源则是外部环境是需要农民工适应的。从这三种资源来讲，总体上农民工进城的生活具有半封闭自助的特点：半封闭，从宏观外部社会环境与政策制度来讲，就是通过改革开放提供了农民工到城市就业的机会，但在其向上的社会流动上则处于一种限制状态，就现实的政策来讲，在 2000 年前政府对农民工的管理在理念上是当作一种管制的对象，在 2000 年后则逐步向善待农民工转变，但受户籍制度等制约，仍然使农民工在城市的生存处于一种社会排斥状态。[1]这也就是农民工市民化的总体写照：职业上基本实现了流动，身份转换上则踟蹰不前。作为这种半封闭资源的表现，在调查中发现样本农民工反映其社区参与最大的问题就是城里人的冷漠，在冷漠之下农民工与城市的互动范围十分狭窄，调查揭示的最多的互动就是租房及与房东的往来，而这种调查中最多的互动也是通过一种同样冷漠的方式——利益交换的方式

---

[1] 刘小年："农民工政策的阶段新论：兼与胡鞍钢教授商榷"，载《探索与争鸣》2006 年第 3 期。

实现的。由于城市生活对农民工的半封闭，农民工在大多数情况下遇到问题时只能采取自助方式：样本农民工找工作就是通过熟人这种次级社会关系达到的，遇到就业问题、生活问题与社区参与问题，首先求助的也是这种关系。通过社会资本解决城市生存问题，这是农民工自助的一种基本形式，也是大多数社会学相关研究揭示与强调了的。只是这些研究没有指出或突出这种社会资本的自助性质，即通过农民工自己努力建构关系来解决问题。作为自助的另一种常态的也是主要的且被多数社会资本研究掩盖了的形式是农民工自己单独解决问题：在找工作中有31.3%的人是自己联系，在生活上84.4%的人选择自己解决问题，在社区参与上75%的人自己克服障碍。

3. 选择性激励的环境

人作为社会存在物，社会是其活动的环境，从系统论来讲，人必须适应环境；同时环境又是人活动的场所，可以为人提供各种生存资源。所以，环境是农民工市民化的一个重要因素。同样，一方面农民工在市民化中必须适应面对的社会环境，另一方面也可以从社会环境中抽取各种可用的资源。就现实的环境来看，农民工市民化面临的是一种选择性激励的环境。作为一种选择性激励的环境，它向农民工提供的资源与机会都是有限的、有条件的，这也在一定程度上可以解释上面讲的农民工半封闭自助的资源特征。这种选择性激励环境，主要体现在政府的政策与社区的利益分配关系上。改革以来，政府出于招商引资的需要，在劳资关系上主要照顾的是资方的利益。尽管2000年起政府开始关注农民工这种弱势群体的利益，但由于政策执行的时滞与政策变迁的过程性，地方政府的行为模式并未彻底转变，体现在调查中，就是样本农民工反映的社区参与问题前三甲中第二、三名都是讲政府的，要么说政府服务不主动，要么讲政府执行劳动法不力。另一个方面，就是在农民工务工的城市社区利益分配上，本地人对外地人——农民工的冷漠，城市社区利益只与农民工实行"平等"的交换——以租房租金等方式，作为城市社会价值主要创造者的农民工很难参与社区各种收入的分配。造成这种普通农民工城市生存困境的政策与制度原因，就是一种有条件地让农民工转变为市民的选择性激励机制，即将农民工中的上层或优秀分子，通过购房、交税等条件，迁移户口，变成市民，参与到城市社区的治理与利益分配中。由于这样的机制，农民工应该在城市享有的同等就业、同等教育、同等社保、同等居住、同等服务以及同等政治参与等权利都打了折扣。由于环境提供给农民工的资源的有限性，农民工在适应环境上也表现出独特的方式：一是在城市中现实的基于利益驱动的"寄居"生活；二是面向未来的"逃离"念头；三是遭遇生存问题时的"自助"模式。"寄居"是多数研究揭示了的，也是农民工城市生存的真实写照；"自助"在本文前面已经说明。这里只指出一下调查反映出来的"逃离"。调查在了解样本农民工市民化的就业状况时设计了一道问题，让农民工讲自己的职业发展规划。统计结果显示，排在前三位的是做生意、学技术与回家务农。选择坚持现岗位及在本厂发展的合计起来等于回家务农的比例。这种结果一方面表明了农民工对自我职业提升的愿望，另一方面也体现了农民工对现在的工作单位与工作地的不满，由于这些愿望与不满，农民工才有在未来"逃离"的计划。事实上，伴随农民工"寄居"生活的高流动率与一波一波的"返乡潮"与"创业潮"，也体现了农民工在自助中"逃离"的方式。这种"逃离"即有向上的市民化的发展，也有向下的回归农业。因而，在农民工市民化的研究中，是一个值得重视的现象。

（二）结论

根据上述对农民工市民化的调查结果与分析发现，可以得到两个基本的结论：

第一，农民从农村向城市进军并在现代化过程中最终转变为市民是一般历史趋势，但在当代中国那种激进制度变迁的市民化模式是缺乏现实性的，在实践中必然是要碰钉子的。同样，在当代中国各地现实性选择的渐进市民化模式也是不道德的，在实践中难以达到政策初衷。

激进模式的非现实性在于，从逻辑上讲，农民工市民化作为现代化中的一种普遍趋势，只是一般性的东西，要变成各国国家具体的现实，必须根据各国农民工市民化的具体条件来推行。因此，不能因为仅仅对历史趋势的判断就在现实中要求立即实现当代中国农民工的市民化。黑格尔讲"凡现实的，都是合理的"；反推一下，在逻辑上是不合理的，也可以说是非现实的。由于这种主张的政策性，对其非现实性也可以从政策科学方面，来分析。从政策科学来说，就是政策规划要讲究前瞻性，政策执行要讲究条件性。可以说支持激进模式的理由都是一种前瞻性的考虑。也就是说从当代中国发展的前景与趋势来说，会走向城乡一体，会最终实现农民工市民化。这是一个政策规划的方向。但这种规划的落实必须依条件有步骤地实施。如此，从宏观的财力、农民工的地位等判断与提出激进制度变迁的市民化道路就不现实了。因为它没有考虑到政策实施的中央与地方、整体与局部的关系。在中央可能集中了更多的财力，有的地方可能财力就不足；在整体上出现了农民工市民化的趋势，但在局部主要是后发地区可能条件就不成熟；在中央与全局可能更关心城乡一体化与社会公正，在地方与局部可能更关心发展与户籍人口相关的本土利益。这是其一。其二，农民工规模庞大，几亿人想同步通过制度变迁一下实现市民化这几乎是不可能完成的任务。而且这里从政策科学的角度来讲，还面临一个政策实施过程中政策环境与政策条件是变化因素的制约。比如，就农民工群体来讲，现在有一两亿，且在农村还以剩余劳动力的方式储存了几乎同样的规划的数量。所以，不光市民化规划巨大，而且当现有农民工市民化了，还会有源源不断的农民转变成农民工加入这个行列，因而这种进程必然是有比较长的期限的。与此相应的是，随着农民工市民化对象的变化、时间的推移，其市民化的环境也必然在变化，因而推行市民化的策略也必然要调整。就当前市民化的社会宏观经济环境来讲，由于金融海啸，政府推出了一系列的救市举措，财政资金也没有过去那样宽裕了，因此，一下动用数量巨大的资金来推行全面的农民工市民化也在短期不现实了。事实上，在当前，随着经济面临衰退的情势，随着失业潮的隐现，政府政策的重点之一，在农民工管理上，也由过去的突出权益保护开始转向单一的保就业上。其三，农民工市民化涉及方方面面的内容，是一项系统工程，需要进行认真的研究与实践的经验总结，不可能简单地以激进改革来实现。农民工市民化不光涉及城市也关联农村，不光与农民工有关也与工厂有关，不光与农民工有家庭有关也与社会参与有关，不光是一个户籍改革问题还是一个复杂的利益分配问题。因此，对于这样复杂系统的工程，最好先试验，符合条件，取得经验再推广。

以上是从一般性的角度、从社会政策的角度讲证了激进模式的非现实性。从本研究的立场来说，农民工市民化是农民工的市民化，因此，对激进模式也可以从农民工的角度来分析。从这个角度来讲，本调查的结果也充分证实了激进模式的不切实际：首先从政策目标来说，政府制定政策必须要具有回应性、反映社会要求。从调查揭示的农民工需求来看，还处于一种低端的生存性需要，生存放在第一位，发展只是次要的将来需要面对的问题：调查结果反映农民工对劳动报酬、家人照顾与人际关系等方面的需求放在前面，而与市民化相关的技能培训、户口迁移、参与城市管理及社区利益分配等方面指标都排在后面且比例没有一项超过25%的。其次从政策执行来讲，市民化需要农民工发挥主动性。但农民工在市民化中现实性却面临资源短缺的局面：一方面调查揭示多数农民工是普通劳动力，没有技术、文化不高；另一方面在社会资本上也明显不足，主要是一种熟人社会关系。最后是城市通过选择性激励那种有条件让农民工转变成市民的政策与自利机制呈现的半封闭与社会排斥状态。在这些因素相互作用下，农民工的城市生存与市民化居于一种自助状态。这是一种相对孤独的自助，也就是说，农民工就是有市民化的念头，也受到自身条件与社会环境的制约，在现实中也是"巧妇难为无米之炊"。

至于渐进模式的非道德性在于：它对农民工的市民化采取的是一种选择性激励的路径，即一方面中央在总体上原则性地提出了城乡统筹、城乡一体化的政策方向，并授权各地根据自己的条件执行；另一方面地方在执行时，都不约而同采取了一种选择性激励的路径，即规定农民工迁移户口转变为市民的硬性指标，如购房、稳定就业及文凭、技能、投资或缴税等条件。由于农民工群体的大多数都是蓝领工人——正如本调查揭示的样本农民工75%的为熟手、初中文化的占71.9%、处于一种工资低劳动时间长租房或住工厂房过日子的状态，根本无法达到资产或技能文化等方面的地方政策门槛，实际上造成了多数农民工都被阻挡在市民化之外。这样，对中央政府来说，通过向地方放权，实际也放弃了宏观政策上的政府责任。这是这种渐进模式不道德的一个方面。另一方面，地方政府，既要农民工作为产业工人为自己创造财富又不想为多数农民工提供跟户籍人口一样的公共服务，并通过选择性激励政策将多数农民工排除在城市公共管理之外，明显的是一种自利的行为，可以说是一种城市剥夺农村的方式，与以工补农的发展趋势背道而驰，显然是不符合分配正义的，也是不道德的。由于这样的渐进模式下的中央与地方关系、农民工产业工人与农村户口关系、城市与乡村关系，渐进模式，作为现实的农民工市民化道路，实际上成了一条实践中的农民工市民化的难进模式；渐进模式的选择性政策入口机制实际上成了农民工市民化必须跨越的门槛；农民工市民化这种本应是政府、社会与农民工共同努力的社会发展事业，在普通农民工那里变成了自助行动，农民工向往的市民化变成了放任的市民化——政府不负责任的市民化。这样，市民化的理想，对普通农民工来讲，就变成了一种海市蜃楼的体验；政府想要依靠渐进模式实现农民工市民化的目标，就变得模糊而遥远了。

第二，由于安排的激进模式不现实、放任的渐进模式又不道德，因而，农民工市民化只能走一条中间道路，即走适应性市民化。

所谓适应性市民化，就是改变安排的激进模式那种市民化忽视农民工在市民化中的主体作用的缺陷以及克服放任的渐进模式那种市民化政府不负责任的弱点，立足市民化中农民工主体作用的发挥，利用市场利益机制，发挥中央集中财力较大的优势，开展提升农民工市民化素质工程，分类分步骤实现农民工市民化。

提出这样的思路的理由：一是从历史来看，农民工市民化历程的第一步由农村到城市就业，就是农民发挥其主体性利用国家改革开放的条件而进行的一项伟大创造。因此，当前的农民工市民化离不开农民工主体性的发挥，应该继续立足这种主体性。二是要发挥农民工在市民化中的主体性，当前最大的现实约束是农民工素质偏低导致其市民化能力不足，所以，需要通过开展农民工市民化素质建设工程，为农民工主体性发挥与市民化创造必要条件。三是当前实践中渐进模式中制约农民工市民化的门槛恰恰是一种技能与资本型，通过农民工市民化素质建设工程正好可以突破这道农民工市民化头上的紧箍咒，从而实现农民工市民化规模化上的飞跃。四是之所以突破市民化紧箍咒后可以实现农民工市民化的规模化，在于其中存在一种利益机制，利用这种机制可以实现农民工与户籍人口、农村与城市的双赢。过去农民工实现职业转换由农民变成产业工人也是因为可以为城市带来财富所以城市接纳了这个陌生群体。现在如果农民工通过素质建设工程变成技工或其他城市需要的价值创造者，则可以形成一种新的对农民工接纳，开启市民化的大门。事实上，一些地方试验大规模放开城门接纳农民工之所以受挫在于缺乏公共服务能力，如果能够通过新的农民工素质建设工程创造更多的财富形成更强的公共服务能力，加上应对金融海啸政府推动的大规模基础建设，则可以基本解决这个问题。五是农民工市民化素质建设工程，可以利用国家财政结构中中央财力较多及中央政府承担着事关全局的公共事务主要责任的特点以中央为主来承担，解决过去农民工培训教育中资金短缺问题与提升相关工作的效率与水准。六是适应性市民化可以适应与利用国家应对当前全球经济危机的形势，分类分步骤推进：本调查揭示样本农民工的职业发展规划呈现做生意、学技术、回家务农、继续打工等多元化色彩，因此，可以针对不同的农民工需求进行分类市民化的政策帮助，如做生意与开厂的可以提供技能培训与创业资金与税费政策优惠支持使之向个体户与企业主发展，学技术的和继续打工的可以主要提供继续教育与技能培训使之转变成城市欢迎的技能型农民工，就是回家务农也要进行现代农业技术学术使之能最终转化成现代化的农民。具体步骤就是先教育帮扶提供就业创业能力，分散经济危机下就业风险，稳定就业与拓展就业空间提升就业创造价值。同时，在基本不改变现有利益分配格局的前提下探索与扩大农民工参与社区公共事务的有效方式，改善农民工与社区居民的关系，提升农民工公共管理的能力与社会资本，建设和谐社会。这一步的主要目标是提升农民工创造的价值为市民化价值分配提供条件，同时通过参与型和谐社区建设为农民工市民化融入城市减少阻力。第二步，根据已经存在的选择性激励机制，打开普通农民工市民化的大门，利用各地应对经济危机与产业转型升级对技能型工人与创业者的需要，采取政府与市场相结合，成规模地使培训出来已经转变成技能型工人与创业者的农民工享受市民待遇，核心是进行具有利益分享性质的户籍改革，有利于农民从农业中退出与农地集约规模化经营的农村土地制度改革，以及与这两种改革相应的能够保证社区所有居民平等参与的城市与农村社区管理制度改革。通过这样分类分步骤的方式，可以在一定期限内一批批实现农民的转型与农民工的市民化、现代化。

总之，由于农民工具备的在生存中求发展的需求、半封闭自助的资源、选择性激励的环境，在市民化进程中需要走出一条渐进与激进相结合的中间道路——适应性市民化，以突破当前激进、渐进模式的困境，打开普通农民工市民化的通道。

第六篇　家庭半移民、代际市民化与政策创新：
　　某城市社区农民落户家庭的调查*

新型城镇化战略主要任务是有序促进农业转移人口市民化。[1]学术界主张农民工落户城镇是关键，但极少有农民落户过程观察与分析的成果。本文以此为主题进行了研究。

一、调查过程与结果

（一）调查对象、方法与经过

本文选择某地级市原郊区由村改造过来的社区进行落户农民家庭情况调查。一方面放开大中城市户籍是国家现行户籍改革政策，另一方面也符合农民工流入城市分布的实际。

调查方法将问卷调查与入户访谈相结合，以实现量的获取与质的把握相统一，更好反映被调查对象真实情况。

具体过程：设计好问卷后由一个被调查社区落户的原农民亲戚在社区一户户上门填写表格并当场收回，15 天共发放与收回有效问卷 26 份。另外，也以该亲戚为对象，分 2 次分别了解该社区农民家庭落户后的整体情况及相关社区大事。

（二）调查结果

（1）落户时间。1980 年代 10 户，占 38.46%；1990 年代 3

---

*　本文原载《农村经济》2014 年第 7 期。

〔1〕　胡锦涛："坚定不移沿着中国特色社会主义道路前进　为全面建成小康社会而奋斗：在中国共产党第十八次全国代表大会上的报告"，载新华网 http://www.xj. xinhuanet. com/2012－11/19/c_ 113722546. htm，最后访问日期：2013 年 12 月 6 日。

户，占 11.54%；2000 年代 13 户，占 50%。

（2）落户原因。购房入户的 13 户，占 50%；种地的 12 户，占 46.15%；拆迁的 1 户，占 3.85%。

（3）家庭户口。一家户口全迁进来的 4 户，占 15.38%；部分迁入的 22 户，占 84.62%。

（4）福利分配。社区可分配福利包括菜地、出租收入及养老、教育等公共服务。调查对象中有 12 户分到了地，占 46.15%；其他都享受部分分红与公共服务，即在出租收入分配与养老等公共服务上比户口全部在社区的福利要差。

（5）社区自治。偶尔参加开会的 18 户，占 69.23%；从不参加的 7 户，占 26.92%；未作回答的 1 户，占 3.85%。原因方面，回答曾受老住户阻扰的 16 户，占 61.54%；没兴趣的 8 户，占 30.77%；未作回答的 2 户，占 7.69%。

（6）家庭就业。找合适工作难的 11 户，占 42.31%；工作不稳定的 8 户，占 30.77%；办厂难的 2 户，占 7.69%；工作待遇低的 3 户，占 11.54%；未作回答的 2 户，占 7.69%。

（7）家庭收入来源。种地的 12 户，占 46.15%；打工的 5 户，占 19.23%；小厂的 2 户，占 7.69%；未作回答的 7 户，占 34.62%。

（8）家庭生活水平。收入渠道增加，生活水平上升的 16 户，占 61.54%；开支大，生活水平下降的 3 户，占 11.54%；比老住户差的 2 户，占 7.69%；生活没什么变化的 1 户，占 3.85%；未作回答的 4 户，占 15.38%。

（9）社区交往。选择与新住户互动多的 19 户，占 73.08%；新老住户互动一样多的 1 户，占 3.85%；与老住户互动较多的 6 户，占 23.08%。认为与老住户互动没障碍的 7 户，占 26.92%；选择老住户瞧不起新住户的 8 户，占 30.77%；认为社区有地位的多为老住户的 11 户，占 42.31%。

（10）少数人的体验。选择社区活动中有少数人经历的 19 户，占 73.08%；无此经历的 7 户，占 26.92%。具体少数人经历的情形，选择与老住户有矛盾的 9 户，占 34.62%；与新住户有矛盾的 2 户，占 7.69%；选择刚迁入本社区时的 10 户，占 38.46%；未作回答的 5 户，占 19.23%。做少数人时权利受损的 17 户，占 65.38%；不知道有没有损失的 9 户，占 34.62%。26 户 100% 反映本社区没有对少数人权利受损情况进行补偿救济措施。

（11）社区发展。选择完善就业与公共服务的 23 户，占 88.46%；要求提高福利的 21 户，占 80.77%；改进选举的 19 户，占 73.08%；和谐人际的 15 户，占 57.69%。

二、调查结果分析

（一）落户农民家庭半移民状态

调查显示：农民以家庭形式进城的市民化实质上呈现出一种未完成状态。虽然他们的家庭都有成员在城市社区落户，但样本中 84.62% 的家庭并没有将全部家庭成员的户口迁进来。原因：一是城乡二元经济社会结构的影响，即这些移民家庭，原本是农民，在农村有土地、房屋、祖先的坟墓，完全放弃农村，在利益与感情上割舍不下；二是城市社区对农民落户的排斥，购房者上一个户口需向社区交 5000 元，多迁户口要多交钱。由此使农民落户城镇呈现出一种规律性现象，即一般将子女户口迁进来，自己的户口则留在老家。这样，一家子既可以享受城市福利——子女以就学就业等形式，也可以享受乡村政策优惠——父母在老家领各种三农补贴等。

这种市民化未完成状态还表现在职业上，即样本中那些未将户口全部迁入城市社区的家庭都在老家有责任田需要打理，因而家庭内部就形成了有人打工有人种田的现象。在现实中这种责任田大都租给别人耕种，而自己则在城市社区从事非农产业。也有少数人亲自耕种，主要是节约劳动力投入把原来的双季稻变成一季稻。这种家庭亦工亦农现象，在调查社区的典型表现是，作为由原城郊供应蔬菜的村落转变而来拥有大量菜地的社区，调查样本中有46.15%的家庭落户时分到了菜地，种菜成为这些家庭一个重要收入来源。

另外，公共服务上也有反映。由于这些落户家庭在户口职业等方面的特殊性，公共部门即城乡政府与社区提供的公共服务他们也都分享了部分。如养老上，有户口的在调查社区办的城镇养老保险，无户口的则是农村养老保险；医疗上，有城镇户口的是城镇医疗保险，没有的则是新农合保险；福利分配上，户口在城镇的可以每年享受社区经济分红，没在城镇的则在农村领三农补助。由于国家推进农民市民化政策，没有城镇户口的也可以享受部分城镇公共服务，如子女就学、就业、社区治安等，在调查的社区有户口的与无户口的都是一样。调查数据也显示，53.85%的家庭认为自己只享受了城镇社区部分公共服务。

农民家庭市民化未完成形态表明，农民进城是一个复杂的过程，不是流行的农村退出、城市进入与城市融入那种直线的三段论模式。[1]调查的农民大多数都不是一次性全家落户城镇，而是子女迁入、父母留在农村。这种形态也不是在学术界引起

---

〔1〕　刘传江、徐建玲："第二代农民工及其市民化研究"，载《中国人口·资源与环境》2007年第1期。

广泛共鸣的半城镇化现象。[1]因为半城镇化讲的是城镇没户口的农民工不能享受城市户籍人口同等福利情况。

对于农民家庭市民化这种新现象，本文拟以家庭半移民来称呼它。即这种家庭中成员户口迁到城镇在城镇务工享受城镇福利的基本完成了移民过程，户口未迁入的则市民化没有完成，整个家庭的移民也未完成。

家庭半移民现象启发人们，以为政府放开城市户籍就可以解决农民工问题如半城镇化现象，是把问题简单化了。

（二）落户农民家庭半移民引发的问题

有三个问题需要引起重视[2]：第一，农民市民化的代际化问题。所谓农民市民化的代际化，就是指那些在农村生活过对农村有较多留恋的人，其市民化可能终其一生都不会完成，因而农民市民化的实现在现实中只能寄希望于其子女如下一代。这样讲的依据在于，本文调查揭示，尽管政府放开了中小城镇农民落户限制，有一定比例的农民也符合落户城镇条件，但他们就是选择将户口留在农村，形成了一个自愿保留农民身份的城市人群。这在一定程度上可以用城乡二元经济社会结构来解释，即在现有城乡条件下，农村户口仍然能给农民提供一定的土地等保障，能获得一定的收益如三农补助等。所以，在国家取消农业税后，也有那种将户口迁入城市的又将户口再迁回农村的现象。但是这种解释是不充分的，即农民从城市回流不能仅仅从经济角度理解。这涉及本文主张农民市民化的代际化的

---

[1] 王春光："农村流动人口的'半城市化'问题研究"，载《社会学研究》2006年第5期。

[2] 除本文三个问题外，还会有对农村影响问题，因这在农民工相关研究中已得到大量关注，在此就不赘述了。

另一个依据，就是笔者因为出生农村经常有机会跟从老家外出打工的人接触，他们不管在城市发达不发达，纷纷表达了一个共同的愿望，就是年老不能工作后，想回老家养老，并且还采取实际行动，在老家盖起了一栋栋设计精致的楼房。当然，还有一个在学术界得到相当认可与较多研究的依据，就是农民工返乡创业。这些现象表明，农民进城务工经商可能其市民化程度提高了，但不一定会一辈子沿着这种方向发展，有可能在某个时间段回到农村或者以某种方式保留农村的属性。这样，其市民化就难以彻底实现。代际市民化现象的背后是农民农村的根的影响与处理的问题，以及对难以一代之内市民化的农民在政策上服务的问题，同时，对于留城意愿更高的新生代农民如何促进其市民化问题。

第二，移民家庭的政策支持问题。由于调查中这些落户城镇的农民家庭有部分人员未将户口迁入，因而形成了一种特殊家庭，即由农民与市民混合成的家庭。对于这种家庭如何在政策上进行支持，显然是一个新问题。因为政府的政策长期以来要么是针对城镇家庭的，要么是针对农村家庭的。如这些居住在城镇的人，在养老医疗等方面拿着农村待遇却要享受城市生活水平，应该由谁以及如何填平这种城乡发展水平不同形成的福利差距呢？另外，城市政府与社区能否出台特殊政策来减轻这些有农村户口的城镇家庭负担呢？以及城乡如何配合如分工负责来解决这种特殊家庭问题呢？等等，这些都有待探索解决。

第三，城镇农民移民社区的治理创新问题。现有政策框架下，城镇社区治理基本上是以户籍人口为对象的，现在由于农民迁移出现了既有城市户籍又有农村户籍的混合家庭，社区管理难度无疑增加了：其一，基于家庭的作用，可能家庭内户籍人口会要求社区将服务向家庭内非户籍人口延伸；其二，在社区自治决策如选举与开会上，户籍人口肯定会受到家庭内非户籍人口影响；其三，在社区交往与社区和谐上，原来针对农民工的社会排斥模式即经济上接纳社会上拒绝会受到挑战，社区户籍人口必然要与社区家庭内的非户籍人口逐步发生经常性互动，社区那种封闭观念也将受到挑战，社区和谐将受到新考验。此外，由于农民移民进入，城镇社区还面临老人与新人关系问题，如调查显示的，新迁移进来的住户习惯跟新住户交往，甚至认为老住户对其有歧视、跟老住户存在一定的社会地位差距，会不会像农民工在城镇的生活形态一样形成一个封闭的新住户交往圈子，从而造成相关社区的分割呢？而且这种新旧人矛盾还会在社区治理如选举上表现出来，即原来社区是以老住户组成的，社区权力也从其中产生，利益分配也以老住户为对象。现在新住户进来后，基于利益的考虑，会在政治上要求改变现状，如通过选举让新住户当选，进而改变现行福利分配机制，让新住户获益。而老住户出于自己利益的考虑，必然会阻碍新住户参与社区治理，如调查中61.54%的反映在参加社区会议上受老住户阻挠。在社区大事调查中也了解到，由于移民逐年增加，并最终超过了老住户，因而在2006年的时候，通过选举新住户当上社区主任，并在年终分配时，将土地出租收入向新住户分配。结果引发老住户反弹，一些冲动的老住户跑到主任家要打人，后来上级政府介入调解才缓和矛盾。由于现在社区新住户远远占据了多数，又有上面政府支持与社会道义优势，因而向新住户年终分红就保留了下来。而这种新旧人之间在选举与分配上的矛盾不光调查的社区有，在全国其他的移民社区也存在，[1]是一个普遍性问题，需要重视解决。在社区治理上，除户籍人口与非户籍人口、新人与旧人矛盾外，还有一个少数人与多数人关系问题。前面调查数据也显示，73.08%的家庭有成为社区少数人经历，或者在其刚迁移来社区时，或者与老住户有矛盾时，而且这种少数人经历中有65.38%的反映权利有损害，且所在社区没有任何救济措施。这个问题无疑影响到社区公平与和谐，也需要重视应对。

（三）落户农民家庭相关问题的政策建议

对于农民代际市民化问题，需要完善形成对市民化进程中群体有所区分的具体政策。如新生代农民中的农民工，因为市民化意愿强，可以采取放松城乡二元结构、形成一种促进这类农民市民化的政策。具体如放松户籍限制，加强职业培训，将城市公共服务向其覆盖等。至于老一代农民，既包括第一代农民工也包括本文调查中发现的移民城市家庭的许多父母长辈，可以通过调查针对性采取帮助措施：对其中愿意进一步市民化或在市民化上态度未确定的，从国家有序促进农业转移人口市民化的角度，可以进行积极的政策引导，如一方面将城市公共服务向其全覆盖，另一方面对其农村的根，包括住房、土地等适当处理，如完善农地流转与宅基地权益保护等，保障其权利不致因市民化而受损，并逐步促其完成从农村退出。至于老一代农民中不愿意进一步市民化的，则尊重其选择，重点是保护其在农村权益不受损，并要通过促进城乡一体化来保障其退休后可能要在农村展开的生活。另外，对于市民化进程中那些想

---

〔1〕 汲东野："尴尬的农村外来户：不能承包土地无法享受福利"，载新浪网 http://news.sina.com.cn/c/sd/2013 - 07 - 10/150827630330.shtml，最后访问日期：2013 年 12 月 9 日。

返乡创业的农民，则在促进城乡一体化之外，还应针对性进行创业扶持。

对于移民家庭问题，应在城乡一体化精神下处理：对选择居住生活在城镇的农村户籍家庭成员，城镇应逐步提供不论户籍都一样的养老医疗就业等公共服务；对于无城市户籍年老后想返乡的，则应发展农村公共服务，如将其纳入统一的养老机构之中，以解决农村留守老人无人照顾问题，并在治安、医保、基础设施等方面向城镇看齐。而且在公共服务供给上，考虑这些人家庭结构中的城市人口，应建立城乡协调合作机制。如城乡相关机构共同研究、投入资源并相互配合以保障公共服务的实行等。从实践来看，现在在城镇居住生活然后选择老年后回乡养老的，包括第一代大多数普通农民工都会面临这个问题。[1]建议国家制定规划，筹集资源，展开行动。

对于城镇社区治理问题，应创新社区管理政策：对于社区内非户籍人口在社区决策与利益分配上的影响问题，由于现实的家庭结构，决策上非户籍人口的影响是无法排除的。因此，应在城乡一体化思想下，根据社区财力与社区居民家庭中非户籍人口情况，适当在利益分配上满足这部分人的要求，并在社区开展各种活动促进非户籍人口参与，以构建户籍人口与非户籍人口的良好关系。对于新旧人关系问题，社区应主动安排，根据社区移民情况，对本社区内新移民的合法权益进行维护，保障新旧户籍人口权利平等，包括维护新人的选举权与分配权等。对于有可能发生的新旧人矛盾与冲突要有预见性，未雨绸缪，控制矛盾升级。对于农民移民社区自治上的少数人问题，

---

〔1〕 刘小年：“第一代农民工发展：一个不容忽视的社会问题”，载《现代经济探讨》2014 年第 3 期。

一开始肯定新人最有可能成为少数人，然后随着新人加入，有可能是老住户变成少数。所以应该完善社区治理制度，建立保护少数人权益机制，如保障其平等参与决策与分配，保护其不受歧视等，在实践中需要形成符合社区特点的少数人权利受损后的事后救济机制。考虑到农民市民化是大势所趋，半移民家庭的普遍性，因此在社区治理上国家应突破原来针对户籍人口的政策，适时出台相应行政法规，以指导应对社区自治中的户籍人口与非户籍人口、新人与旧人、少数人权利等问题。在国家政策出台前，社区与地方也应探索这些新问题的妥善处置办法。

三、结论

调查发现许多农民落户城镇家庭具有半移民特点，即其成员身份上有市民有农民，职业上有务工有种地，公共服务上有城市也有乡村。由此产生农民市民化的代际过渡问题，城镇半移民家庭公共服务问题及农民移民城镇后社区治理新问题等。需要针对性进行政策创新。

农民家庭半移民现象不是学术界广泛关注的新生代农民工市民化或半城镇化概念所能涵括的，相关问题在实践上具有普遍性，需要学术界进一步重视与研究。

第七篇　农民工市民化参与城市社区分红：
新型城镇化应正视的一个重要问题*

一、引言

农民工市民化是以人为核心的新型城镇化主要任务。完成这个任务，需要对政策目标即农民工市民化有准确的理解，然后在此基础上采取相应措施达到目标。

对于农民工市民化，一般主张这是一个农民转化成市民的过程。至于具体一个农民工怎样才算变成了一个市民，当前一种流行的见解是认为农民工在城市享受到了与城市市民同等公共服务就达标了。[1]

根据流行见解，在农民工市民化实践中，有人甚至将它解读成两种方式，一种经过户籍改革落户城镇成为市民，一种经过推行城市公共服务向农民工全覆盖。[2]

基于以上理解，现阶段的农民工市民化在实践中就成了一个农民工在城市获得与户籍人口一致的公共服务的过程。

由于实际生活中，城市拥有户籍的市民与农民工的差别不仅仅是享受到的政府公共服务的不同，因此，将农民工市民化

---

*　本篇原载《兰州学刊》2014 年第 7 期。

〔1〕　王尔德："四大方面推进以人为核心的城镇化"，载搜狐网 http://www. 21so. com/HTML/21cbhnews/2014/03－19－273087. html，最后访问日期：2014 年 5 月 16 日。

〔2〕　舒良诚、辜胜阻："解读政府工作报告'3＋X'新型城镇化路径"，载中国民主建国会网 http://www. cndca. org. cn/news/MJnews. /201403/t20140307 ＿ 136943. html，最后访问日期：2014 年 5 月 14 日。

简单化为公共服务均等化是不科学的，也不利于政府在新型城镇化中推动农民工市民化健康发展。具体来看，当前在农民工市民化与城市户籍改革中，除对公共服务问题应该关注外，还应重视农民工在乡村土地等财产权利的处理问题，以及参与城市社区分红的问题。考虑到乡村土地等财产权利问题已有较多研究，本文拟对学术界忽视的农民工参与城市社区分红问题进行探讨。

二、农民工市民化参与城市社区分红问题的现实性

（一）农民工市民化参与城市社区分红问题的涵义

在以工业化为标志的现代化中，农民变成市民是世界性趋势。改革开放以后，随着现代化加速我国农民开始突破城乡二元结构，由农村走向城市。但是受以户籍制度为代表的制度限制，农民走向城市变成市民的过程只完成了一半，即在职业上成了城市产业工人，在社会上仍然受到顽固排斥，呈现为一种我国特有的半城市化现象。[1]因此，必须进一步推进农民工市民化，使农民工变得跟市民一样。由于实际生活中农民工因其农民的身份备受城市社会排斥，所以需要改变其身份，进行城市户籍改革。换句话说，在当前社会条件下落户城市是农民工市民化的必要途径。在落户城市之前，农民工作为打工者，受户籍制度制约是不可能提出参与城市社区分红要求的。在当前国家提出以人为核心的新型城镇化，并将农民工市民化与落户城镇作为主要任务纳入相应规划后，农民工将随着户籍改革向城市提出参与社区分红问题。可见，农民工市民化参与城市社

---

〔1〕 王春光："农村流动人口的'半城市化'问题研究"，载《社会学研究》2006 年第 5 期。

区分红问题，就是农民工在落户城市过程或以后通过参与城市社区分红，实现农民工跟城市户籍人口在经济上同等分配权利的问题。也即农民工参与城市社区分红的条件是城市户籍改革农民工落户城市，本质则是农民工市民化过程中实现农民工与城市户籍人口在经济权利上的平等。经过长期努力，农民工在经济权利上与城市户籍人口相比，已经逐步实现在生产上权利的一致也即就业上的同工，但在分配权利上则还有相当差距，不光同酬如工资发放等问题不时涌现，更重要的是农民工没有享受城市户籍人口同等公共服务，其福利待遇跟城市户籍人口比差了一截，更加不要说参与城市社区分红了。在目前市民化决策中，享受同等公共服务已纳入议事日程，农民工享受这种服务已是指日可待。因此，需要进一步提出与研究农民工市民化参与城市社区分红问题，以实现农民工市民化农民工与城市户籍人口在经济权利上的完全平等。

（二）农民工市民化参与城市社区分红问题的表现

农民工市民化参与城市社区分红问题是在城市户籍改革农民工选择落户城市的条件下提出的，因此，在实践中这个问题主要表现在两个阶段，也即农民工落户城市的过程之中或落户之后。也就是说，如果这个问题在落户过程中没有解决，则会在落户后城市社区治理中提出来。

在落户过程之中，农民工参与城市社区分红问题会作为一种城市社会的排斥即落户阻力而存在。具体有三种情形[1]：一是城市户籍人口因害怕农民工落户后参与社区分红摊薄自己的

---

[1]　黄裕东：“广东外来工办理积分落户被索万元　难享同等待遇”，载搜狐网 http://news.sohu.com/20110903/n318205261.shtml，最后访问日期：2014 年 3 月 7 日。

福利而拒绝满足城市落户条件的农民工落户本社区；二是城市户籍人口要求符合城市落户条件的农民工在签订承诺不参与社区分红协议后同意其落户本社区；三是城市政府基于农民工落户及以后形成的参与城市社区分红压力，隔离式地设立农民工虚拟社区，即将农民工落户在非原城市户籍人口所在社区，也即落户在一个城市行政区划上不存在的社区之中。

落户后农民工参与城市社区分红的问题，其主要表现形式有两种[1]：一是农民工落户后基于权利平等的要求向社区自治组织提出落实跟老住户即落户前就有城市社区户籍的居民同等经济权利即解决其参与城市社区分红问题，对社区自治造成现实压力；二是基于社区自治的现实，根据社区新老居民比例，采取投票决策改变社区分红政策与投票选举改变社区政治权力结构然后再改变社区分红政策等两种政治手段直接或间接达到享有参与社区分红权利的目标。

三、农民工市民化参与城市社区分红问题对新型城镇化的影响

前面在界定农民工市民化参与城市社区分红问题时指出，它是以户籍改革农民工选择落户城镇为条件的，换句话说，它是国家新型城镇化政策实施导致的社会问题，因此，必然会对相关政策过程产生影响。由于公共政策是在一定环境下进行的回应社会要求的社会价值权威性分配活动，[2]因此，可以从政

---

〔1〕 汲东野："尴尬的农村外来户：不能承包土地无法享受福利"，载新浪网 http://news.sina.com.cn/c/sd/2013 - 07 - 10/150827630330.shtml，最后访问日期：2014年3月2日。

〔2〕 〔美〕戴维·伊斯顿：《政治生活的系统分析》，王浦劬译，华夏出版社1998年版，第25～26页。

策科学的角度将其影响归纳为三个方面：

（一）影响新型城镇化政策过程的顺利展开

农民工市民化作为以人为核心新型城镇化的主要任务，在现实中会从两个方面受到其参与社区分红问题制约：一方面，正如前面已经指出的，社区分红问题影响到城市居民接纳农民工落户城市的热情，在农民工积分入户取得流入地城市政府设定的落户指标后常常受到拟落户城市社区居民阻挠，因为他们担心农民工落户后会跟他们一起分配社区红利，降低他们正在享受的社区福利；另一方面，社区分红问题也影响农民工落户城市的意愿。实践中基于户籍制度在分配社区资源与福利上的重要作用，农民工将户口从农村社区迁移出来，一般面临丧失农村承包的土地山林及由此享受的政府各项补贴的问题，如果户口迁入城市又享受不到城市社区分红，农民工会基于利益的理性计算而打消落户城市的念头。可见，由于社区分红问题的存在，符合城市落户条件的农民工会有相当部分被阻挡在城市大门之外，从而直接影响到农民工市民化的进程，使国家新型城镇化促使一亿农业转移劳动人口落户城镇实现市民化的目标在进度上受到影响。

（二）影响新型城镇化政策对社会发展要求的回应

这有两个层面：一方面，新型城镇化之所以提出以人为核心的城镇化，主要是过去的城镇化还是一种土地的城镇化。统计显示，2000～2011 年，我国城镇建成区面积增长 76.4%，远高于城镇人口 50.5% 的增长速度；人的城市化明显滞后于土地的城市化。在速度本来不快的人的城市化方面，我国城市常住人口城市化率达到了 52.6%，而常住人口中户籍人口城市化率却只有 35.3%。两亿多农民工在城市务工与稳定生活多年，却无法落户城市获得跟城市户籍人口平等的社会权利。所以，促进城市化的健康发展，需要进一步改革与放开城市户籍制度、加快具有稳定就业与达到所在城市一般生活水平的农民工有序落户进程。显然，如果不通过政策创新对城市社区资源重新配置来解决农民工落户城市参与城市社区分红问题，则通过农民工市民化解决农民工平等社会权利的政策诉求必然要落空，农民工落户后在经济权利上与城市原户籍人口平等的追求就难以达成。另一方面，从国家经济发展要求来看，多年出口导向政策在 2008 年美国次贷危机影响下面临发展速度放缓、出口不振的局面，亟须加快经济发展方式转换，即走内需拉动增长的道路。就此来讲，促进农民工市民化不失为一条稳妥可行的选择。因为农民工规模巨大，以每人 10 万投入计算市民化成本光在公共服务等方面就需投入 20 多万亿的资金。[1]同时，通过解决农民工参与城市社区分红问题，促进农民工落户城镇，还可以改变农民工在城市赚钱回乡村消费的局面，有利于改善城市消费结构。由于现实中城乡消费水平差距巨大，农民工转向城市消费后，必将大幅提升其消费水平，进而推动国家整体消费有一个较大的增长。可见，如果不改革城市社区资源分配方式、解决农民工市民化城市社区分红问题，则会影响农民工市民化进程，并在实际上从投资与消费两方面制约我国通过新型城镇化拉动内需战略的实施。

（三）影响新型城镇化对实现城乡一体化目标的追求

新型城镇化战略的一个基本目标就是追求城乡一体化，如果不能解决农民工市民化参与城市社区分红问题，则会阻碍这

---

〔1〕　罗晟："中国发展研究基金会报告称农民工市民化成本 2 万亿/年"，载凤凰网 http://finance.ifeng.com/news/20101010/2688831.shtml，最后访问日期：2014 年 4 月 3 日。

个目标的实现。因为农民工市民化参与城市社区分红问题的存在，就表明农民工落户后仍然与城市户籍人口经济不平等。换句话说，不解决农民工市民化参与城市社区分红问题，原来农民进城落户转变而来的市民与农民工之间的新城乡二元结构就会在一定程度上由体制外通过农民工落户城市移到城市社区体制内。也就是说，本来想着力破解城乡二元结构的新型城镇化与促进农民工市民化决策，由于农民工市民化参与城市社区分红问题的存在，结果却固化了既有的城乡二元结构。这会在两个方向发生作用：一个方向是城市治理方面，由于农民工参与城市社区分红问题的存在，落户的农民工不能享受社区分红，会在农民工落户后在城市社区内部形成新落户农民工与旧的市民之间的社会分化，会使本来就在城市社会阶层结构中处于底层的新落户农民工在经济上面临贫困化。另一个方向是新农村建设方面，农民工市民化户口向城市迁移，本来可以为农业规模化经营与土地集约利用提供加速流转条件，但是由于农民工市民化参与城市社区分红问题的存在，农民工既然在城市享受不到社区分红，要其放弃乡村土地权益就相当困难。由此制约到农民工市民化的意愿与进度，影响到国家通过实施新型城镇化追求城乡一体化与加快新农村建设的目标。

四、农民工市民化参与城市社区分红问题的对策

（一）农民工市民化参与城市社区分红问题解决的理论路径

由于农民工想参与分配的是城市社区集体财产收益，属于公共资源的范畴，因此，这里拟用诺贝尔经济学奖得主埃利诺·奥斯特罗姆在全球应用获得广泛成功的关于公共资源管理的思想来探讨农民工参与城市社区分红问题的解决思路。

根据奥斯特罗姆的思想，公共资源的处理要遵循八大原则。[1]其中第一、二个原则对农民工参与城市社区分红问题的解决意义尤其重大，第一个原则是要求明确界定边界，也即界定谁可以对集体公共资源提出占有、使用与收益的要求。从学术上讲，关于谁被允许占用资源存在的边界，是区别开放进入制度的共同财产的一个定义特征。在实践中，如果不确定公共资源处理的边界，则在公共资源上努力投入生产的收益会被其他没有付出努力的人们获得。显然这是不公平的，也使公共资源面临被低效利用甚至是被掠夺消耗殆尽的风险。明确边界这一条原则在农民工参与城市社区分红问题处理上很有针对性，一方面，在于社区分红处理的资产是公共财产，而且社区本身还是自治组织，符合奥斯特罗姆公共事务治理八大原则针对的资源属性与资源所属组织属性；另一方面，在于现实中社区分红问题是横亘在农民工市民化落户城市面前的一个突出矛盾，城市社区居民一般排斥农民工落户后享有参与社区分红的权利，而农民工能不能在落户后享有这项权利又制约农民工市民化与新型城镇化战略进程、对城乡一体化发展产生重大影响，所以需要正视与明确农民工能否参与城市社区分红问题。

不过，由于在具体时间与空间条件下的公共资源总是有限的，因此，仅仅界定即关闭边界还是不够的。还必须在实践中进一步确定公共资源分配的规则，以免有人占有得太多、有人甚至一点都分配不到。所以，这种分配规则也是一种限制性政策设计，即具有权利参与分配的人在具体分配时也是有条件的，也要遵循必要的原则。对此，奥斯特罗姆提出了著名的八项公

---

〔1〕〔美〕迈克尔·麦金尼斯主编：《多中心治道与发展》，王文章、毛寿龙等译校，上海三联书店 2000 年版，第 91～102 页。

共资源处理原则第二条，即收益与成本对称。这条原则对现实中的农民工参与社区分红问题的解决也有意义：在一定程度上可以说，城市社区居民之所以排斥农民工落户后参与社区分红，在于他们觉得社区红利是他们努力生产的结果，因此不应向作为生产局外人的农民工开放。由于农民工市民化参与城市社区分红意义重大，所以在实践中必须面对这个问题。即既要确定农民工落户后参与社区分红的权利，又应照顾社区原居民对自身利益的关切，使这种利益分配能够公平合法有序。

为了实现上述两个原则，奥斯特罗姆还建构了包括集体选择安排、监督、分级制裁、冲突解决机制、组织权利的最低认可与分权制企业等其他原则。这些原则都指向具体如何行动以有效管理公共资源。鉴于我国城市社区自治本身有相对成熟的框架，因此，农民工参与城市社区分红问题，可以在现有城市社区治理框架下进行。只是由于现实中一方面社区分红已成为落户农民工与城市社区原户籍居民的一个尖锐矛盾，另一方面农民工落户城市改变城市社区户籍人口结构又有一个过程，因此，需要借鉴奥斯特罗姆的思想考虑如何建构社区分红中解决冲突即矛盾的民主机制问题。

归纳以上分析，农民工市民化参与城市社区分红问题的解决应该遵循确定农民工参与社区分红的权利、提出社区分红具体办法以及对具体社区分红过程建立保障机制等理论路径。

（二）农民工市民化参与城市社区分红问题的具体对策

根据上面的理论路径，农民工市民化参与城市社区分红问题的解决，首先，应该确定农民工市民化参与城市社区分红的权利。本文主张农民工落户城市后拥有跟原城市社区户籍人口同等的社区分红权利。理由是：一方面，社区虽然作为自治组织有处分其资产收益的决定权利，但这种权利首先在宪法层面要受到居上位的国家法规政策的支配。从我国实践来看，新中国成立后不久户籍制度就成为城乡社区资源配置的基本工具。因此，在农民工落户城市获得城市户籍后，就应该享有同其他原来的社区户籍人口同等的资源占有权利。另一方面，至于城市原户籍人口认为社区收益是其努力生产的结果、农民工在落户前没有具体贡献不应参与分配的观点，只是在一定程度上具有正当性。原因是新中国成立以来，我国为了追求工业化，长期通过城乡不同户籍制度，以工农业产品价格剪刀差形式，将农村农民创造的财富源源不断地投入城市，城市财富的积聚在农民进城务工前就有其作为农民形成的巨大贡献，[1]进城务工后又以劳动力主体形式推动城市进一步发展做出了新的努力。因此，城市社区财富及其收益的形成并不完全是城市户籍居民的功劳。城市户籍人口据此拒绝农民工落户后参与城市社区分红，在实践上是站不住脚的。

其次，在具体的农民工落户后参与城市社区分红的策略上，建议遵循先来后到思路，并在实践中探索农民工落户城市农地换分红政策。所谓先来后到，就是农民工落户前城市社区已有资产及其他财产收益优先向城市社区原户籍人口分配，落户后平等参与城市社区新增投资利润及其他财产收益的分配。选择这种策略的原因，一方面，从财产权利发生的经济学逻辑来讲，一般先发现者具有先占的权利，[2]因此，城市社区在农民工落户前就拥有户籍的人对社区分红应该具有优先权；但是，考虑

〔1〕 严瑞珍等："中国工农业产品价格剪刀差的现状、发展趋势及对策"，载《经济研究》1990 年第 2 期。

〔2〕 ［英］洛克：《政府论》（下篇），叶启芳、瞿菊农译，商务印书馆 2003 年版，第 19～20 页。

到新中国成立后城市财富形成历史中农村与农民工的贡献，这种优先权不应以排他性的方式实现，即不能排除农民工落户后参与城市社区分红的权利。另一方面，从实践来看，城市社区作为自治组织在农民工落户时其财产资源的处理权力本身掌握在社区农民工落户前就拥有城市户籍的居民手中，只有采取这种既照顾城市社区农民工落户前户籍人口利益又保障农民工落户后社区分红参与权的政策，才能使城市社区分红政策得到有效实施，使城市社区在农民工落户后能保持经济有序与社会稳定。

先来后到的策略正好体现了奥斯特罗姆关于公共资源处理的第二项原则即成本与收益对称的思想，即在公共资源处理时在确定边界或者说在权利上确立相关人平等地位后，在具体资源配置时则应根据公共资源的实际情况遵循限制性原则，从资源的有限性与资源利用的效率角度一般不应采取平均分配策略，否则会在公共资源的使用上丧失激励作用。正是基于这项原则，本文提出农民工市民化参与城市社区分红的先来后到思路，也即一种针对实际的有差别的分配原则。沿着这项原则，本文进一步建议国家探索农民工落户城市农地换分红政策。所谓农地换分红，就是农民工落户城市时交出在农村承包的土地权益，折算成一定的股份纳入城市社区形成一定的分红权。这样做，一方面有利于政策公平，即在城市社区内农民工落户后不会出现老市民只有城市社区分红，新市民却有城乡两种分红机会的现象；另一方面有利于城乡一体化进程，即既可以通过农村土地权益转换城市部分分红促进农民工市民化意愿推进新型城镇化，又可以加速农地流转追求集约经营发展现代农业加快新农村建设。此外，还有利于抑制农民工落户后城市社区新老户籍人口间因新落户农民工社区分红权利较少可能产生的新市民贫困化与城市社区加速分化倾向，促进城市社区和谐。至于流行的农地换社保的做法是不可取的，一方面，社保是政府应该承担的公共服务职能，应该以政府为主要责任者来承担；另一方面，如果将农地换社保，则损害了农民的社区收益，会造成城乡居民社区权益新的不平等。

最后，为了保障农民工市民化参与城市社区分红的权利与化解农民工市民化参与城市社区分红中的矛盾，建议建构城市社区治理中少数人权益保护机制。农民工市民化参与城市社区分红作为一种现实问题的存在，直接表现为现有城市社区户籍人口因农民工可能参与社区分红而排斥其落户，如果落户时没有合理解决则会随落户产生的社区户籍人口结构中新落户农民工与原户籍人口间的少数人与多数人关系体现的社区自治权力不对等而继续冲突。所以，为了农民工落户后城市社区的和谐稳定，需要国家政策对这种社区分红矛盾予以调节。除上面讲的需要确定农民工落户后参与城市社区分红的权利及实施先来后到与农地换分红等政策外，一个必要的保障措施就是需要建构城市社区自治中少数人权益救济机制。根据农民工市民化落户城市的进程与城市社区人口结构中农民工所占比例，随着户籍改革加速与农民工落户，城市社区会形成落户的农民工新人占社区人口少数并逐步提升比重，甚至有可能最后超过城市原户籍人口的现象。基于城市社区自治体制，城市社区分红政策是由有投票权的户籍居民作出的，因此，需要重视这种伴随农民工落户城市社区出现的少数人与多数人关系现象，避免利用这种关系阻碍作为少数人的农民工落户者实现其参与分红权利的问题，以及避免落户农民工有可能成为多数人反过来损害城市社区原户籍人口社区红利分配权的情形。具体措施：一方面要健全城市社区自治这种民主制度，使每一位有投票与决策权的社区公民不分新旧都能有平等政治参与权利，这样使新落户农民工可以对社区分红决策施加应有的影响，使其利益得到合法表达；另一方面要建立上级政府对城市社区自治的监督机制，及时纠正城市社区分红中有可能发生的多数人损害少数人权益问题，为此，需要进一步推进城市社区自治信息公开，并疏通城市管理中的信访等民情上达渠道。

五、结论

本文认为，农民工市民化不等于公共服务均等化，需要关注农民工市民化参与城市社区分红问题，否则会影响以人为核心的新型城镇化的顺利推进与健康发展。这个问题，是在户籍改革农民工落户城市时提出的，本质是农民工落户后能否与原城市社区户籍人口在经济上达到平等。在实践中，表现为落户过程中城市基于社区分红对农民工落户的排斥或表现为落户后作为新人的农民工与社区原户籍人口在分配社区红利上的矛盾。解决农民工市民化参与城市社区分红问题，需要在总体上确定农民工市民化参与城市社区分红的平等权利，在实践中可依先来后到的原则，探索农民工落户城市时以农地换城市社区分红的政策，并且根据农民工落户城市的进程与城市社区户籍人口结构的变化建立城市社区治理中少数人权益保护机制。

本文的贡献在于发现了当下被忽视的农民工市民化进程中制约新型城镇化进度与质量的农民工落户参与城市社区分红问题，并提供了具有可行性的解决问题的对策，在理论上具有原创性，在实践上具有现实意义。

第八篇　农民工参与社区治理的机制研究：
主体的视角*

伴随农民工向城市流动，产生了一个政治参与的问题：一方面，由于向外流动，基本上放弃了回乡政治参与的权利；另一方面，因为城市户籍制度等方面的制约，难以参与流入地社区治理。由于农民工规模巨大，又是工人阶级的新成员，因此解决农民工政治参与问题的意义是十分重大的，也迅速成为学术研究的一个新热点。

一、相关研究的现状与本文的研究问题

（一）农民工参与社区治理的涵义

所谓农民工参与社区治理，大致等于农民工政治参与的范畴，是指农民工以合法方式参与城乡社区政治生活的过程。之所以在此讲参与社区治理而不讲政治参与，在于社区是农民工生活与工作的基本场域，也是他们政治参与的主战场，能够更加贴近农民工的实际生存状况。而且社区概念从宽的角度来讲，可以包括特定的城市或乡村区域，从而与理论上的农民工政治参与范围可以重合，因为农民工总是在具体的城市或乡村流动生存的；如果从窄的概念，即从基层社区如农村的村与城市的居委会范围等来看，由于农民工在社会分层结构中处于底层的现状，他们的政治参与主要是在这种层次发生的，因此，讲农

---

* 本篇原载《宁夏社会科学》2010 年第 2 期。

民工社区参与就有关键的价值。

（二）相关研究的现状与本文的研究主题

由于农民工到 2003 年才作为工人阶级得到政府承认，此前其政治权利社会并不重视。直到 2005 年学术界的研究才多起来。目前主题为农民工政治参与的文献已超过 100 篇。但仍然缺乏国外作品。国内最早的研究是进入 21 世纪徐勇等在乡村治理中的相关探讨。

现有研究：一是从历史的角度假定农民工参与城市社区的必然性，这种历史的角度主要是借鉴或总结西方现代化的经验，即农民在现代化中伴随工业化由农村向城市迁移参与城市政治生活的过程，然后结合当代中国现代化的实践来论述，具体如从和谐社会建设、农民工权益保护、城市化、农民工组织、农民工市民化等视角来展开，界定农民工政治参与的涵义、意义与作用等；二是用实证的方式谈论农民工在城市社区参与的现状、问题、原因与对策，如在现状与问题上的参与边缘化、非制度化、参与态度两极化等，原因上的二元结构、文化歧视、利益冲突、农民工素质制约等，对策上如进行制度改革、拓宽政治参与渠道、落实国民待遇、加强民主政治文化建设、提升农民工素质等。

主要进展是积累了一批调查资料，弄清楚了农民工政治参与的涵义、意义、现状与问题。主要的不足是所提对策多数就事论事，缺乏应用性。[1]突出的表现在：尽管人们研究的是农民工在城乡流动中的政治参与问题，却缺乏根据农民工的意愿与条件的政策设计，缺乏基于农民工这种政治参与主体的研究

---

〔1〕 徐增阳、甘霖："'民工潮'背景下的村民自治研究述评"，载《山东科技大学学报》（社会科学版）2005 年第 2 期。

视角，造成学术研究与社会主体需求的偏离。因为从实践来看，如果不从主体视角出发，就算政府号召农民工变成市民，也不见得能够得到积极响应。比如，重庆在统筹城乡综合改革试验中提出要以农民工为突破口，在该市九龙坡区试点中，政府以"土地换社保，宅基地换住房"来动员市民化，结果该区陶家镇友爱村2539人首期只有400多名响应政府号召；转出来的人中，有的没有找到城市归属感，有的甚至想转回去。[1]另外，不从主体的视角出发，只一般的地农民工城市政治参与的必然性，通过宪法人权讲其正义性，在实践中通常得不到地方政府的回应，这也是2006年国家提出鼓励农民工参与社区自治，[2]但各地进展迟缓、应者寥寥的原因。

所以，虽然从2005年起发表的相关论文一年比一年多，但获得社会重视与得到实践应用的却寥寥无几。这样，也就提出了本文的研究主题，即从农民工这种政治参与主体[3]的视角出发，探讨其参与社区治理的机制，提供一种可行性的政策设计。

二、问题的分析

（一）问题的界定

前面指出本文研究的问题是农民工参与社区治理的机制问题。对此需要进一步界定它的内涵与外延。首先，从一般的意

---

〔1〕 吴红缨、宋超："重庆计划在12年内将1000万农民市民化"，载http://news.QQ.com，最后访问日期：2009年5月25日。

〔2〕《国务院关于解决农民工问题的若干意见》，载新华网http://www.xin-huanet.com，最后访问日期：2009年8月7日。

〔3〕 严格地说，在农民工参与社区政治上有多个社会主体关联其中，如社区居民、社区组织等。考虑到政治参与是农民工的法定权利，以人为本是科学发展观的核心，因此，本文在此选择从农民工的角度进行政策方面的探讨。

义上说，它是人们设计的一种制度或办法，其目的是期望它能够解决现实条件下的农民工政治参与问题。这个一般意义，也可粗略地等于它的内涵。在外延方面，既然它是人们的一项行动——解决农民工政治参与问题的活动，那么，与其他人类行为一样，都有同样的因素参与其中：条件或资源，这是农民工政治参与的资本；范围或事项，这是农民工政治参与的具体事务；程序或方式，这是农民工政治参与的途径或工具。归纳起来，农民工参与社区治理的机制，包括这种参与的目标、条件、范围与方式。换句话说，就是什么样的人（条件）、为了什么样的目标、以什么样的方式、处理什么样的事情。

（二）研究假设

按照上面对问题的界定，这里需要提供一种人性假设来进行进一步的探讨。因为上面对研究问题的界定实际落脚到了一个基础问题，即如何认识农民工的问题。要回答这个问题，必须要有一般的人性假设。

这里采纳马克思的人性假设，其观点：一是主张人的社会性，他说："……人的本质并不是单个人所固有的抽象物。在其现实性上，它是一切社会关系的总和。"[1]二是主张人的利益性，他说："人们奋斗的一切，都同他们的利益有关。"[2]把这两个观点结合起来，人就是一种在具体社会条件下追逐利益的生存者。

按照上述假设认识农民工的生存。农民工形成在中国现代

---

〔1〕 中共中央马克思、恩格斯、列宁、斯大林著作编译局编译：《马克思恩格斯选集》（第1卷），人民出版社1972年版，第18页。

〔2〕 韩述之主编：《社会科学争鸣大系：政治学·法学卷》，上海人民出版社1991年版，第46页。

化的新时期，这一时期的特点：一是改革开放，二是二元经济社会。由于改革开放，中国农业获得率先发展，由此在农村形成了巨大的剩余劳动力；同时，也由于改革开放开始突破单一的公有制经济，并逐步形成多元经济成分共同发展的局面，从而在城镇形成了巨大的劳动力需求。由于二元经济社会，城乡存在巨大的发展差距；同时由于这种二元结构上的现代化给了公民包括农民强大的发展动员。因此，在当代中国现代化进程中出现了规模浩大的基本上是一种农民自发冲破二元经济社会结构向城市进军、追求自己的职业转换与社会流动的社会现象。也因为二元社会经济体制的限制，中国农民在当代现代化进程中浩浩荡荡向城市流动的过程并未一次性完成，而是一种职业上踏进了城市、身份还留在农村的尴尬处境。

对于农民工的这种生存状态，一般视为"边缘人"，即一种处于城市生活边缘的人群。[1]但"边缘人"在认识上是有片面性的：尽管它反映了农民工在城市的生活、工作情况，却完全忽视了农民工在农村的生存状况。如，对农民工在农村社会生活中的地位、农民工对农村社会发展的影响、农民工在农村的未来等方面，"边缘人"都难以企及。另外，"边缘人"对农民工的描述还是一种静态的描述，难以反映农民进城的历史根据与趋势。

依据马克思的人性假设，可以进一步将农民工界定为一种界线上生存者：[2]其一，他们利用国家现代化下改革开放与放

---

[1] LI Qiang, "Special Issue: Peasant Workers' Migration to China's City", *Social Science in China*, 4 (2003), pp. 80–93.

[2] 刘小年："界线上生存及其政策意义：关于农民工定位的新探索"，载《探索与争鸣》2007年第4期。

松城乡二元体制产生的职业流动机会，来到城市务工，成长为特殊的农民工人，即身份上的农民与职业上的工人；其二，由于这种追求自我利益与自我发展的社会流动，农民工获得了城乡两种资源于一身的特征，即城市的就业与工作关系等资源与乡村的土地与乡土关系资源；其三，农民工从农民中分化出来，在向城市流动获得新的经济社会资源时，也获得了一种可退可进的发展前景，即"退"——回乡务农与创业最终成长为现代农民、"进"——变成城市市民。

（三）问题分析

从农民工的主体性，即其作为一种界线上生存者的地位出发，可以在农民工政治参与机制的设计上得到如下推论：

第一，农民工社区政治参与的机制，应该是可选择的，也就是说需要体现农民工的主体性，尊重农民工的利益诉求。由于界线上生存者的农民工在城市与乡村社区都有利益存在，因此，农民工政治参与的平台必须根据农民工的意愿提供农民工可以选择的双重机会，即选择参与农村社区还是城市社区的机会。

第二，这种可选择的农民工政治参与平台的具体操作，应该根据农民工资源形成的政治参与条件来运作：一方面，对于在城市具有定居意愿、稳定职业及与城市居民平均水平相当的生活能力的农民工，应该通过改革户籍制度、农地制度等将其市民化，从而完全纳入城市社区治理体系。另一方面，对于未达到前述条件的农民工，因为他们的生存利益与城乡相连，所以应该根据他们的意愿来决定到底参与乡村社区治理还是城市社区治理。对于愿意参与乡村的，应该创造他们与留守农村农民一样的参与事务权利与条件，保证其参与权的实现；对于愿意参与城市治理的，应该根据农民工利益与城市的关联度及城市的政治社会条件，考虑可以开放农民工参与的范围。此外，对于未达到完全纳入城市社区参与条件的农民工政治参与，需要政府通过财政支持，提供可选择参与平台。如可以考虑将当前的电子政务系统在全国向乡村与城市基层社区延伸，达到全国联网，然后利用这个平台设立专门的农民工政治参与窗口，以解决农民工政治参与的信息难以把握、回乡成本难以支付及对城市市民政治参与的冲击等问题。这样，可望实现大部分农民工城乡政治参与的权利。

三、结论

从主体的视角出发，解决农民工政治参与问题，需要尊重农民工的意愿，按照农民工社会分层形成的条件，遵循渐进发展的模式，走城乡统筹的道路。目前，应该实施农民工可选择的城乡社区参与政策，提供四种形式：即按照农民工的参与意愿，有条件地将一部分完全纳入城市治理；一部分参与乡村治理；一部分参与特定内容的城市治理；大部分据其利益在城乡程度不等的政治参与。同时，应着眼农民工大部分变成市民纳入城市治理体系的长远趋势，进行中长期的政策规划。

第九篇　农民工市民化与户籍改革：
对广东积分入户政策的分析*

改革开放以来，中国通过市场化、工业化与城市化在现代

---

* 本篇原载《农业经济问题》2011 年第 3 期。

化的道路上迅跑。由此社会结构由城乡二元分割向城乡一体化急剧变迁。在现代化、城乡一体化中，亿万规模的农民流动到城市找工作，成为引人瞩目的农民工现象。进入 2000 年后，在科学发展观的引领下，为农民工谋前途的市民化议题得到社会舆论的持续关注，演变成一个重大的社会问题。

要将农民工变成市民，必须去掉农民工身上的农业户籍，取得城市户口。因此，农民工市民化研究中户籍改革成为学术热点。学术界除在肯定户籍改革是农民工市民化的必要条件上一致外，对户籍改革的重要性与改革路径都存在分歧，即一方主张户籍改革是农民工市民化的关键，[1]另一方却只是把它当作相关内容之一。[2]一方主张激进改革，立即放开城市户籍，让农民工全部变成市民；另一方则谋求渐进改革，有条件地吸纳农民工入城。[3]这些观点孰是孰非，离不开实践的检验。

本文拟对实践中的农民工户籍改革新政——2010 年广东积分入户政策进行分析，一方面科学评估这项政策，指出其发展与限度，并提出进一步改革的思路；另一方面则对流行的农民工市民化户籍改革观点进行检验。此外，还在前述两方面分析的基础上提出可能需要关注的其他问题。具体的写作，则从界定广东积分入户政策分析的价值与方法入手，进而分析这项政策，并在分析的基础上探讨相关学术观点与问题。

---

〔1〕 陆学艺：《“三农论”：当代中国农业、农村、农民研究》，社会科学文献出版社 2002 年版，第 234～242、476～479 页。

〔2〕 邓鸿勋、陆百甫主编：《走出二元结构：农民工、城镇化与新农村建设》，中国发展出版社 2006 年版，第 113 页。

〔3〕 王红茹等：“拆除户籍藩篱：滞后还是超前?”，载《中国经济周刊》2005 年第 44 期。

一、广东积分入户政策分析的价值与方法

（一）广东积分入户政策的分析价值

所谓广东积分入户的政策，就是根据《广东省流动人口服务管理条例》[1]、广东省委省政府《关于实施扩大内需战略的决定》[2]与广东省政府办公厅《关于开展农民工积分制入户城镇工作的指导意见》[3]等政策法规，广东流动人口办理了居住证并愿意将户口迁入流入地城市的，可以对照省市制定的入户条件评分标准，将自己的条件折算成一定的分值，达到基本分值[4]后，就可与其他申请者竞争，根据省政府统一分配到不同城市的入户计划，由高分到低分的顺序获取入户指标。如果自己的分值能够进入省政府规定的计划与同一城市申请者分值按由高到低顺序组合形成的榜单最后一名之内，则取得将户口迁入流入地的资格，在身份上可以实现由外来流动人口向本地人的转变。

---

　　〔1〕　广东省人民代表大会常务委员会：《广东省流动人口服务管理条例》，载百度文库 http：//wenku. baidu. com/view/6d2d4993daef5ef7ba0d3cdb. html，最后访问日期：2010 年 11 月 12 日。

　　〔2〕　中共广东省委、广东省人民政府：《关于实施扩大内需战略的决定》，载广东省经济和信息化委员会网 http：//www. gdei. gov. cn/zwgk/jmzk/gdjm/201003/201003/t20100326_100628. html，最后访问日期：2010 年 9 月 8 日。

　　〔3〕　广东省人民政府办公厅：《关于开展农民工积分制入户城镇工作的指导意见》，载找法网 http：//china. findlaw. cn/fagui/xz/20/228592. html，最后访问日期：2010 年 10 月 3 日。

　　〔4〕　基本分值，根据广东省人民政府办公厅《关于开展农民工积分制入户城镇工作的指导意见》为 60 分，即农民工达到这个分值就获得申请所在流入地城市入户指标的基本资格，但具体能否入户，则要与其他达到基本分值的申请者竞争，按由高分到低分的原则排队，凡排在所在城市入户指标计划数最后一名之内的，都可获得入户指标。

这种政策具有重要的理论分析价值：

第一，从学术研究的角度来说，它提出了一个新事实。新事实一是可以用来检验已有的理论，二是可以提出学术研究的新问题，往往成为学术发展的动力，[1]因此，需要特别关注。广东积分入户作为一个新事实，主要体现在两个方面：其一，它是农民工户籍改革的新政。中央的指导政策是在中小城市降低农民工落户门槛，在大城市则进行控制；地方流行在大中城市主要采取一种选择性政策，即选择那些具有技能与物质资本的人入户。[2]广东积分入户政策在坚持流行的人才与资本入户这种选择性办法的同时，又通过居住年限与社保时间、务工时间长短等条件对广大的普通农民工打开大门，包容了普惠制精神。对比中央的政策与上海实施的居住证人才入户政策，[3]这在大城市是一个突破。比对重庆[4]与成都[5]改革将入户对象限定为本行政区域户籍人口，则突破了地域限制，对跨省流动的农民工是一个福音。另外，在对象上也有突破，即重庆与成都的改革没有区分农民与农民工，而广东的政策专门针对农民

〔1〕 ［美］托马斯·库恩：《科学革命的结构》，金吾伦、胡新和译，北京大学出版社 2003 年版，第 3 页。

〔2〕 刘小年：《农民工市民化的政策研究：主体的视角》，湖南人民出版社 2010 年版，第 62~68 页。

〔3〕 刘栋："沪居住证转户籍政策公布 持证参保满 7 年可申请落户"，载东方网 http：//whb. eastday. com/w/20090223/u1a539674. html，最后访问日期：2010 年 10 月 9 日。

〔4〕 文峰、刘姣姣、王艺洁："农民转户进城'甜头'有多大？重庆率先户籍改革"，载人民网 http：//opinion. people. com. cn/GB/157411/198995/198996/12316519. html，最后访问日期：2010 年 9 月 5 日。

〔5〕 天海川："成都出台房产新政 农民在城市落户可保留宅基"，载天津网 http：//www. tianjinwe. com/hotnews/gnxw/201011/t20101117_ 2508277. html，最后访问日期：2010 年 10 月 14 日。

工。其二，这种新政策体现了当代中国社会经济发展需要的新精神，即公平正义。中国当代现代化在一定程度上可以解读为突破城乡二元经济社会结构走向城乡一体化的过程。因此，在人口的流动中需要兼顾本地人与外地人的利益、需要将城市化与工业化统一起来、需要协调经济与社会发展、需要注意发展中形成的社会主体利益分化现象。21 世纪以前，农民工政策长期偏重流入地利益对农民工采取管理措施，强调工业化使农民工长期处于半城市化状态，[1]在发达地区只关注农民工上层如技术阶层使普通农民工排除在市民化之外，以致经济与社会不协调带来严重的城市病与农村病。21 世纪后，国家对农民工政策由重管理到管理与服务并重转变，强调保护农民工权益，给农民工国民待遇。广东新政，正好体现了这种政策追求的公平正义旨趣。通过有计划吸纳外地人入户，兼顾了本地人与外地人利益，有利于逐步解决农民工半城市化问题、关注弱势的普通农民工市民化问题，从而为经济与社会协调发展创造条件。

第二，广东积分入户政策理论分析价值的第二个方面，是从理论服务实践的角度看，它是一件具有广泛与深远影响的重大社会政治事件，亟须学术界介入。主要表现在：它影响的主体规模庞大，涉及亿万农民工；而且这些农民工是工人阶级的新成员，也是主体部分，在政治上影响到党的执政基础；同时，作为一项户籍政策，直接关系到为农民工谋出路即市民化，相关制度变迁涉及城乡关系基本层面的调整，影响到城乡一体化的国家战略；并且由于农民工的工人身份，又直接以劳动力要

---

〔1〕 王春光：“农村流动人口的‘半城市化’问题研究”，载《社会学研究》2006 年第 5 期。

素制约着城市工业化进程，对中国现代化产生深刻影响〔1〕（见表1）。此外，从上面讲的政策理念来讲，它影响到社会公平与正义，制约城乡社会的和谐与稳定。

表1　农民工的经济社会地位

占全国人口	占全国工人	占城镇人口	占农民纯收入	占 GDP 增长贡献
10% 以上	66.67%	27%	38.30%	15.90%

（二）广东积分入户政策的分析方法

这里对广东积分入户政策的分析属于政策过程研究的第三个阶段，即对政策制定与执行等基本过程的评估。评估的目的是提供政策及其过程完善的信息。政策科学关于政策评估的研究经历了四代，前三代都是基于实证主义以对政策过程进行事实揭示为目标的，第四代评估〔2〕则不光提供事实的建构还承认这种建构中价值的作用，也即努力将政策过程的事实描述与价值分析统一起来。〔3〕

本文对广东积分入户政策的分析也遵循事实与价值相统一

〔1〕 据相关统计研究，我国农民工总量 2009 年达到 1.45 亿，超过全国人口总数的 10%，占工人总数 2/3，占现有城镇人口总数的 27%，2006 年形成的工资性收入占农民纯收入的 38.30%，1978～1995 年在国内生产总值即 GDP 年均 9.40% 的增长中劳动力跨部门转换贡献了 1.50%。数据来源：我国农民工工作"十二五"发展规划纲要研究课题组："中国农民工问题总体趋势：观测'十二五'"，载《改革》2010 年第 8 期。

〔2〕 ［美］埃贡·G. 古贝、伊冯娜·S. 林肯：《第四代评估》，秦霖等译，中国人民大学出版社 2008 年版，"前言"第 1～2、12 页。

〔3〕 ［美］弗兰克·费希尔：《公共政策评估》，吴爱明等译，中国人民大学出版社 2003 年版，第 10～16 页。

的理念，具体的事实描述与价值分析，则应用政治学前沿发展，将公共政策看成政治主体解决具体社会问题的政治行动，分析其展开行动的社会结构及相关行动产生的后果。[1]也即将政策过程的结构、行为与功能辩证统一起来。[2]具体的评估，既要描述这种政策推行的社会结构条件，如观念、制度、组织、利益等，也要揭示这种政策的具体社会过程。另外要分析这种政策过程的具体价值，即将这一政策事件放到社会发展的历时性背景下进行定位，并由此解读其在社会问题解决、主体利益发展与社会结构建构等方面的共时性功能。

二、广东积分入户政策的分析

（一）广东积分入户的社会结构与过程

把广东积分入户放到中国当代社会背景下分析，可以还原这种政策行动的社会结构条件：

第一，观念上社会对改革持试错法，即"摸着石头过河"，在总体上改革呈现为一种渐进主义，并且通常以局部试验来突破。像户籍改革，中央现行政策总体上是一种渐进主义，逐步统一城乡户籍。特别表现在大中城市户籍改革政策上，仍然是一种有限放开户籍的观点盛行，但国家又在重庆与成都推行局部的统一城乡户籍的综合改革试验。这种观念无疑为广东实行有特色的居住证制度，先行一步推行针对农民工的积分入户改革提供了相对宽松的舆论条件。

---

〔1〕［美］罗伯特·古丁、汉斯－迪特尔·克林格曼主编：《政治科学新手册》（上册），生活·读书·新知三联书店 2006 年版，第 25～26 页。
〔2〕［英］大卫·马什、格里·斯托克主编：《政治科学的理论与方法》，景跃进、张小劲、欧阳景根译，中国人民大学出版社 2006 年，第 286 页。

第二，组织上农民工具有一种流动的社会关系特点。这是二元社会与改革开放给农民工打下的烙印。农民工乘着改革开放的春风来到城市务工，一方面将农村的社会关系向城市复制，并利用这种社会关系来获得就业机会与提供生活帮助，[1]另一方面在城市遭到顽固的社会排斥，农民工被长期排除在城市正式组织的大门之外，虽然进入21世纪后农民工逐步纳入工会体系，但受户籍制度限制农民工仍然不能正式参与城市社区的管理活动。农民工与城市社会的互动在总体上还是非正式的关系。[2]显然，这种组织状态既为城市政府打破户籍制度的限制提供了动力，也使这种行动受到城乡二元社会结构之制约，即这种改革要彻底，必须有乡村改革的配套进行。

第三，制度上中国社会正处于城乡统筹阶段，也就是说，一方面它是以城乡社会二元分割体制为起点的，另一方面它的发展方向是城乡一体化。由于这样的制度变迁阶段性，与农民工入城相关，在制度上也呈明显的半城市化特征，如就业上的工人与身份上的农民，即在工作体制上一脚踏进了城市，但在身份上仍然保留农村户籍；政治参与上仍然是一种农村乡民，在公共服务上却开始在社会保障等方面享受城市待遇；生活方式上明显城市化了，但在农村还有田产与祖业，有留守的父母

---

[1] 据作者2008年的调查，农民工找工作时依赖亲戚的达43.80%、自己找的占31.30%；发生就业问题时，向亲戚、老乡求助的比例分别达到46.90%与37.50%；发生生活问题时，自助的占84.40%、向亲友求助的18.80%，没有人选择其他求助方式；在社区交往对象中，排在第一位的是亲戚朋友，占65.60%，第二位的是房东，其次才是家乡的村组。参见刘小年："适应性市民化：农民工市民化的新思路"，载《农村经济》2009年第11期。

[2] 刘小年："农民工的组织状况研究"，载《中国劳动关系学院学报》2008年第5期。

等。这样的制度特点，无疑给户籍改革提供了操作空间，即可以有由激进到渐进的一个较宽范围的改革选择，也使农民工对积分入户提供了由积极参与到冷漠旁观等多种选项。

第四，利益上中国正处于加速现代化之中，一方面，城市化正在提速，因此加快农民工进城步伐是符合城市发展要求的；另一方面，这种城市化又在经济市场化条件下展开，存在成本的制约，[1]有没有能力买单与由谁来买单是个问题；此外，城市化需要工业化的推动，需要产业发展为基础，因此，城市与农民工可以在这方面合作，通过创造财富来解决部分城市化成本。[2]这些无疑既为积分入户提供了机遇，也形成了条件约束。

在上述四种基本社会结构之下，广东积分入户政策有序地推行开了，主要有三个阶段：

第一个阶段是修法，为积分入户提供法律依据。[3]广东流动人口管理的法律，改革开放以来最早的一部是1998年的《广东省流动人员管理条例》[4]。这个条例本着管理为主的精神，

---

[1]　据测算，一个农民转变成城市居民需2.5万元，如果考虑城市规模及农民工60%以上在大中城市就业的现状，则需市民化投入人均5万元，将全部2亿农民工包括其家属等市民化则需资金10万亿元，约占2006年中国GDP的50%。数据来源：张国胜：《中国农民工市民化：社会成本视角的研究》，人民出版社2008年版，第108～109页。

[2]　刘小年："农民工市民化：路径，问题与突破：来自中部某省农民进城的深度访谈"，载《经济问题探索》2009年第9期。

[3]　由于到目前为止，在国家层面都没有一部法规对农民工管理做出规定。这样就为地方层面的法制创新提供了空间。当然，这种地方法规创新也是在中央政府政策之下展开的。这也体现了中央渐进改革思路的一个特点，即总体上的渐进改革与容许局部的突破创新

[4]　广东省人民代表大会常务委员会：《广东省流动人员管理条例》，载人民网 http://www.people.com.cn/item/flfgk/dffg/1998/D431014199801.html，最后访问日期：2010年10月3日。

规定对流动人口实行暂住证管理等制度；同时，也附带提到流动人口的权益问题，提出了流动人口申办常住户口的条件，即"流动人员在同一市、县……连续暂住 7 年以上、有固定住所、合法就业或经营证明、计划生育证明、无违法犯罪记录的，可以按国家有关规定申请常住户口。"不过，由于这里没有提供具体的操作思路，国家又长期控制发达地区大中城市规模。因此，这条政策并没有在实践中产生作用。

此后 2003 年有过一次修正，但没有变更流动人口落户内容。直接为广东积分入户提供法源的是 2009 年对 2003 年修正条例的修订。这次修订将 2003 年《广东省流动人口管理条例》更名为《广东省流动人口服务管理条例》，体现了国家在流动人口政策上由重管理向管理与服务并重发展的精神，将管理流动人口的暂住证变更为居住证，并通过它提供 13 项公共服务。[1]其中，在流动人口落户方面提出了操作性条文，即"年度总量控制、按照条件受理、人才优先、依次轮候办理"。根据这条法律的扩展，广东农民工入户具有了两种途径，一是"符合《广东省流动人口服务管理条例》第 27 条规定'居住证持证人在同一居住地连续居住并依法缴纳社会保险费满 7 年、有固定住所、稳定就业、符合计划生育政策、依法纳税并无犯罪记录的'，可

---

〔1〕 广东省人民代表大会常务委员会：《广东省流动人口服务管理条例》，载百度百科 https：//baike. baidu. com/item/% E5% B9% BF% E4% B8% 9C% E7% 9C% 81% E6% B5% 81% E5% 8A% A8% E4% BA% BA% E5% 8F% A3% E6% 9C% 8D% E5% 8A% A1% E7% AE% A1% E7% 90% 86% E6% 9D% A1% E4% BE% 8B/5710984？fr = aladdin，最后访问日期：2010 年 9 月 9 日。

直接申请入户。"二是实行积分入户。[1]

第二个阶段是推行居住证。根据前述新条例，广东对流动人口实行居住证一证通管理。因此，实施积分入户政策的必要步骤是在提供法律前提后，在全省推行居住证。这也是粤府办[2010] 32 号文件明确指出的：在全省纳入积分入户范围的对象，是办理了广东省居住证的、在广东务工的农业户籍劳动力。推行居住证的工作于 2009 年年底发动，2010 年 1 月 1 日各地推出了第一批居住证。从一些城市看，这项工作在 2010 年年底可完成 90% 以上。[2]从而为积分入户政策的实施创造了必要条件。

第三个阶段是实施积分入户。主要有两方面工作：先是政策制定。2010 年 1 月 11 日，广东省委省政府从转变经济增长方式、扩大内需的角度，发布粤发[2010] 1 号文件，决定要"科学制定鼓励外来务工人员落户的政策，探索推广采取'积分制'等办法，使在城镇稳定就业和居住的农民有序转变为城镇居民。"[3]到 2010 年 6 月 23 日，广东省政府办公厅将这个决策形成了具有操作性的《关于开展农民工积分制入户城镇工作的指导意见》，也即粤府办[2010] 32 号。然后，积分入户就进

---

　　[1]　在现实生活中，还有第三种形式，即"符合《广东省劳动和社会保障厅广东省发展和改革委员会广东省公安厅关于做好优秀农民工入户城镇工作的意见》(粤劳社发[2008] 13 号) 规定条件以及现行其他入户政策规定的，可直接申请入户。"参见《广东省人民政府办公厅关于开展农民工积分制入户城镇工作的指导意见》之附则第 2 款，载找法网 http://china.findlaw.cn/fagui/xz/20/228592.html，最后访问日期：2010 年 8 月 7 日。

　　[2]　东莞市新莞人服务管理局：《(东城区) 我市正式推行居住证制度》，载东莞新莞人网 http://dgxgr.dg.gov.cn/4050.html，最后访问日期：2010 年 9 月 9 日。

　　[3]　中共广东省委、广东省人民政府：《关于实施扩大内需战略的决定》，载广东省经济和信息化委员会网 http://www.gdei.gov.cn/zwgk/jmzk/gdjm/201003/201003/t20100326_100628.html，2010 年 5 月 9 日。

入政策执行阶段，主要环节：一是城市根据省里的精神完善本市积分入户的指标体系，对省里的政策制定实施细则。如东莞在省统一评分指标上添加自己的指标形成了本市积分入户计分标准。[1]二是城市展开实际操作，如宣传发动，农民工提出申请，政府审查，入户等。[2]由于积分入户以年度为界，实际中的城市积分入户工作都要求在 2010 年年底完成。

（二）广东积分入户的政策定位与功能

按照本文的分析方法，这里将广东积分入户政策的价值评估放到新中国户籍改革的历史进程下观察，以确定其定位。然后在这种定位基础上展开共时性层面的分析，即研究它在横向层面对农民工户籍问题等相关方面的功能。

新中国户籍改革的历史，概括起来就是一个在现代化过程中形成城乡二元社会户籍分割制度并突破这种制度的过程。城乡分割的二元户籍制度是新中国成立初期为了加快发展城市、为工业化积累资本、实行农村支持城市发展战略的一种选择。其标志是 1958 年 1 月 9 日全国人民代表大会常务委员会通过的《中华人民共和国户口登记条例》，它对农民向城市迁移户口提出了就业、升学等条件并确定了需要政府部门审批的程序。而此前从新中国成立起到第一个五年计划，国家并没有实行包含

---

〔1〕 东莞市人民政府：《关于印发〈东莞市积分制入户暂行办法〉和〈东莞市积分制入户管理实施细则〉的通知》，载东莞网 http：//www. dg. gov. cn/007330010/0202/201610/4278c216028d4845a0412786ce05a59a. shtml，最后访问日期：2010 年 11 月 5 日。

〔2〕 东莞市人民政府：《2010 年东莞市积分制入户工作实施方案》，载百度文库 https：//wenku. baidu. com/view/7e566ecca1c7aa00b52acb29. html，最后访问日期：2010 年 11 月 5 日。

对个人迁徙自由加以严格管制的户籍政策。[1]到了改革开放，一方面农村率先改革，农业效率提高出现了大量剩余劳动力需要到非农部门就业找出路；另一方面城市经济发展需要农村廉价劳动力资源。这样，国家就对城市化政策做出了一定调整，即实行优先发展小城镇与控制大中城市，也即由"文化大革命"时代的反城市化政策走向城市化政策，自理口粮户口、蓝印户口、没有农业非农业户籍区分的居民户口等见证了这一进程。目前户籍改革以成都统一城乡户口的试验为代表，努力建构在居民福利与公共服务方面基本均等的一体化城乡户口管理制度。

可见，随着现代化的推进，城市化的进展，中国城乡一体化的发展，在户籍管理上必将统一。但目前总体上仍然处于一个城乡统筹阶段：一方面，城乡户口统一已是明确的方向，但在实践中仍然遵循渐进主义的惯性，在大中城市对农民来说，仍然要等待改革的试验与突破。另一方面，与之相应，在大中城市城乡二元鸿沟在缩小，但对农民工的社会排斥仍然存在。[2]

把广东积分入户政策放入上面这种全国户籍改革的背景下，可以找到它的历史定位。具体有三个方面：其一，它是过渡的改革。表现在它并没有彻底跨越城乡二元体制在户籍管理上的鸿沟，没有在行政区域内实现城乡一体化的户籍管理。它只是有条件与有控制地向部分农民工敞开了进城的大门。虽然它同时在做打破依附在城乡二元户籍制度上的不平等福利与公共服

---

[1] 陆益龙：《户籍制度：控制与社会差别》，商务印书馆2003年版，第124页。

[2] 以东莞就业情况为例，本地户籍人口就业，政府帮助他们在企业设置专门的本地人车间，并在企业所发工资外每月提供一定的财政补贴，而且在就业前会动员他们进行免费职业技能培训。这些政策除国家规定对少量农民工进行职业培训外，都是农民工无法享受到的。

务供给工作，但这些工作也正说明它还在朝着城乡一体化方向努力。其二，它是区域的改革，即目前仅在广东省实行。其三，它是城市的改革。虽然政府文件提到了要配套进行农村土地等改革，但这种改革不仅是有限的，如没有讲城乡社区参与制度，也由于其地域性质仅仅能在广东搞试验，对 2000 多万在广东跨省流动的农民工来说，则受行政管辖权限制无法在流出地乡村实行。就积分入户政策来讲，它直接的还是一种城市户籍改革。在乡村，基本的土地制度、村民自治制度等则有待跟进或者需要国家统筹安排。

由于以上定位，广东积分入户政策在户籍改革上实现了一定发展，也有特定的限度。发展方面：一是在社会结构上，一方面在一定程度上突破了中央关于发达地区大中城市户籍改革的渐进精神，如东莞作为全国城市综合实力名列前茅、户籍人口近 200 万的大城市，这次省政府一个年度就下达了超过 1 万人的落户指标。[1]另一方面通过积分入户为农民工在城市建构正式组织的社会关系提供了必要条件，如可以落户后参与所在城市社区体制内管理活动及政治活动，有利于最终融入城市。此外是有利于城乡一体化，也即通过城市化、扩大城市、缩小乡村，来实现越来越广泛的社会发展。一个直接事实，那些先落户农民工有利于带动其他农民工发展，如为他们提供城市体制内社会资本。二是在问题处理上，有序地实现农民工落户，显然对于广东省委省政府提出积分制的初衷即加快城镇化、扩大内需等有直接推动作用。三是在主体利益的促进上，积分入户

---

〔1〕 韦星、崔宁宁："12 370 个入户指标 今年分给新莞人"，载广州日报大洋网 http://gzdaily. dayoo. com/html/2010－09/09/content_ 1117365. htm，最后访问日期：2010 年 9 月 14 日。

部分满足了农民工特别是其第二代强烈的市民化意愿，[1]也有利于城市留住与吸纳它需要的劳动力包括技工[2]与青年劳动力，有利于社会稳定与和谐。总之，这是国内发达地区一个省级行政区域内第一次专门针对农民工放开户籍制度的改革活动，为普通农民工入户大中城市打开了一扇试验的窗口。[3]由于农民工有亿万之众，这种专门针对农民工的户籍改革，无疑对于中国当前的城市化与城乡一体化具有重大的探路价值。

限度方面：①在政策实施上，其一，入户指标太少，全省到 10 月底仅有 10.36 万人积分入户，[4]仅占广东农民工总量的 0.32%，全国农民工总量的 0.07%；也只有市民化意愿强烈的广东第二代农民工总量的 0.60%，全国第二代农民工总量的 0.14%；以 40 年中国基本实现现代化作为城市化期限，并以最保守方式假定需要城市化的人口等于现有农民工总量分析，广东年入户农民工人数也只有全省平均要入户或城市化人数的

---

〔1〕 刘传江、徐建玲："第二代农民工及其市民化研究"，载《中国人口·资源与环境》2007 年第 1 期。

〔2〕 如深圳在积分入户 3227 名入围名单中，初级工以上专业技术人员占 77%。参见李世卓："深圳首批积分入户者民工仅占 14% 门槛变相提高"，载腾讯新闻 http://news.qq.com/a/20101112/000106_1.htm，最后访问日期：2010 年 11 月 19 日。

〔3〕 如在深圳这样的大城市，入户入围名单中也有 14% 的人为农业户口。参见李世卓："深圳首批积分入户者民工仅占 14% 门槛变相提高"，载腾讯新闻 http://news.qq.com/a/20101112/000106_1.htm，最后访问日期：2010 年 11 月 19 日。

〔4〕 刘可英、刘茜："广东 10 万余农民工积分入户 技工流失率大幅下降"，载中国经济网 http://www.ce.cn/xwzx/shgj/gdxw/201011/30/t20101130_22010236.shtml，最后访问日期：2010 年 12 月 15 日。

12.65%，只有全国同类年均数量的 2.76%（见表 2）。[1]从最保守城市化要求来看，广东每年需入户农民工近 82 万，现在的数量只有要求的 1/8，显然难以满足普通农民工入户要求。其二，在城乡联动改革上存在严重短缺，特别是对跨省农民工来说家乡的土地等如何处理在政策上是个难题。其三，成一定规模的农民工入户，存在城市扩容的准备与农民工入户后的融入问题。广东各地积分入户在上级要求下工作按进度进行，但农民工入户如何在公共服务上配套，农民工入户后如何融入社区等都欠规划。②政策理念上，一方面局限于一场城市的改革，主要从流入地发展包括城市化、扩大内需等出发，对于积分入户主体农民工的发展即市民化缺乏规划。因此，改革过程具有明显的自上而下行政动员色彩，农民工自下而上介入不足，农民工的需要没有调查研究，农民工在积分入户过程中甚至出现积极性不高的情形。[2]也由于这种局限，深圳在控制城市规模的要求下，甚至将省政府农民工积分入户的政策变成了技工积分入户政策，农民工在其中成了配角。另一方面是存在户籍管理上是放松户籍还是强化户籍的矛盾。积分入户，在一定程度上维护了现存户籍制度附带的城乡福利不平等安排。而户籍改

---

〔1〕 据相关统计调查，2009 年全国农民工总量为 1.45 亿，广东（珠三角）为全国的 22.60%；1980 年后出生的第二代农民工占农民工总量的 52.60%，将它与广东及全国农民工总量相乘可得广东与全国第二代农民工数量；以农民工总量作为 40 年城市化人口，然后平均可得广东与全国每年应该吸纳入城的人数；将这些数据与广东积分入户人数相比，则可得正文中的比例数值。数据来源：我国农民工工作"十二五"发展规划纲要研究课题组："中国农民工问题总体趋势：观测'十二五'"，载《改革》2010 年第 8 期。

〔2〕 张烁、叶小钟："广东农民工淡看'积分入户'网友称更需真正公平"，载中国新闻网 http://www.chinanews.com.cn/gn/2010/10 – 11/2577220.shtml，最后访问日期：2010 年 11 月 14 日。

革的方向，本身是要突破这种不公平制度，实现城乡一体化。

表2 广东积分入户人数所占比重

	广　东	全　国
占农民工总量的比重	0.32%	0.07%
占第二代农民工总量的比重	0.60%	0.14%
占预期年均城市化人数的比重	12.65%	2.76%

三、广东积分入户政策的发展思路与相关学术观点的检讨及需要研究的其他问题

（一）广东积分入户政策的发展思路

广东积分入户政策是一场以农民工为对象、在广东省范围内发生的、过渡型的、基于城镇化的城市户籍制度改革。因此，在政策实施与政策理念上都有特定的限度。

进行政策发展，首先必须追求城乡协调发展以填平城乡发展不均衡造成的利益鸿沟，这样才可以为剥离附加于城乡户口上的不平等社会福利与公共服务提供前提，才有可能推行城乡一体化户籍制度，为广大农民工在城市自由迁徙与进行户口登记创造必要条件。其次是需要突破广东改革的地域限制，将一种基本上单一的城市改革变成城乡配套改革，这样既可以弱化地方利益，贯彻以人为本的科学发展观、服务农民工市民化，又可以突破户口管理上放松管制与强化管制的矛盾。为此，必须要有中央的介入，主要是要以农民工市民化为主题，从城乡一体化角度，就户籍改革等相关方面进行城乡配套规划。

（二）农民工市民化与户籍改革观点的检讨

首先，可以继续肯定农民工市民化进行户籍改革是必要的。

因为现行城乡分割的户籍制度保护的是城乡二元社会结构，不利于农民进城与市民化，是城乡一体化要着力破除的。其次，可以确认户籍改革对农民工市民化并不是最重要的。广东推行积分制，对农民工入户城镇进行总量控制，存在规模太小等局限性，就反映了城乡发展的差距。如果城乡差距被削平了，那么就可以向广大农民工敞开进城的大门了。所以，在农民工入户城市上，当前最需要做的是通过城乡一体化发展、在城乡提供基本均等的社会福利与公共服务。这也是成都改革所揭示了的，成都现在提出统一城乡户籍，在此前几年已经不断向农村投入，形成了初步均等的城乡公共服务与社会福利。可见，对于农民工入户城市问题，还只能一边降低农民工准入的门槛，一边统一城乡公共服务，以渐进的改革来推进。这也就是说，学术界关于户籍改革的激进思路并不现实。

（三）需要研究的其他问题

由于改革的渐进性，在改革中老一代农民工慢慢地要从城市退出，如何实现其现代化，政府与学界都有所忽视，聚焦的都是新生代农民工问题。而且老一代农民工问题还比较复杂，并不是一个简单地从城市退出、返乡创业所能包括的。[1]因为他们能从农村走向城市，表明农村已基本丧失了容纳这些劳动

---

〔1〕 据统计，第一代农民工约占全部农民工总量的47.40%，按2009年农民工总量1.45亿人计有6873万人；同时，据蔡昉2008年的保守估算农村还存在剩余劳动力约4357万人。在这样的背景下，直接让第一代农民工回乡显然是一种经济社会资源的巨大浪费。同时，农民工本身回乡创业的意愿也不高，据调查，在2008年金融危机中被迫回乡的农民工中83.5%的人更愿意重新外出就业。而且，据2007年的调查，回乡创业者仅占回乡农民工的16.06%。可见，第一代农民工的归宿并不是一个自然的新陈代谢从城市退出就能解决的。数据来源：我国农民工工作"十二五"发展规划纲要研究课题组："中国农民工问题总体趋势：观测'十二五'"，载《改革》2010年第8期。

力的经济条件，如果简单返乡，显然是一种社会经济资源的浪费。同时让这些在城市付出了青春的农民工黯然退出，也显得不公平。所以，城乡如何结合一起为老一代农民工的现代化服务，是需要引起关注的。

同时，由于城市与学界都把眼光瞄准新生代农民工，而且事实上他们也成了农民工的主体，这样，就掩盖了另一个问题，即由于城乡劳动力资源竞争下发生的农村新的劳动力供应问题。[1]不解决这个问题，农村新生劳动力短缺，[2]城乡要协调发展，也是有困难的。所以，也需要重视与关注。

第十篇　农民工落户城镇过程中的问题分析：
政策执行的视角*

一、引言
十八届三中全会决策促进农业转移人口市民化，并将它作

---

〔1〕　刘小年："新生代农民培养：一个事关现代化的战略问题."，载《现代经济探讨》2010 年第 2 期。

〔2〕　这个问题直接反映在三个方面，一是农村青壮年劳动力 30 岁以下的 80% 都转换到了非农产业；二是从农村出来的第二代农民工目前已占农民工总量的52.60%；三是 2008 年起中国妇女总和生育率已降到 1.80 以下，进入少子化类型国家。这样，一方面农村青壮年劳动力大多数都通过外出务工等形式转移到非农产业了，一方面农村出生或新增人口又比过去减少了。两方面作用叠加，如果不采取适当政策干预，农村新生劳动力短缺必然迟早成为一个严重问题。数据来源：我国农民工工作"十二五"发展规划纲要研究课题组："中国农民工问题总体趋势：观测'十二五'"，载《改革》2010 年第 8 期；胡鞍钢："稳健调整计划生育政策稳定未来人口规模"，载新浪网 http://finance.sina.com.cn/roll/20091126/02227017169.shtml，最后访问日期：2010 年 4 月 6 日。

*　本篇原载《农业经济问题》2015 年第 1 期。

为新型城镇化战略的主要任务，规划到 2020 年实现 1 亿人口落户城镇。[1]如何保证满足一定条件的农民工顺利落户城镇，已是中央战略实施迫切需要研究的重大现实课题。

学术界对农民工落户城镇问题的研究主要是结合农民工市民化主题进行的，认为现行户籍制度是障碍农民工市民化的根本原因，如何突破户籍制度背后的利益因素、以放开城市户籍成为现有学术研究的焦点。[2]

从政策科学的视角看，与农民工相关的城市户籍改革，不光包括学术界集中研究的如何放开城市户籍的改革方案设计即政策制定问题，还包括改革方案的落实即政策执行问题。可以预见，随着国家新型城镇化与促进农民工市民化决策的实施，农民工落户城镇过程现实问题的探讨将成为学术研究新热点。

本文拟抛砖引玉从政策执行角度研究农民工落户城镇过程中的问题。具体把政策执行视为相关主体在特定社会条件下、运用公共政策追求利益而相互作用的过程，[3]以此来界定农民工落户城镇过程中的问题、分析问题产生的原因、探索问题解决的途径。

二、农民工落户城镇过程中面临的问题

从政策执行看，农民工落户城镇面临的问题是符合城镇落户政策的农民工在办理户口迁移过程中发生的。由于政策问题

---

〔1〕 新华社：《关于全面深化农村改革加快推进农业现代化的若干意见》，载 http：//znzg. xynu. edu. cn/Html/？ 19568. html，最后访问日期：2014 年 10 月 26 日。

〔2〕 梁波、王海英："城市融入：外来农民工的市民化——对已有研究的综述"，载《人口与发展》2010 年第 4 期。

〔3〕 ［美］史蒂文·凯尔曼：《制定公共政策》，商正译，商务印书馆 1990 年版，第 11 页。

的人为性，相关问题可以从关联的政策执行主体角度并结合农民工落户实践来界定。具体分析，主要有三个问题：

第一个问题，与政府户籍管理相关，即入户手续烦琐。根据《中华人民共和国户口登记条例》[1]，户口迁移只需要在符合迁入条件、取得准予迁入证明后、向现户口登记机关申报领取迁移证件，然后持迁移证件向户口登记机关申报迁入登记即可。可见，从法规来看，户口迁移只包括迁入地同意、迁出地迁出、迁入地申报等三个基本步骤。但实际中农民工迁移户口却复杂得多，单就第一个步骤即迁入地同意来看，其手续就相当烦琐。如某市办理农民工积分入户时，要求农民工提供11项材料，与社保、公安、慈善、劳动、教育、计生、住房等多个管理部门打交道，在务工地与老家往返奔波。准备好材料后，还需要通过户口迁入地管理机关申请、核准、入户等程序才能拿到户口准予迁入证明，[2]这一过程也需要农民工在所在城市劳动和社会保障局、公安局等两个部门之间来回跑。由于手续繁杂，一方面使符合落户条件农民工入户进程拉得过长，消耗农民工大量不必要的时间与精力；另一方面也使许多农民工对户口迁移望而却步，打消了入户城镇的念头。如2009年江苏省宣布四类优秀农民工可入户本省城市，结果因手续烦琐，符合

---

[1] 全国人大常委会：《〈中华人民共和国户口登记条例〉全文》，载拍案网 http://www.124aj.cn/news/xzfg/2010/12/21/4393G6A7EA25199EB.html，最后访问日期：2014年9月21日。

[2] 江门市劳动和社会保障局：《江门市农民工积分制入户城镇办理程序与服务管理办法（试行）》，载中国江门网 http://www.jiangmen.gov.cn/gov/0212/201010/t20101027_218782.html，最后访问日期：2014年10月9日。

条件的两万多农民工中最后只有 6 人顺利落户。[1]

第二个问题，与城镇社区相关，即城镇社区排斥。主要表现是：当农民工拿到城镇政府批准的户口指标找社区签字时，要么社区以入户要增加管理与公共服务负担、如计生及治安等责任而不同意农民工入户；[2]要么社区有条件同意农民工入户，如要求落户农民工承诺不参与落户所在社区的分红，或者要求向社区交一笔不小的费用，或者要求农民工用工单位答应承担计生与治安等管理责任等。与社区排斥相关的另一种表现形式是，政府为避免农民工落户后与城镇社区产生分红矛盾而设立的专门农民工社区，即一种虚拟社区，让符合条件农民工把户口挂在这个现实地理上并不存在的社区中。[3]由于城镇社区的排斥，不仅使符合条件农民工落户过程不太顺利，而且许多人在落户过程中还产生了跟原城镇社区户籍人口、在社区利益分配上的权利不平等现象，影响到农民工市民化与以人为本新型城镇化的进度与质量。

第三个问题，与乡村社区有关，即具有特定内容的乡村驱赶现象。亦即农民工老家的乡村社区要求农民工在户口迁移时"净身出村"，主要是要求放弃原来承包的土地或山林。在国家着力推进城乡一体化、加强新农村建设背景下，农村的土地与

---

[1] CCTV《经济信息联播》："手续繁杂 农民工落户政策遇冷"，载新浪网 http://finance.sina.com.cn/roll/20090809/21256591611.shtml，最后访问日期：2014年8月11日。

[2] 颜雅婷："派出所确认：落户无需社区盖章带齐材料即可"，载网易网 http://news.163.com/10/1126/07/6MD8K1K100014AED.html，最后访问日期：2014年7月16日。

[3] 黄裕东："广东外来工办理积分落户被索万元 难享同等待遇"，载搜狐网 http://news.sohu.com/20110903/n318205261.shtml，最后访问日期：2014年9月13日。

山林都是农民的重要财富源泉，也是农民工安身立命的最后一道防线、一个可靠的基本生活保障。同时，中央政策倾向于国家、城镇与农民工共同分担农民工市民化成本，农民工在农村的财富也是其分担市民化成本的一个基本来源。所以，随着农村户口附着的财富价值在新农村建设下越来越高，现行农村社区户口迁移出去时权利丧失的土政策，既影响到农民工户口迁移的积极性，也制约了农民工市民化的经济能力，还可能在农村社区治理中引发基于户口迁移的稳定问题。

三、农民工落户城镇过程中问题的成因分析

从政策科学的理论看，政策执行是相关主体在特定社会条件下运用公共政策相互作用的过程，由于公共政策的本质是社会价值的权威性分配。[1]因此，农民工落户城镇过程中问题的产生，可以从三个层次来分析其原因：

第一个层次，从相关主体关系的角度来分析。既然政策执行是相关主体的互动，因此，执行有没有效率、能不能顺利达到目标，最直接的一条就是看政策执行中、相关主体的行为是否构成了一种合作关系。如果执行主体就政策执行能够合作，则政策执行的效率可期，否则，执行中主体们各行其是，是没有可能产生执行力的。在实践中，农民工落户城镇之所以存在问题，最直接的原因，在于农民工落户城镇相关政策改革是一种单方面的主体行动，没有产生政策执行主体间的合力。具体表现为两种单方面行动：一是城镇政府决策部门单方面行动，即实践中相关户籍改革措施是直接由城镇政府决策部门单方面

---

〔1〕〔美〕戴维·伊斯顿：《政治生活的系统分析》，王浦劬译，华夏出版社1998 年版，第 25~26 页。

推出的，不仅没有与相关乡村政府沟通户口迁移手续问题，也没有与乡村社区协商处理关联的农民工农村土地等财富问题；甚至在城镇社区都没有广泛动员争取本行政区群众支持，更没有采取切实措施应对农民工落户对城镇社区带来的治理压力与造成的利益矛盾；就是在城镇政府内部也没有与执行部门进行有效协调、以简化办事程序、为符合城镇政府决策部门落户条件的农民工提供便利服务；当然也没有与农民工协商落户条件与手续问题，加上政府决策时城乡二元结构的压力——这种发展差距的压力致使政府在放开城镇户籍时为入户者设置了诸多条件，这些条件又在一定程度上派生出烦琐程序；使农民工根据城镇政府政策办理户口迁移的过程遭到城乡社区双重阻碍、面临繁杂手续。二是农民工单方面行动，虽然农民工落户过程需要城乡政府、社区与农民工等多种主体共同执行，但落实这种决策即户口迁移行动的结果却完全由农民工个人承受，在实践中不光乡村政府与社区没有工作人员对此负责，就是负有执行城镇政府决策部门政策的城镇相关政府执行机构与社区，也罕有工作人员因为完不成户口迁移任务而受到过问责。由于现实中农民工户口迁移涉及城乡多个部门、需提供多种证明材料，加之农民工作为社会主体没有公共权力，在办事时只能采取请求的方式，是弱势的一方，使得户口迁移过程相当曲折、面临手续办理难题。

第二个层次，从公共政策分配社会资源的角度来分析。由于公共政策的分配功能，在政策过程中必然要对相关主体包括执行主体的利益进行损益，因而会滋生基于政策执行的主体间利益矛盾，影响到政策执行中主体间的合作。就农民工落户城镇过程来看，因为相关户籍改革政策对执行主体的利益发生了损益——对农民工是通过入户有可能享受跟城镇户籍人口同等福利、对政府执行机关是需要为农民工入户提供相应公共服务、对城镇社区是需要向新落户农民工分配社区资源、对农民工的老家乡村社区是减少社区资源分配的人口，因而使农民工基于自我发展需要采取的落户城镇行动与其他相关政策执行主体的利益产生矛盾，制约了政策执行。具体分析：从政府来讲，体现为一种农民工落户城镇提供服务的需要与户口迁移执行机关对权力追求的矛盾。由于服务型政府建设尚未到位，各级政府在日常行政管理中、仍然在一定程度上遵循传统的管理观念而不是服务思维。管理观念把政府活动看成一种行使权力的过程，如果能够显示其权力、能够维护其权威则会主动地去做，反之则会动力不够。政府对权力的追求与维护，从公共选择的理论来看，正是其基本利益所在。而服务型政府建设则是要打破这种狭隘的政府部门利益追求特点，将政府的权力行使与社会发展的要求即向社会提供公共服务结合起来，即以权力为工具，以服务为导向。由于我国服务型政府建设正在进行中，因此传统的权力运作便在政府日常管理中与社会服务发生矛盾。反映在农民工户口迁移上，那些需要提供的名目繁多的证明材料与多个部门之间来回奔波的复杂程序正是传统政府管理方式的一个反映，这些在一定程度上体现了相关部门与所属官员的权力，官员们习惯于按章办事履行户口登记管理的职能，在没有其他新的与服务型政府建设相关的激励因素——这种因素如与服务型政府相关的政府绩效考核标准建设等发生作用的情况下，政府推动农民工落户城镇决策产生的执行机关办理农民工落户城镇公共服务要求与执行机关权力运作惯性发生冲撞，致使农民工户口迁移的努力淹没在政府执行机关官僚主义运作模式那种烦琐程序之中，感受不到便利的公共服务，为此，许多农民工甚至中断了落户进程。从社区来看，表现为农民工办理户口迁移的行动与社区以户籍为依据分配资源的矛盾。当前我国社区治理与新的社会建设形势尚未完全适应。传统上我国城乡社区治理具有两个基本特点：一是依附于基层政府，需要承担这种政府交办的许多行政管理职能；二是以户籍为依据进行社区居民管理，成了一个相对封闭的自我服务的利益共同体。改革开放后，随着市场经济的发展，社区实行自治，在与政府的关系上逐步独立；同时，随着人口跨区域流动——这种流动的主要代表就是由乡村走向城镇的农民工——城乡封闭的社区界线被渐次突破，以农民工为例，就业已基本突破城乡限制、城镇公共服务也开始向农民工提供。但是，在总体上与市场经济发展新形势需要的现代社区治理机制并没有完全形成，社区治理仍然面临复杂的传统与现代的矛盾。这种矛盾体现在：政府与社区的关系仍未理顺，作为自治单位社区仍然经常要承担政府安排的行政管理事项；由于城乡二元结构的惯性，社区依然以户籍为依据配置社区资源对非户籍人口进行社会排斥。就农民工落户来说，城镇社区在政府没有向其购买新增农民工落户人口公共服务及未能形成合理的照顾新落户农民工与旧的社区居民利益的分配政策前提下，基于社区自治的精神，为了本社区户籍居民的利益，必然对农民工落户持不欢迎态度。乡村社区也会出于自我利益最大化减少利益分配人口考虑，对农民工户口迁移持驱赶式的要求农民工净身出村态度。

第三个层次，从政策执行的社会条件来分析。政府本身是由人民设立为社会提供公共服务的，因此，政府的政策必然要回应社会要求与社会条件相适应。就政策执行来看，它总是在特定社会条件下展开的。所以，政府政策执行中问题的产生，最终可以从其社会条件来寻找原因。农民工落户城镇问题的成因也可以从其社会条件来分析。这种社会条件就是一种正在破除的城乡二元结构。改革开放以前，我国通过户籍等制度安排、从农村抽取资源支援城市工业化，在城市与乡村之间形成了不同的经济社会发展等级即二元结构。改革开放以后发展市场经济，特别是进入 21 世纪后政府推行以城带乡、以工补农的城乡统筹一体化发展政策，并提出了改革旧的户籍制度与建立新的统一的城乡户籍制度要求。由于现行城乡户籍制度是历史形成的，在这种户籍制度背后承载着反映城乡社会不同发展水平的户籍人口福利，因此，实现城乡统一、体现社会公平与满足公民迁徙自由的户籍制度，还必须依赖城乡一体化发展与公共服务的均等化。在现有城乡一体化发展水平之下，以户籍为基本制度配置的城乡福利仍然有较大差距，从维护自己利益的角度，在当前尚没有形成合理的农民工落户成本分担机制的状态下，城镇社区理性的选择必然是要排斥农民工落户。同样，对农村社区来说虽然它提供给户籍居民的福利低于城镇社区，但是由于户籍制度的分配功能与国家加强新农村建设、农村可分配资源不断增加的现实，正如前面分析的、农村社区也会从其利益最大化的立场要求农民工净身出村，交出在乡村享有的承包地及山林等资源。此外，由于城乡一体化正在发展中，原有的以城统乡即市管县的行政体制正向省管县体制试点过渡，这样就造成了一个政府在统筹城乡发展上的体制矛盾，即以往市管县体制下没有特别的需要来强调城乡协作问题，试点的省管县体制又有割裂城乡行政联系之虞，因此，在国家大力推进城乡一体化发展背景下、正在形成一个城乡协作体制的空白。就农民工落户城镇办理户口迁移来讲，这件事涉及城乡户籍登记机关与城乡社区，但并没有跨部门跨城乡的机关来统一管理向农民工提供服务，增加了农民工落户城镇手续办理的难度。另外，作为这种城乡一体化进行时的表现，国家相关户籍改革政策法规也有待完善。其一，中央虽然提出了根据城市规模梯次放开城镇户籍的决策，但是还没有制定具体的改革规划，各级政府与相关部门在户籍改革中的责任、权利、地位都未明确，具体目标是什么、相关奖惩措施如何都还是空白，现实中的农民工落户城镇还是一些地方与城镇的试验，要在横跨城乡的农民工落户城镇上形成统一有效率的行动，就是一个难题。其二，与户籍改革相关的配套制度还有待在改革中完善或形成。这些制度包括农民工落户城镇相关的成本分担制度、政府购买社区公共服务的制度、城镇社区分配制度、农村土地山林等承包制度，以及与农民工户口迁移相关的城乡社区治理制度等。不配套完善这些制度，城乡社区不仅会基于利益的考虑对农民工落户城镇在行动上进行掣肘，就是落户了也会面临复杂的社区分配、权力重组等和谐稳定矛盾。其三，与上述两个方面相应，相关户口管理的法规有待修订。现行户口登记条例是计划经济时代的产物，体现的是通过户籍等制度实现城乡分治、以乡援城与追求国家工业化的精神，与市场经济、城乡一体化发展的现代化新形势明显不相适应。应根据建立城乡统一、迁徙自由、身份平等的户籍制度精神，降低及至取消户口迁移的限制条件，并从给公民提供优质便利服务的角度简化户口登记管理程序，对相关机构、部门进行科学分工，以及对相应的配套改革作出原则安排并规定相关户籍管理的法律责任等。

四、农民工落户城镇过程中问题处理的策略：建构城乡合作关系

根据前面的分析，为解决农民工落户城镇中遇到的问题，应该针对性地建构农民工落户城镇的城乡合作关系。具体来讲，有三个层面的内容：

（一）将农民工落户城镇工作纳入城乡政府与社区治理的目标管理之中

从政策执行来讲，要形成合力有统一协调一致的行动，首先必须要求相关政策执行主体都将政策实施作为自己的目标。即通过目标的一致来追求行动的统一。在农民工落户城镇上，应该根据国家新型城镇化需要，制定中央对省、省对地级市、地级市对县、县对乡、乡对村的服务农民工落户城镇工作目标。农民工流入地的目标，主要是要明确农民工落户的条件与需要提供给落户农民工的公共服务，以及保证农民工落户后能取得原城镇户籍人口同等权利。农民工流出地的目标，主要是要与流入地政府协作在农民工办理户口迁出时提供便利服务，并根据中央政策保护农民工户口迁出时其在乡村原有的田地山林等财富权利。在目标制定时，应注意两点：其一，需要将目标制定的行政即权力过程与宣传即认识过程相结合，努力使贯彻中央决策的政策执行变成各方面的自觉追求。主要是要结合各种政策执行主体的实际宣传农民工落户城镇的意义，如在官员政绩、城镇与新农村建设、农民工发展等方面的好处。其二，需要坚持目标制定中的权利与义务相平衡原则，对城镇中央应提供专门的财政转移支付承担一部分农民工落户成本；城镇政府在要求社区吸纳农民工时也应通过新增购买社区服务来减轻社区农民工落户的治理压力；对乡村则应将农民工落户城镇与国家及城镇加大对新农村建设的支持结合起来；以打消城镇居民对农民工落户的成本担忧及乡村社区居民对农民工落户城镇可能引起农村发展资源转移的忧虑。目标制定后，则应纳入政府绩效评价与社区治理考核之中，并与相关单位工作人员的奖惩升降等挂钩，以保证目标能切实得到遵循。

（二）建立政府负责、社区协办、农民工申请、迁入地与迁出地对接的农民工落户城镇工作机制

从政策执行看，在通过目标管理激发政府、社区与农民工合作处理农民工落户城镇工作的动力后，还必须形成具体工作机制来将动力变成现实行动。为此，需要建立政府、社区、农民工在城乡间合作处理农民工落户具体问题的工作机制。其要点有两个方面：一方面要与农民工落户城镇相关方面的权力、地位协调，明确其责任，形成不同的角色定位，达到分工合作的局面。具体来说：政府承担公共管理职能，又是户籍改革政策制定者与主要执行者，拥有法定的公共权力资源，因此它应该在农民工落户城镇上承担政策执行成败的主要责任，即负责相关户籍改革与落户过程的开展，如引导符合政策条件的农民工落户城镇，简化办事手续服务农民工落户，指导与协调社区与农民工在户口迁移上的行动、以处理落户中的矛盾，监控农民工落户过程确保有序进行等。社区，作为农民工落户政策的基本执行者，在这一过程中负配合政府户改政策贯彻的责任，如协助符合条件农民工办理入户手续，以及进行社区分配体制改革，在城镇要保证农民工落户后跟其他户籍人口同等分红权利，在乡村要根据政策保障迁移户口农民工的土地等财产权。农民工，作为户籍改革的受益者，也是相关户籍改革政策执行的基本主体，应该起通过参加户籍改革落户城镇主动追求自己利益的作用，即落户过程中问题发现与提出的主要角色、户口迁移手续办理的主要责任者，作为与政府、社区就落户过程互动的基本主体承担落户后果。另一方面要建立农民工落户城镇具体问题政府、社区与农民工协作解决机制。这种机制应该由农民工通过落户城镇过程具体问题的提出而开启，然后由政府牵头负责协调社区一起行动。具体应根据现实需要，形成三种

分机制，即城乡政府与农民工、就农民工落户城镇过程中手续问题互动的机制，城镇政府、社区与农民工、就农民工户口迁入中具体问题互动机制，以及乡村政府、社区与农民工、就农民工户口迁出过程中具体问题互动机制。在协作机制建构中面临城乡体制的分割，特别是跨区域流动农民工其户口迁移行动牵涉的城乡可能分属不同的行政管理权之下。因此，需要上级或在中央政府指导下形成跨地区甚至跨省的协作机制。

（三）完善相关政策法规

政策执行要有效率，要在相关主体间形成合力，除前面两个方面论述的内容即激发执行主体合作的动力与形成具体合作机制外，还需要执行的政策本身在决策上是科学的并与相关领域政策形成了一种协调关系。因此，要在农民工落户城镇政策执行上形成城乡合作局面，还必须进一步完善国家户籍改革政策以提供科学的政策执行前提，同时对相关领域进行改革以配套政策执行的环境条件。根据前面的分析，在户籍改革政策完善上，主要有两方面工作：一方面要根据国家户籍改革精神制定农民工落户城镇工作规划，为户籍改革农民工落户城镇的目标制定、工作机制建立与配套改革等提供行动指南，提升行动的统一性；另一方面科学建立政府、企业与农民工共同承担农民工落户与市民化成本的机制，以减轻城镇在户籍改革与农民工落户上的利益阻力。[1]在环境干预进行配套改革方面，主要包括前面论述过的社会发展环境即城乡二元结构处理、政治环境即服务型政府建设、社区环境即社区治理等方面。在城乡关系上，应根据国家新型城镇化与农业现代化相结合的战略，继续推进城乡一体化发展，以消除城乡户口背后的福利差距，实

---

〔1〕 成本分担机制建构的具体原则：一是应根据政府、市场与社会间的关系划分政府、企业与农民工在市民化成本分担上的责任，即政府承担公共服务职能应以它为主来支付相关成本；企业作为市场主体应以配角出现，主要是在农民工就业与劳动保障上承担责任，如合理确定与按时支付农民工工资、按政策为农民工缴付社会保险及承担必要的农民工职业培训任务等；农民工，作为市民化主体、受益者又是弱势群体，应该配合政府与企业、承担市民化生活成本及相应社会保险费用。（参见柳博隽：《建立农民工市民化成本分担机制》载《浙江经济》2012 年第 10 期。） 二是应根据中央与地方事权的划分，合理确定中央政府、省级政府与城镇政府在农民工市民化公共服务供给即相应成本支付上的责任（胡拥军、高庆鹏："处理好农民工市民化成本分摊的五大关系"，载《中国发展观察》2014 年第 6 期），即中央负责跨省流动的农民工市民化公共服务成本、省级政府负责本省跨地区流动农民工市民化公共服务成本、城镇政府负责本市农民工市民化公共服务成本，同时，中央及省级政府还要负责各种行政区划内农民工市民化全局性公共服务成本、诸如农民工市民化规划制定、法规修订、过程监控等，并考虑经济社会发展的不平衡性、中央与省里对财政能力弱与农民工市民化任务重的下级行政地区进行重点财政转移支付。三是应根据事权与财权相一致原则，建立农民工市民化数量与财政转移支付额度挂钩的制度，并设立农民工市民化成本支付财政专项账户进行管理，确保专款专用（魏澄荣、陈宇海："福建省农民工市民化成本及其分担机制"，载《中共福建省委党校学报》2013 年第 11 期）。四是应根据农民工市民化本身的进度分阶段支付农民工市民化成本，降低成本筹措的难度与保障农民工市民化的有序推进。五是应将农民工市民化成本分担机制的建构与促进城乡一体化发展及追求国民经济健康持续快速增长挂钩，从改革与发展角度来思考与解决农民工市民化成本分担问题，如通过农地改革为农民工市民化赋能（刘斯斯："多元分担农民工市民化成本"，载《中国投资》2012 年第 7 期），通过农民工技能培训促进产业升级形成更多可支配收入（参见蔡昉："农民工市民化：立竿见影的改革红利"，载《中国党政干部论坛》2014 年第 6 期），通过公共服务城乡全覆盖降低农民工市民化公共服务成本的支付难度（刘小年："农民工市民化与户籍改革：对广东积分入户政策的分析"，载《农业经济问题》2011 年第 3 期）等。

现公共服务均等化，为最终建立城乡统一的户籍制度创造社会发展条件。在服务型政府建设上，围绕农民工落户城镇可以采取三方面措施：一是推行一站式办公，即多个机构或部门通过一个窗口为农民工提供户口迁移手续服务；二是可同步推行网上办公，即农民工通过网上提交申请等方式办户口，节约办户口的时间与精力；三是建立农民工办理户口首问制，即农民工向谁提出申请就由谁负责落实相关事宜、特别是一些机构形成的户口迁移证明材料、可以凭借首问制在机构内部提供，解决政府推行户籍改革在政府办事机构却无人对结果负责及手续烦琐现象。在社区自治上，政府应改变单纯将社区当作其职能延伸的下级组织观点，在户籍改革时尊重社区利益与意愿，以调动其积极性。就农民工落户城镇实践来看，除完善政府购买公共服务制度将这种购买活动与社区新增农民工落户人口统一起来之外，还需积极推进城镇社区分配制度改革，妥善解决农民工参与社区分红问题，建议实施先来后到原则，即农民工落户前社区产生的利益农民工不参与分红，农民工落户后新增社区利益参与平等分红，以保障社区原有人口利益又实现新落户农民工在城镇社区平等分配权利。[1]在农村，应针对农民工户口迁移彻底离农的新形势推进乡村社区治理改革，特别是要将农民工市民化与农业现代化发展结合起来，进行农村土地山林制度改革，妥善处理落户农民工承包的农村土地山林，保障其合法财产权利等。与上述政策完善相应，为提升政策的权威性，使农民工落户城镇有法可依，增强政策执行效率，还需要按照前面的论述，适时修订户口登记条例等相关法规。

---

〔1〕 刘小年："农民工市民化参与城市社区分红：新型城镇化应正视的一个重要问题"，载《兰州学刊》2014 年第 7 期。

五、结论

随着国家新型城镇化一亿农民工市民化决策的推进，农民工落户城镇的过程管理将成为一个突出的政策执行问题。从实践来看，主要表现在落户手续烦琐、城镇社区排斥与农民工乡村社区土地等财产权利保全等方面。这些问题既影响到农民工落户城镇的进度，也制约其落户的质量。问题的成因，从政策执行过程来看，直接的在于相关政策执行主体即政府、社区、农民工之间没有形成合力，在其背后则是农民工落户城镇户籍改革政策对相关主体利益进行了损益、使农民工落户城镇的需要与相关执行机关与社区的利益发生了矛盾。更深刻的原因，则与这种政策执行的社会条件即城乡二元结构有关。解决这些问题，需要针对性地建构城乡合作关系。

可以预测，随着农民工大规模落户城镇，原来城镇存在的体制外的农民工与市民关系问题将演变成体制内的落户城镇农民工与城镇原户籍人口之间的新旧人关系问题。这个问题不仅会提出城镇社区分配制度改革问题，还会随着农民工落户城镇的进度与城镇社区户籍人口结构的变化引发城镇社区治理即组织与管理改革问题，并有可能由此引发城镇社区贫富差距问题及城镇社区和谐问题，需要重视与加强研究。

本文的贡献，在于率先探讨了农民工落户城镇面临的问题及问题解决之道——城乡合作机制，并前瞻性地提出了需要重视与研究的城镇社区治理新旧人关系问题。在实践上将会对新型城镇化农民工落户城镇相关问题的解决与市民化进程的有序推进产生积极作用。

第十一篇　谨防农民工市民化政策实施上的五大误区[*]

新型城镇化战略提出了到 2020 年一亿左右农业转移人口市民化的任务，如何如期达到目标，必须有科学的认识作指引，发现与走出农民工市民化实施上的五大误区：

一、误区之一：将市民化对象等同于新生代农民工

（一）相关逻辑

一方面基于农民工在发展中发生分化与异质化，特别是农民工出现代际变化形成新生代农民工群体的事实；另一方面基于第一代农民工与新生代农民工在外出务工经商动机上的差异，也即第一代农民工外出务工以赚钱为主要目的，新生代在赚钱之外还有重要的发展需求；在城镇化与农民工市民化中提出与突出新生代农民工市民化，以至忽视第一代农民工发展与市民化，只谈新生代农民工市民化，将农民工市民化在宣传上等同新生代农民工市民化。如有关专家与官员在解读新型城镇化规划到 2020 年实现 1 亿左右农业转移人口市民化指标时，不约而同地指向了新生代农民工。依据一是 2013 年卫计生委报告，称新生代农民工 70% 有留城意愿；[1]二是依据有误的统计数据，

＊　本篇原载《现代经济探讨》2015 年第 2 期。

〔1〕　刘少华："一亿进城农民工如何变身市民？"，载人民网 http://paper. people. com. cn/rmrbhwb/html/2014 - 01/09/content_ 1373427. htm，最后访问日期：2014 年 10 月 5 日。

讲新生代农民工占农民工多数达到 70%。[1]将这两个 70% 与 2010 年全国人口普查或 2013 年全国农民工监测调查得到的农民工总量数据相乘都会达到并超过规划要求的指标。

（二）实践表现

实践中将农民工市民化对象界定为新生代农民工有两种典型操作方式：一是限定农民工申请入户城镇的年龄界限。如广东 2008 年吸纳优秀技能型农民工落户城镇时，原则性要求年龄在 35 岁以下。[2]二是对农民工积分入户城镇提出年龄分数，即年龄小的加分多，年龄大的加分少，到了一定年龄甚至要成倍扣分，变相排斥第一代农民工落户。如 2014 年东莞积分入户标准规定：35 岁及以下年龄的计 5 分，36 ~ 45 岁的计 1 分，46 岁及以上的每增长 1 岁减 3 分。[3]

（三）误区分析

第一，虽然农民工进入 21 世纪后出现代际变化产生了新生代，但受计划生育出生率走低等影响，当前新生代并不是我国农民工主体。在 2013 年我国 2.69 亿农民工中，新生代农民工只占 46.6%[4]。因此，因为农民工代际变化认为新生代是农民工

---

〔1〕 申宁、潘金洁琼："人社部：新生代农民工已占农民工总数 70% 以上"，载人民网 http：//edu. people. com. cn/n/2014/0220/c1053 – 24416559. html，最后访问日期：2014 年 10 月 14 日。

〔2〕 杨霞、关健："广东出台政策：优秀农民工可望入户城镇"，载新华网 http：//news. xinhuanet. com/newscenter/2008 – 05/30/content_ 8284623. htm，最后访问日期：2014 年 11 月 5 日。

〔3〕 东莞市法制局《关于公开征求对我市入户政策系列文件意见的公告》，载东莞网 http：//dgxgr. dg. gov. cn/28265. html，最后访问日期：2014 年 10 月 7 日。

〔4〕 国家统计局："2013 年全国农民工监测调查报告"，载国家统计局网 http：//www. stats. gov. cn/tjsj/zxfb/201405/t20140512_ 551585. html，最后访问日期：2014 年 10 月 5 日。

主体而突出新生代市民化是一个误区。

第二，农民工的异质性不仅仅表现为代际变化，换句话说，在市民化意愿上，无论是第一代农民工还是新生代农民工其内部都会有有意愿的也会有没有意愿的。所以，因为总体上新生代市民化意愿高而忽略第一代农民工市民化是不合理的。

第三，由于上述两个方面的原因，仅仅关注新生代农民工市民化，会在实践上忽视真正想市民化的第一代农民工发展权利，也会损害新型城镇化目标的顺利实现。如广东积分制中就曾出现政府想吸纳的新生代入户不积极而不想吸纳的上了年纪有入学年龄段小孩的农民工却四处奔波争取入户指标，以致入户指标经常用不完的被动局面。[1]

二、误区之二：将市民化内容等同于公共服务

（一）相关逻辑

城乡二元经济社会结构之下，农民工受到城市社区排斥，未能享受跟城市户籍人口同等福利。相关的一种农民工市民化思路就是给农民工提供跟城市户籍人口同等福利待遇，也即实现城乡公共服务均等化。如辜胜阻指出，因城乡户籍不同，农民工与城市户籍人口之间共有 67 项权利差别待遇；因此，可以选择三种方式推进农民工市民化，即除农民工在流入地落户与回流就地城镇化等方式外，还有全面推进基本公共服务均等化的方式，也即"市民化等于就业加公共服务均等"[2]。

---

〔1〕 严铧、杨洋："东莞积分入户不吃香？1.8 万指标只完成三成"，载新浪网 http://news.sina.com.cn/o/2011-10-26/060023362855.shtml，最后访问日期：2014年10月13日。

〔2〕 辜胜阻："市民化等于就业加公共服务均等"，载新浪网 http://blog.sina.com.cn/s/blog_4fa0c56d0101583k.html，最后访问日期：2014 年 9 月 5 日。

（二）实践表现

在实践中通过积分制向普通农民工打开城市户籍大门是2010年广东农民工政策上的一个创举，不过也有较多局限性，其中之一，就是以公共服务均等化为农民工落户城镇可享受权利的基本内容。由于广东那些发达且吸引了较大规模农民工的城市其社区都有可观的分红，因此，广东通过积分制落户城镇的农民工并未享有城镇原户籍人口同等的权利。最典型的是东莞的情形：为了回避向农民工分配城市社区红利，该市别出心裁地在执行省政府积分制政策时设计出一个专门供农民工落户的虚拟社区。这种社区在虚拟空间中存在，因而也就回避了农民工落户后参与社区分红及由此可能引发的新旧社区户籍居民的利益矛盾。不过，由此落实公共服务均等化也成了难题。在这种市民化方案执行一年后，主管部门官员就发现，由于新型社区没有实际的居住地址，只能通过联系电话来维系社区的管理，已有不少电话找不到人，如妇女每季度的查孕工作就无法开展，在实施管理和提供服务的其他方面更无从谈起。分管的市政府领导也承认这种新型社区服务管理不到位，入户者未能较好地享受社会保障、子女教育等公共服务，对社区的归属感不强。[1]

（三）误区分析

公共服务存在城乡差别，这是当前我国农民工城市生活面临的一个事实，但不是全部。除公共服务不同外，农民工与城市户籍人口的差别，还有参与社区治理方面，以及生活方式方

---

〔1〕 颜雅婷："派出所确认：落户无需社区盖章带齐材料即可"，载网易网 http://news.163.com/10/1126/07/6MD8K1K100014AED.html，最后访问日期：2014年10月9日。

面等。所以，简单地以公共服务均等化作为农民工市民化的一种途径，作为农民工市民化的内容是不科学的，在逻辑上犯了以偏概全的错误。正确的做法，应该是把公共服务均等化作为农民工市民化的一个必要条件，抓住户籍改革这个关键与中心，通过户籍改革，最终实现公共服务均等、社区自治平权、生活方式趋同。如果回避农民工市民化其他方面内容，正如东莞实践指出的，可能公共服务均等化也无从达成。而且还会滋生一系列农民工市民化夹生饭问题：如农民工落户后与原城市社区户籍人口权利不平等问题，不能参与社区分红导致的城市社区居民利益分化问题，加深落户农民工与城市社区原户籍人口关系紧张问题，等等。此外，在通过公共服务均等化推行农民工市民化上另一个相关流行的误区是实践中它一般性地要求农民工分担市民化主要是公共服务成本支出。一方面，公共服务本是政府职能，应该由政府提供；另一方面，农民工本身是城市较贫困的底层民众，落户城镇本身就比在农村生活要增加较大开支，如果现在又要新增公共服务开支，则会加深农民工贫困化，加大城市两极分化，不利于城市和谐稳定。如果一定要求农民工承担一些费用，应该是在农民工收入可承受范围之内，而且应该严格限定在农民工使用这些服务的收费上，并且应该是有限的准公共服务项目，[1]如廉租房等。对于那些完全公共性的服务项目，如道路、水电、通讯、交通等公共设施及安全、计划生育、教育、卫生等公共服务，则应由政府财政支付建设提供，农民工不承担相应成本。

---

　　[1]　[澳]休·史卓顿、莱昂内尔·奥查德：《公共物品、公共企业和公共选择》，费朝辉等译，经济科学出版社2000年版。

三、误区之三：将市民化工具等同于计划手段

（一）相关逻辑

计划体制下以户籍制度为代表的一系列制度造成了我国特有的城乡二元结构，农民与市民在发展与福利上处于一低一高两个世界；正是这种社会结构之下当代国家现代化中产生了农民工现象。也由于这种结构约束，我国农民进城务工经商并未如西方发达国家现代化中农民进城后直接变成市民，而是受到城市顽强的社会排斥。因此，为了解决农民工问题，实现其与城市市民一样的待遇，顺利而迅速地转变成市民，便捷而熟悉的工具便是政府以计划手段来废除这种城乡二元结构加在农民工身上的东西，如不平等的身份与地位等。

（二）实践表现

主要有三种典型形式：一是不顾条件冲动地放开城市户籍改革，以 2001 年郑州改革为代表，当时实行无条件的农民迁入户口政策，结果因城市公共服务面临巨大压力而不了了之。二是买椟还珠式的为农民工正名，方式之一是将农民工在宣传上称为新市民，方式之二将城乡户籍统称为居民户口。这两种形式的市民化，前者难以实施，后者名至而实不归。最后实践中成为主流的是那种选择性的市民化方式。三是如以广东为代表的农民工积分入户城镇政策，完全按照城市需要、每年规定可入户的农民工总量，并依据事先设计好的标准来评价确定入户指标的发放。正如前面分析指出的，这种计划方式下达的指标本身就少得可怜而且还经常面临用不完的困境。

（三）误区分析

城乡二元结构确实是在计划经济体制下形成并对现实的农民工市民化产生了约束，但当前我国实行的已经不是计划体制，

因此，不能再简单地以政府计划方式来推进农民工市民化。而是要考虑城市接纳农民工的能力以及农民工市民化的意愿，这样就可避免陷入郑州户籍改革及各种正名运动的陷阱，也可避免选择性市民化之下农民工积极性不高入户指标用不完的尴尬。

另外，这种计划工具将农民工市民化具体化为户籍改革在内容上也有局限，正如郑州户籍改革试验揭示的户籍背后的东西比户籍更重要；同时除户籍改革外，农民工市民化还有参与城市治理、获得市民生活方式等内容，这些在严格意义上都不是政府能够通过下达计划完成的。

四、误区之四：将市民化动力等同于城市需求

（一）相关逻辑

城市长期在我国改革开放中占据了主导地位。这在农民工政策中有明显的反映：比如，1989年"民工潮"爆发，国家为了城市秩序采取限制农民流入城市的政策，2003年"民工荒"蔓延，为了吸引农民进城各地又采取措施要善待农民工。[1]至于当前国家提出到2020年实现一亿左右农民工市民化的决策，也可以看成是从城市发展需要即新型城镇化角度提出的。相关逻辑：一方面，认为现代化是一个工业化、城市化过程，因此，当城市有需要时，农业、农村都要服务城市，最典型的是计划经济时代我国长期以乡村支援城市工业化政策，正是这种政策形成了城乡二元结构；另一方面，习惯性的计划思维起作用，故在城市占主导地位有需要时，就自上而下的设计与实施服务城市的农民工市民化政策。

---

[1]　刘小年："农民工政策的阶段新论：兼与胡鞍钢教授商榷"，载《探索与争鸣》2006年第3期。

（二）实践表现

有两种典型操作形式：一是各地在积分制农民工入户城镇中设置许多体现城市需要的计分项目，包括劳动力要素方面的年龄、技能、文化等指标，以及作为社会主体体现其贡献的投资、纳税、道德法律表现等指标。换句话说，城市产业升级社会转型需要的年轻劳动力、有知识与技术的人才，以及农民工中的道德模范及发展得好的老板等，在积分入户时可以换算成一个较大的分值，可以在同等条件下优先入户。至于普通的第一代农民工在积分时则没有优势，虽然积分制名义上人人平等都有机会，但他们要达到积分门槛落户城镇是相当难的。更加不要说不受城镇欢迎的有犯罪前科的农民工了。很明显，与第一类农民工相比，第二类与第三类农民工对城市来说积分入户会面临较大的负担与风险。二是各地城市发展中普遍存在的在农民不愿意的情形下强行征收农民的土地，形成的一种被上楼、被拆迁现象。此种城镇化运动，造成人的城镇化落后于土地的城镇化，在其背后则是城市政府对政绩的追求与城市发展对土地财政的依赖。[1]也就是说，都是从城市方面的需要出发考虑问题的。

（三）误区分析

一是没有弄清楚农民工市民化的本质。农民工市民化本身是农民工的市民化，是农民工在我国当代现代化背景下的一次有实质意义的发展，[2]因此，需要尊重农民工本身的意愿，考

---

〔1〕 李强："主动城镇化与被动城镇化"，载《西北师大学报》（社会科学版）2013 年第 6 期。

〔2〕 刘小年："论农民工市民化的政策支持：主体的视角"，载《农村经济》2012 年第 2 期。

虑农民工本身市民化的条件，不能自私地单方面地从城市需要考虑问题，否则就会如实践中不断发生的那样，在农民被动城镇化中引发群体性矛盾，在积分入户时发生城市想要的农民工积极性不高、城市不太愿意接纳的大龄有小孩农民工却争先恐后想积分入户以致政府下达的指标用不完的情况。二是片面的发展观，即将现代化等同于农村城市化与工业化，忽略了我国人口众多与农业在国民经济中基础地位的特有国情，也即没有处理好城市的支配地位与农村的基础地位的关系，产生被动城镇化损害农村掠夺农地收益的现象，以及形成城市在积分制中对农民工选择性落户与市民化不关注农民工自身需要的问题。三是没有正确处理好计划与市场的关系，没有理解并在实践中坚持市场在资源配置上的决定性作用，因而在农民工市民化中政府忽视市场主体农民工需求设置一厢情愿符合城市需要的积分指标，在城镇化中从城市需要出发强迫农民上楼变成城市居民。

五、误区之五：将市民化功能等同于城乡一体化

（一）相关逻辑

主张农民工是在我国当代现代化那种城乡二元经济社会结构下发生的，现代化最终会实现城乡一体化发展，因此，与现代化相伴随的农民工现象及其市民化发展也必然会促进这一进程，即有利于城乡一体化。

（二）实践表现

在农民工市民化有利于城乡一体化认识指引下，在实践中地方政府扮演了热心帮助农民工想办法实现市民化的角色。已经想出的办法是土地换社保，具体措施主要有两条，即宅基地换住房、承包地换城镇社保。典型例子是重庆统筹城乡试验中

的做法。它把农民工市民化作为统筹城乡实现城乡一体化发展的主要任务，采取的政策是要求农民脱下三件衣服，即承包地、林地、宅基地，换上五件衣服，即获得城市户口拥有城市就业、住房、养老、医疗和教育。

（三）误区分析

有两个方面，一方面是在农民工市民化功能上，笼统的主张它有利于城乡一体化，掩盖了农民工市民化在实践中对城乡发展存在的负面影响。如在城市方面，一个现实的矛盾是引发落户农民工与城市户籍人口之间利益分配上的紧张，在广东积分制实施时只好在政策设计上回避这个问题。另外还会产生新落户农民工与城市原户籍人口在社区治理上的问题，如包括社区权力再分配矛盾。甚至会引发农民工落户后与城市社区原户籍人口之间在生活互动上的关系问题，如隔离现象。还有农民工落户后可能加速贫困化，扩大城市社区两极分化等。在乡村方面，农民工向城市迁移，一个不容否定的事实是引起了农村合格劳动力的短缺，许多调查证实在农村务农的大多是老人与妇女；另外，农民工务工收入作为农民收入的主要来源之一，现在市民化彻底离农，既影响到农民增收，又会减少农村建设投入；还有，与城市类似，农民工市民化，会带来乡村自治主体的重组，面临权力再分配问题；等等。可见，不能因为农民工市民化符合历史趋势、符合国家以人为核心的新型城镇化决策与通过农民工市民化加速农地流转实现农业规模经营等有利农业现代化等战略意义，而忽视其可能发生的负面作用。

另一方面是土地换社保的市民化策略不合理。因为这种策略本身是一种乐观的选择，即只看到农民工市民化好的一面、有利的一面，因而采取了积极促进的政策，没有采取措施应对农民工市民化可以引发的矛盾问题。而且这一策略本身也有相当大的缺陷：其一，有利用农民工市民化剥夺农民土地权益的政策不公平及免除政府应承担的社保等公共服务职能的懒政之嫌；[1]其二，该策略有执行难，如重庆案例显示的愿意土地换社保实现市民化的农民并不多，因而在实行中不得不进一步设计缓冲期即落户3年内农民可保留土地权利；其三，该策略真正执行面临农民工市民化半拉子工程挑战，如重庆后来基于现实需要宣布其农民工市民化政策不是交换性质，农民落户城镇后可以选择不交出土地权益，使得落户的市民并未彻底离农，未能实现完全的市民化；[2]其四，如果农民不能彻底离农，那么期望借此实现农地集约与规模经营就有相当难度，农民工市民化促进乡村发展的正面作用就会下降。

　　总之，本文发现农民工市民化在政策实施上需要预防五大误区，应该采取科学务实精神、走以人为本道路、坚持发挥市场在资源配置上的决定性作用等来回避。

---

　　[1]　原碧霞："土地换社保，缓行！"，载半月谈网 http://www.banyuetan.org/yqsm/yqdt/100902/11195.shtml，最后访问日期：2014年10月9日。
　　[2]　韩永："重庆农转城争议：进城的顾虑与过渡期的质疑"，载腾讯网 http://finance.qq.com/a/20101028/003387.htm，最后访问日期：2014年10月17日。

后 记

自 2003 年底确立研究农民工的方向以来，持续相关研究已有十几年。由此也积累了二十几篇核心期刊论文。在论文积累多了以后，就有一个心愿——结集发行。由于个人财力有限，只能是一个想法留在心底。今幸得东莞理工学院法社学院"法学理论"课题资助，并得到中国政法大学出版社诸位编辑卓有成效的编辑帮助，终于梦想成真。甚为欣慰与感激！

刘小年
2018 年 5 月
于东莞山湖城